U0584430

# 学前教育信息化教学研究

王大林 李荣峰 黄俊操◎著

吉林出版集团股份有限公司
全国百佳图书出版单位

图书在版编目（CIP）数据

学前教育信息化教学研究 / 王大林，李荣峰， 黄俊操著. -- 长春 : 吉林出版集团股份有限公司, 2024.2

ISBN 978-7-5731-4662-5

Ⅰ.①学… Ⅱ.①王… ②李… ③黄… Ⅲ.①信息技术—应用—学前教育—教学研究 Ⅳ.①G612-39

中国国家版本馆CIP数据核字(2024)第049889号

## 学前教育信息化教学研究

XUEQIAN JIAOYU XINXIHUA JIAOXUE YANJIU

著　　者　王大林 李荣峰 黄俊操
责任编辑　蔡宏浩
开　　本　787 mm × 1092 mm　1/16
印　　张　12
字　　数　288千字
版　　次　2024年6月第1版
印　　次　2024年6月第1次印刷

出　　版　吉林出版集团股份有限公司
发　　行　吉林音像出版社有限责任公司
　　　　　（吉林省长春市南关区福祉大路5788号）
印　　刷　吉林省信诚印刷有限公司

ISBN 978-7-5731-4662-5　　定　价　72.00元

如发现印装质量问题，影响阅读，请与出版社联系调换。

# PREFACE 前　言

近年来，学前教育信息化得到了大家的广泛关注。当前，信息技术已经进入幼儿园和家庭，成为幼儿教育的重要辅助手段。学前教育是终身教育的开端，信息化的有效应用，有助于学前教育的健康发展，给孩子讲好"人生第一课"，帮助他们"扣好人生的第一粒扣子"。信息化对幼儿园的教育教学管理、教师专业成长、家园共育、幼儿的一日生活等方面具有不可替代的作用，而且幼儿对信息化设备和资源具有先天的好奇和兴趣，所以，信息化在幼儿园教育教学中已经成为不可或缺的辅助手段。很多幼儿园对学前教育信息化进行了实践应用。

近年来，随着教育改革的不断推进，学前教育的信息化发展引起了社会各界的广泛关注。随着信息技术手段进入幼儿园和家庭教育，这一教学方式也逐渐被社会认可和推行。学前教育作为终身教育的开端，实现信息化的有效应用能够极大地推进学前教育的有效发展。学前教育的信息化主要指将信息技术运用到学前教育和幼儿保育过程之中，从而提高学前教育对社会发展的适应程度。但在学前教育信息化的过程中发展存在资源信息不均衡、信息化素养不高以及信息化管理不完善等问题，因此，推动学前教育的信息化发展仍然需要不断的努力。以"互联网+"作为依托，以教师的信息化技术应用水平作为标准，实现学前教育信息化的资源均等与深度融合，从而加快实现学前教育信息化的建设。

为了提升本书的学术性与严谨性，在撰写过程中，作者参阅了大量的文献资料，引用了诸多专家学者的研究成果，因篇幅有限，不能一一列举，在此一并表示最诚挚的感谢。由于时间仓促，加之作者水平有限，在撰写过程中难免出现不足的地方，希望各位读者不吝赐教，提出宝贵的意见，以便作者在今后的学习中加以改进。

# CONTENTS 目 录

# 第一章　学前教育信息化概述

## 第一节　认识学前教育信息化

要珍视幼儿生活和游戏的独特价值，充分尊重和保护其好奇心和学习兴趣，创设丰富的教育环境，合理安排一日生活，最大限度地支持和满足幼儿通过直接感知、实际操作和亲身体验获取经验的需要。"根据学前教育的特点和教育信息化的内涵，我们认为，学前教育信息化是指，在学前教育中恰当地运用信息技术，开发适宜幼儿学习的数字化教育资源，优化学前教育教学活动，培养幼儿的信息素养，促进幼儿学习和发展的过程。其中，恰当地应用信息技术是学前教育信息化的本质特征，开发适宜幼儿学习的优质数字化教育资源是学前教育信息化的基础，优化学前教育教学活动是核心，培养幼儿的信息素养、促进幼儿学习和健康发展是根本目的。

### 一、学前教育信息化的特点

学前教育信息化强调"适宜性"，这是区别于中小学教育信息化的鲜明特色。"适宜性"理念是由美国幼儿教育协会（National 无需输入 Association 无需输入 for 无需输入 the 无需输入 Education 无需输入 of 无需输入 Young 无需输入 Children 无需输入 NAEYC）在学前教育出现较为严重的小学化倾向的背景下提倡的在尊重儿童基础上促进儿童发展的一套价值理念。同样，学前教育信息化的发展不能完全套用中小学教育信息化的模式，这会造成学前教育信息化的"小学化"倾向。学前教育信息化不是要求每个幼儿园必须建立计算机机房，而是根据幼儿园实力进行合理布局，为幼儿的学习发展构建有效的环境；不是让幼儿必须掌握过多的信息技术知识和技能，而是对他们进行信息素养启蒙；不是让幼儿教师必须具备高级的教育技术知识和技能，而是根据课程需要，善于抓住幼儿学习时机，利用一切可能的信息化资源优化教学过程。因此，学前教育信息化是有别于中小学教育信息化的，它更多的是从幼儿的身心发展需求出发。

### 二、学前教育信息化的内容

#### （一）建设适合的信息化资源

信息化资源建设是学前教育信息化的重要内容。要保证学前教育信息化的顺利进行，必须为幼儿、幼儿教师、幼儿家长及管理者提供高质量的信息化资源。在学前教育领域，开发适等。宜幼儿学习的数字化教育资源可以使幼儿投入创造性游戏、知识吸收、问题解决和互动交流中，既能帮助幼儿巩固已有的知识和经验，又激励他们探寻未知世界，迎接新的挑战。信息化能够实现资源的共建共享，有助于推动学前教育的均衡发展，突破时空限制，实现幼儿园优质教育资源的可利用度，发挥跨区域园际互动的效能。

## （二）配备适宜的信息化基础设施

信息化基础设施建设是实现学前教育信息化的基础和前提，在进行信息化设施建设时，要把儿童的身心健康放在第一位。应充分考虑幼儿的年龄特征，以幼儿的全面、健康发展为根本。建设网络设施和开展信息技术活动时，应采用辐射小的网络信息技术设备，多媒体教室应布置为环保型，保护幼儿身体健康。进行学前教育信息化需要一定的信息化设施和装备，这些设施不仅要发挥信息化的功效，更要确保对儿童身心健康发展的最大保护，体现人文关怀。

## （三）培养较高信息素养的幼儿教师

幼儿教师是学前教育信息化的实践者，所以幼儿师资队伍需要有较高的信息素养，能够恰当地将信息技术与活动课程进行融合，在适当的时候引导孩子在活动与游戏中掌握信息技术。因此，幼儿教师的信息素养成为实现学前教育信息化的关键，幼儿教师的信息素养提升需要通过职前教育和职后培训的共同努力。

## （四）利用信息技术优化学前教育教学活动过程

学前教育信息化的核心是利用信息技术优化教学活动过程，即教师在幼儿主题活动中借助现代信息技术手段，为幼儿创造数字化的学习环境，创设主动学习情景，支持幼儿学习与认知，促进幼儿发展。信息技术就像是纽带或桥梁，将幼儿园的健康、语言、科学、社会、艺术等五大领域课程融合到一起，互相渗透，实现幼儿园五大领域课程之间的整合。同时，将信息技术融合到幼儿园的各种活动中，尤其是游戏和教育活动中，使之成为幼儿学习环境的一部分，成为幼儿学习和游戏的一个有机组成部分，实现信息技术与幼儿园课程的融合。

## （五）制定学前教育信息化政策、法规与标准

信息化政策、法规与标准的制定是保障学前教育信息化健康发展的必要手段。根据我国当前教育发展水平及地域经济水平的差异，我国的学前教育信息化不可能一就而就，且不同地区应建立与本地经济水平相符的信息化建设标准，学前教育信息化应有步骤、有计

划地逐步推进。当前及今后的很长一段时间，学前教育信息化政策、法规和标准的制定将是发展我国学前教育信息化的重要工作，为顺利推进我国的学前教育信息化建设提供保障。

### （六）发展学前教育信息化产业

教育信息化产业是教育信息化的要素之一。我国学前教育信息化总体处于起步阶段，困难或障碍并不只是在于投入和技术本身，专业人员、专业内容及专业产品与服务严重贵乏。电子白板和数字电视在少数条件好的幼儿园开始使用，但起的作用有限；基于信息技术和其他高科技的幼儿学习工具的设计和开发专业化水平不高。目前研制符合学前教育特点、适合在幼儿园所使用的信息化设施和装备还未专业化、产业化，绝大多数的信息化设施建设还是按照中小学、高中，甚至高校的标准。我们要发展学前教育信息化产业，就要生产适用于学前儿童的设备与资源。

### （七）利用信息技术促进幼儿园、家庭及社区间合作

学前教育中的家园共育、幼儿园与社区间、家庭与社区间的合作是幼儿教育的一大特色和重要组成部分。利用信息技术促进幼儿园、家庭及社区间合作是学前教育信息化的重要特色，学前教育信息化不仅是幼儿园内的信息化，还需要在幼儿园与家长、社区间的合作与沟通环节实现信息化。《幼儿园教育指导纲要（试行）》中明确指出："家庭是幼儿园重要的合作伙伴。应本着尊重、平等、合作的原则，争取家长的理解、支持和主动参与，并积极支持、帮助家长提高教育能力。""幼儿园应与家庭、社区密切配合，综合利用各种教育资源，共同为幼儿的发展创造良好条件。"借助现代信息技术可以改善传统的家园共育方式，为幼儿园、家长及社区的联系和沟通拓宽渠道，整合各种学前教育资源，为幼儿的全面发展营造良好的环境。

## 三、学前教育信息化建设应注意的问题

学前教育信息化的对象是学前教育，学前教育的对象是学龄前儿童，要充分了解学龄前儿童独特的生理和心理特征。所以，在学前教育信息化建设中应注意以下几方面的问题。

### （一）牢记学前教育信息化的根本目的

学前教育信息化是为学前教育服务的，不管技术如何改变，环境如何改变，在学前教育信息化建设当中，必须牢记学前教育信息化的根本目的在于促进幼儿的全面发展。学前

教育信息化更加强调信息时代下信息技术对幼儿学习和认知的支持，因此，我们要牢记幼儿健康快乐地学习是学前教育信息化的根本，要让幼儿在信息化环境中快乐地游戏和学习。

## （二）运用信息技术必须"恰当名"

在学前教育信息化建设当中，教师要恰当地运用信息化技术进行教育，根据国家或者地方的教育经费来选取合适的教学设备，使得教育经费的拨付遵循整体发展、特色化发展相结合的方式，促进教育的均衡发展，逐渐实现学前教育的信息化，避免教育出现较大的盲区。

## （三）开发信息化课程必须"适宜"

在学前教育信息化建设当中，教师要运用信息技术开发适宜的信息化课程，加强课程资源的及时更新和管理工作，使幼儿确实能够在新颖的课堂环境中学习到新知识，有效地提高幼儿的综合素养。

# 第二节　认识信息技术在幼儿园中的应用

## 一、信息技术

## （一）信息

信息是现代社会普遍使用的一个概念。信息无处不在，刮风下雨、春华秋实，表达了天气和季节变化的信息；喜怒哀乐表现出人的情感活动信息；手机、电视、计算机网络承载着更加丰富的信息。目前，人们普遍认为，这些用语言、文字、符号场景、图像和声音等方式表达的新闻、消息、情报和数据等内容都是信息。

## （二）信息技术

人们可以通过手、鼻、口和其他感官获得信息，也可以用照相机、度量工具、计算机、传感器和卫星等仪器设备更快、更多、更准确地获得信息。我们所说的信息技术是指自 20 世纪 70 年代以来，随着微电子技术、计算机技术和通信技术的发展，围绕信息的产生、收集、存储、处理、检索和传递，形成的一个全新的、用于开发和利用信息资源的高技术群，包括微电子技术、新型元器件技术、通信技术、计算机技术、各类软件及系统集成技术、光盘技术、传感技术、人工智能技术和高清晰度电视技术等。因此，信息技术是指人们获取、存储、传递、处理、开发和利用信息资源的相关技术。在现代信息处理技术中，传感技术、计算机技术、通信技术和网络技术是主导技术。计算机在其中起到了关键作用，它首先是一种信息处理机，通过计算机可以高速度、高质量地完成信息的整理、加工、分析和存储等工作；其次，计算机通常也是其他技术中的关键设备，例如，传感技术，常用于信息的收集过程，但是如果没有计算机的支持，其结果是不可想象的。在现代通信技术中，计算机更是起到了核心作用，而网络技术则是计算机技术的进一步延伸。所以，信息处理过程的每一个环节都是由计算机直接或间接参与完成的。

## 二、信息技术在幼儿园中的应用

信息技术在幼儿园应用的过程中，信息技术是手段与工具，其最终目的是实现教育效果的最优化，从而达到提升幼儿园整体办园质量的目的。在实践探索中，我们将二者的整合归结为优化幼儿园管理，助力教育教学，促进家园共育三个方面。

### （一）优化幼儿园管理

#### 1. 提升硬件水平，筑牢信息化发展基础

抓好基础设施建设是实现学前教育信息化的前提。为了更好地监管教育过程，幼儿园引入一键报警系统，安装先进的网络监控系统，便于及时发现问题。建立专门的信息化控制室，实时显示监控画面，园长通过查看监控画面来了解幼儿园各个部门的工作状况，在提高园长工作效率的同时，对于幼儿教师的工作也是一种有效的保护途径。幼儿园人员出入使用脸部和指纹识别系统，门禁出入引入通道闸，可直接通过管理计算机实现远程控制与管理。

#### 2. 运用信息管理平台，建立电子成长档案

幼儿园通过信息管理平台，根据对园长、教师、保健员、后勤工作人员的不同要求分别建立工作档案，实现人员细致管理。同时，建立幼儿电子档案，其中包括个人信息、电子作品、学习活动记录、学习评价信息等内容。幼儿离园时，电子成长档案加上毕业典礼录像、教师评语和园长祝福等，以光盘的形式送给孩子和家长，成为幼儿成长过程中的宝贵记忆。

#### 3. 运用专业软件系统，提高后勤人员工作效率

在财务管理方面，幼儿园运用国有固定资产信息系统，准确反映资产的新增、减少；运用年初预算、年终决算系统，做到有计划、有总结地使用资金。同时，建立幼儿电子健康档案，保健医生每日对幼儿进行早、中、晚三检，同时做好数据记录，为以后对幼儿进

行健康状况分析提供依据，结合相关程序对数据进行综合处理，做好卫生防疫工作的发现、处理和上报工作。

## （二）助力教育教学

### 1. 丰富教学内容

信息技术在教育教学中的应用可以有效地丰富教学资源，还能将抽象难懂的知识进行模拟演示，或者通过直观形象的动画、视频展示出来，让幼儿容易接受和理解，既实现了教学方法的创新，还能有效地吸引幼儿的学习注意力。例如，在社会活动课《夏天真有趣—蝉的蜕变》中，为了说明知了是由蝉蜕变来的，就可以利用信息技术展示更多"夏天""蝉的蜕变""知了"的相关图片、音频、视频、动画等资源作补充，来丰富课堂学习内容，这样不仅能辅助教师教学，还能最大限度地调动幼儿参与学习的主动性，使教学过程变得丰富多彩。

### 2. 优化教学过程

信息技术在幼儿园教育教学中的应用，改变了幼儿教师单向单—传递知识的教学过程。例如，应用希沃触摸一体机既可以为教学提供大量丰富的多媒体资源，还可以让幼儿直接参与设置好的游戏活动，和幼儿进行人机互动，实现了多向互动式教学，提高了幼儿学习的积极性，增进了幼儿和老师之间的交流，同时让幼儿学到了更多的知识，开拓了幼儿思维，提高了教学效率。

### 3. 创建教学情境

在主题活动中应用信息技术创建适宜的教学情境，引导幼儿投入地学习知识、参与活动是最常用的教学方式，并且教学效果显著。例如，在语言课《红红火火过大年》中，为了提高幼儿对语言的灵活应用能力，就可以创建一个PPT，为幼儿营造新年的气氛，让幼儿在带有年味的语言学习环境中进行语言的练习，来提高幼儿的语言运用能力。例如，在科学课《认识单数双数》中，也可以利用信息技术制作闯关游戏，用幼儿喜欢的动态图片作为数数对象，这样就能有效地激发幼儿的学习积极性，还能提高学习质量。

## （三）促进家园共育

### 1. 利用网络开展家园互动协作

推进学前教育信息化强调幼儿园、家庭和社区借助信息技术的交流合作共同支持儿童的学习和发展。网络及网络应用的发展让幼儿园的家园沟通共育工作实现了信息化。例如，幼儿园的各种通知都通过幼儿园官方网站进行发布告知家长，班级内通过QQ群、微信群直接发布；通过美篇、微信朋友圈等网络应用分享幼儿园的教育教学活动、优秀育儿案例、育儿经验；通过信息技术记录幼儿成长数据、视频，再通过网络展示给家长，及时、有效地实现了家园互动协作共育。

### 2. 通过微信公众号为家长提供多元服务

微信公众平台是幼儿园实现家园共育的新途径，具有传播便捷、交流灵活的特点。可以通过幼儿园微信公众平台在手机等移动端为家长提供多元服务。例如，在微信公众平台建立园所动态、外媒宣传、育儿经验等栏目为家长提供各种需求服务；利用微信公众平台的投票功能，可以征求家长对幼儿园发展的建议，也可以对教师进行多元评价，对幼儿发展进行评估，让家长协助做好育儿工作，切实提高幼儿园的管理效率。

# 第三节　熟知幼儿教师应具备的信息技术应用能力

信息技术应用能力是信息化社会中教师必备的专业能力。随着教育信息化的发展，幼儿园的教育信息化正如火如荼地建设着，这就要求幼儿教师必须具备一定的信息技术知识和应用能力，适应幼儿园信息化发展，以及更好地支撑教学和自身可持续发展，做合格幼儿教师。

## 一、幼儿教师具备信息技术应用能力的必要性

《教育信息化十年发展规划》提出，要推动幼儿园实现基础设施、教学资源、软件工具、应用能力等信息化建设与应用水平的全面提升。幼儿园的教育信息化建设和层次大大提高，硬件、软件、信息化资源、基于网络环境的信息化平台等在幼儿园逐步建设起来。

教育部正式公布《幼儿园教师专业标准（试行）》，该标准中要求"幼儿教师具有一定的现代信息技术知识"，"具有终身学习与持续发展的意识和能力，做终身学习的典范"。终身学习与持续发展的要求，需要幼儿教师具备信息技术应用能力，以支持自身学习及未来教学。教育部在印发的《幼儿园园长专业标准》通知中也明确提出，"幼儿园园长要了解国内外幼儿园保育教育的发展动态和改革经验，了解教育信息技术在幼儿园管理和保育教育活动中应用的一般原理和方法。"

## 二、幼儿教师应具备的信息技术应用能力

参照《中小学教师信息技术应用能力标准（试行）》（幼儿园参照执行）、《师范生信息化教学能力标准》《幼儿园教师专业标准》，结合对幼儿教师调研的情况，把幼儿教师应具备的信息技术应用能力概括为三个方面。

## （一）数字资源获取能力

幼儿园教学中，为了给幼儿更直观的感受，可能需要获取一些图片、音频、视频等多媒体数字资源，互联网中有非常丰富的数字资源，但如何能够在包罗万象的网络中找寻到需求的数字资源，这就需要学前教师具备相关的信息检索能力和获取能力。

## （二）数字媒体应用能力

对于数字媒体的应用，涵盖两个层面：

### 1. 数字媒体硬件设备的操作与使用

幼儿教师应对多媒体计算机、数字投影机、交互式电子白板等现代教育媒体设备熟练应用，并熟知相关设备的教学特性，以便更好地应用信息技术开展幼儿教学活动。

### 2. 相关软件的应用

幼儿教师必须掌握最基本的 Windows 操作系统、Office 办公软件、课件制作软件、图像处理软件、音频视频处理软件、QQ 和微信及电子邮件收发，其中 Office 办公软件中的 Word 文字处理软件、Excel 电子表格处理软件和 PowerPoint 演示文稿制作软件是开展信息化教育教学必备的软件，必须熟练掌握。此外，幼儿教师也有必要掌握一些多媒体数字资源处理及课件制作软件，如 Photo 无需输入 shop 图像处理软件、Audition 音频处理软件、Camtasia 无需输入 Studio 微课视频制作软件、希沃白板课件制作软件、美篇制作软件、Dream 无需输入 wave 网页制作软件等，这些对于教师制作并应用个性化的教学资源非常重要。

### 3. 信息技术与课程深度融合能力

如何从教育观念、主题活动中真正地将信息技术融入整个幼儿园教育教学内部，与教育教学一体化，常态化于教育教学系统，这就需要幼儿教师不仅熟练掌握相关信息技术和课程融合的知识技能，还要在教学过程中不断实践探索和反思总结信息技术与幼儿教学活动融合的相关经验，从而逐步转化成自身的信息技术与课程深度融合能力。

学前教育专业学生作为未来的幼儿教师，在职前就要牢固掌握信息技术应用能力，以便入职后较快地胜任幼儿园各岗位工作，充分利用信息技术优势，优化教育教学，促进幼儿信息意识的养成。因此，学前教师必须充分认识具备信息技术应用能力的必要性和紧迫性，积极学习信息技术知识和技能，为我国学前教育事业的健康发展做贡献。

# 第二章　国内外学前教育信息化的发展

## 第一节　国内学前教育信息化

教育信息化是我国信息化建设的重要内容之一，我国通过的《教育信息化十年发展规划》指出要建设覆盖城乡各级各类学校的教育信息化体系，促进优质教育资源的普及共享，推进信息技术与教育教学深度融合，实现教育思想、理念、方法和手段的全方位创新，提高教育质量，促进教育公平。学前教育领域的信息化也迎来了大发展，越来越多的信息化资源进入学前教育领域，如幼儿教育资源库、主题网站、幼儿教育软件、幼儿教育微信公众号等，数量众多、层出不穷。在此基础上，学前教育信息化的研究也在逐渐深入。在中国知网以"学前教育""幼儿园""幼儿教育"并含"信息化"或"信息技术"为篇名对近十年的文献进行搜索，检索到期刊、硕博士论文一共461篇，与大量集中于中小学、高等教育领域关于教育信息化的研究相比，对学前教育领域信息化的研究还为数较少，有待进一步拓宽、加深。

### 一、我国学前教育信息化研究的主要领域

#### （一）学前教育信息化的必要性

自从信息技术进入学前教育领域，融入幼儿的生活开始，关于信息技术有无必要进入学前教育领域的争论就从来没有停止过。在国外，早在1996年，全美幼教协会在报告《技术与3-8岁儿童》中就讨论了这个问题，全美幼教协会提出计算机技术是助推器，起到的是辅助而非替代的作用，而且如果适宜的使用，计算机技术能够促进儿童的认知和社会性发展。也就是说信息技术应用于学前教育领域的前提是"适宜的使用"，要坚持发展适宜性原则，把握好"度"的问题，才能最大限度的发挥信息技术的功用。在我国，学者们对于学前教育信息化的必要性问题也进行了探讨，普遍认为学前教育需要"信息化"，学前教育信息化对学前教育的发展更多的是促进作用，如刘秀菊在"谈教育信息化在学前教育中的作用"中谈到多媒体技术和网络对教学环境、教师的信息素养、儿童发展以及资

源共享等方面都有很大的促进作用；郭力平在"我国学前教育信息化的未来展望"中提到信息化可以促进学前教育均衡发展，以及依托信息技术促进教师和幼儿的发展。刘珍芳在"以'互联网+'促进学前教育信息化建设"中也认为信息化对于学前教育的发展必不可少，信息化是利还是弊关键在于我们如何正确恰当地使用。

## （二）学前教育信息化资源建设

优质、丰富的信息化资源建设是学前教育信息化的重要前提。在信息化资源之中，幼儿教育软件所占比重之大、意义之重成为信息化资源建设的主力军。已有对幼儿教育软件的研究，主要包括幼儿教育软件的设计开发与评价两方面。在幼儿教育软件设计方面，学者分别从理论层面和具体操作上提出了自己的看法。在理论层面，张炳林从软件设计开发的角度出发提出了设计与开发的发展适宜性原则、启蒙性原则、趣味性原则、技术规范原则，以及设计与开发的移情式设计模式、启发式设计模式和娱教式设计模式，之后还就软件开发的六大环节提出了具体的建议。杨姗姗分析了幼儿参与软件设计的可行性，并主张让儿童参与其中，并提出了一些儿童参与软件设计的方法，如情境式设计、参与式设计、信息提供式设计和合作询问式设计。在软件设计具体流程上，尚作兴从实现目标、实现技术、剧本人物设计、游戏流程设计、游戏模式、界面设计、游戏规则和显示控制的实现这几个维度循序渐进且详细介绍了一款多媒体交互性幼儿教育软件。刘尧则对幼儿的学习方式、学习内容和学习目标进行了分析，之后通过各要素的分析以及脚本的编制，详细阐述了幼儿教育软件开发的总流程。

对幼儿教育软件的评价主要有评价主体、评价方法和评价标准三个维度的研究，已有研究多集中于第三维度评价标准的研究。对于幼儿教育软件的评价标准，国外有较为权威且有广泛影响力的 Haugland/Shade 发展性软件评价标准，该标准以全美幼教协会的"发展适宜性"指导思想为基础，从儿童、教师和技术三个方面提出了十条评价指标，具有较高的参考价值。而国内则没有一套较权威的评价标准及评价指标体系，在此背景下，研究者分别从不同视角出发制定了幼儿教育软件评价指标体系。如周冰冰以行为主义、建构主义学习理论、情景认知理论等学习理论为指导思想，通过穷尽两两比较赋值法确定指标权重，到最后制定出一套完整的评价指标体系，并通过制订的评价标准对一款软件进行了评价，提出了改进建议。张媛采用德尔菲法构建了幼儿教育软件评价指标体系，并在此基础上结合幼儿园实际教学活动得出了幼儿教育软件价值评价过程。王晶姝从发展适宜性的要求出发，构建的幼儿教育软件评价指标体系体系结构及构建模型，设计了游戏性、交互性、场景、情景模拟、可控性、适宜性六个一级指标和每个指标下分支的二级指标以及指标权重。并对分配原则和计算方法进行了详细的介绍。尽管研究者都制定出了一套评价指标体系，但终是一家之言，其适用性和科学性还有待考究，所以我们还需要借鉴国外的先进理论和经验。

## （三）师资队伍的信息素养

提升幼儿教师师资队伍的信息素养是学前教育信息化发展的关键，查阅文献发现学者对于幼儿教师的信息素养研究较多，主要集中在信息素养现状、影响因素和培养模式三个方面。其中信息素养现状主要包括信息意识和态度、信息技术知识和技能以及接受信息技术培训情况等内容。

在信息意识和态度方面，蔡建东认为幼儿教师在学前教育信息化的态度上总体持正向与积极态度；白恩唐认为幼儿教师的信息意识比较强，主动应用信息和信息技术的态度比较积极。在信息技术知识和技能方面，刘珍芳认为整体而言，幼儿教师对信息基础理论知识掌握较少，信息化技能较低，对网络获取与交流信息的技能较低，对多媒体素材的获取能力较弱，对声音、图像、视频的处理能力更弱。周靖楠通过研究发现幼儿教师的信息化教学能力情况总体良好，但是教师对信息技术与课程的整合能力还有待提高。在接受信息技术培训情况方面，研究发现，幼儿教师在接受信息技术培训方面的情况不容乐观，首先是数量问题，教师所接受的信息技术培训次数普遍较少或者几乎没有过这方面的培训。其次是质量问题，所接受的培训质量参差不齐，不能切实提高幼儿教师的信息素养。

对于影响因素的研究，已有研究主要集中于两点，一是信息环境的制约，二是信息技术培训。由于一些比较落后的幼儿园对信息化基础设施以及软件资源建设的投入较少，因而信息化水平较低，这些因素造成了幼儿园落后的信息环境，教师很少有机会发展自己的信息技术水平，这在客观上制约着幼儿教师信息素养的培养和提高。在接受培训方面，由于各地政府及幼儿园较少组织，因此幼儿教师参与信息技术培训的机会较少，就算仅有的几次培训也是收效甚微，并没有提高教师的信息技术水平。在信息技术培训上，由于幼儿教师信息化发展总体水平较低，且层次参差不齐，因此对于培训的需求量很大，所以信息技术培训机会的多寡从主观上制约着幼儿教师信息技术水平的发展。此外年龄和教龄也在很大程度上影响着幼儿教师的信息素养。

在培养模式上，已有研究认为主要途径还是针对幼儿教师进行的信息技术方面的培训，刘珍芳提出了集中培训和园本培训相结合的互动培训模式，先通过各种形式的集中培训方式培养出信息技术骨干，再通过信息技术骨干以点带面的辐射，达到提高全园教师信息素养水平的目的。在培训过程中分阶段进行评价与考核，以便及时发现问题，积累经验，提升教师信息素养。

## （四）学前教育信息化在幼儿园课程中的应用研究

无论是硬件或软件的发展亦或是理论与实践的研究，学前教育信息化终究要落实到幼儿园的课程之中，与幼儿园课程进行有机的整合，以信息化为手段最终提高学前教育的质量。学前教育信息化的实践与应用主要体现在幼儿园的教学活动中，相关研究多为硕博士论文。关于信息技术在幼儿园课程中应用的研究主要分为两大类，第一类是信息化在五大领域中的运用，如"电子媒介在幼儿园艺术教育活动中的应用研究""信息技术与幼儿园数学教育的整合及案例研究""多媒体计算机创设幼儿语言学习情境的研究"和"多媒体技术在幼儿英语教学中的应用研究"等等。上述研究认为：在艺术领域，电子媒介的应用可以在培养孩子的艺术兴趣和表现力、提高幼儿审美能力上发挥作用。在语言领域，利用多媒体计算机可以创设各种语言学习情境，建立与建构主义学习环境相适应的幼儿语言教学策略，并通过多媒体计算机延伸到幼儿一日活动的其他环节，与其他活动相互渗透，完整地学习语言。在英语教学中，运用多媒体技术可以制作内容丰富多彩、形式多样的多媒体课件，使教学变得更加直观、形象，为幼儿学习英语提供一种近乎真实的情境，增加幼儿的新鲜感和求知欲，对于幼儿的英语语言知识、语言技能和情感的学习和培养更加有效，在幼儿英语教学中起到了积极的促进作用。

第二类则是信息技术在一系列主题活动中的运用，如"多媒体教学环境下幼儿探索型主题活动研究"和"多媒体技术环境下幼儿园游戏化主题教学活动的研究"等。在多媒体教学环境下的探索型主题活动研究中，研究者结合探索与表现主题的多媒体资源的设计和在探索型主题活动中的具体应用，总结出在多媒体教学环境下进行的探索型活动以多形式活动、多感官刺激的方式更加有效地激发并保持了幼儿的学习兴趣，促进幼儿原有经验与当前学习的结合，能使幼儿主动建构。这较之普通教学方式大大提高了幼儿记忆学习内容的效率，强烈地激发了幼儿探索操作的欲望。对于游戏化主题教学活动，研究者认为通过多媒体技术环境下的游戏化主题教学活动的开展，幼儿兴趣大增，幼儿的想像力和抽象思维能力及概括能力也大大提高；教师运用技术的能力有所提高；师生互动机会增多，游戏化主题教学活动开展的更加深入，有效地克服传统主题教学中存在的一些不足，有助于发挥教师的主导作用和调动幼儿学习的积极性，在一定程度上提高了主题教学效率。

## （五）学前教育信息化评价指标体系研究

虽然渐渐认识到学前教育信息化的意义，也往往将信息化作为幼儿园办学的一个指标，但相关标准的界定不够清晰，缺乏一个统筹教师、硬件、软件等各要素的标准体系。这种标准的缺失，直接导致各学前教育机构按自己的想法与方案，随意购置信息化设备，造成了信息化发展动力的缺失以及微观上发展的不协调，使学前教育信息化缺少一个明确的发展路径。因此构建一个科学的评价指标体系对于学前教育信息化的发展有着十分重要的意义。

目前对幼儿教育领域的信息化评价指标体系的研究较少，只有零星几篇。王吉首先根据文献初步确定了学前教育信息化评价的一级指标，然后通过调查访谈对指标进行修正，直到确定指标和内容，并采用专家评价法对各指标赋予了一定的权重值，最后通过案例的使用进行结论分析，得出结论：该评价指标体系具有一定的合理性，可以用来评测幼儿园信息化发展的水平。张琼在其论文中阐述的更为详尽，先是通过文献法初步确立评价指标，然后运用专家函询调查法修正，并通过问卷的编制及结果反馈来完善确立评价指标体系，之后对于权重的确定也进行了详细的阐述。已有的研究虽然可以为之后的评价指标体系的发展提供一定的经验和借鉴，但其权威性和科学性还有待推敲，因此评价指标体系的研究还任重道远。

## 二、学前教育信息化研究的未来展望

目前，我国学前教育信息化研究虽然取得初步进展，但还很不成熟，仍有巨大的发展空间，以下几个方面应该重点关注。

### （一）加强学前教育信息化评价指标体系的理论研究

通过对文献的梳理发现对于学前教育信息化评价指标的研究很少，只有零星几篇，属于研究薄弱区，而且已有的研究都是一家之言，所构建的指标体系在科学性、严谨性上都有待推敲。学前教育信息化评价指标体系是评估学前教育信息化发展与建设的重要依据，而我国目前还没有针对学前教育领域信息化的评价标准，因此，接下来的研究中要加大这一部分的理论研究力度，以构建出权威、科学的评价指标体系。一方面可以正确和客观地评价学前教育信息化水平，为国家有关部门了解相关状况和制定相关决策提供服务；另一方面可以引导学前教育信息化建设在求真务实、统筹规划的基础上进行。

### （二）加大研究力度，提升幼儿教育软件设计及评价的科学性

目前我国的幼儿教育软件在数量、内容上发展非常迅速，但质量堪忧，真正适合幼儿，符合幼儿发展需求的软件少之又少。究其原因不外乎两个方面，一个是软件设计公司处于利益的考虑，设计的产品为了迎合市场的需要而根本不适合幼儿的发展；另一个则是缺乏对软件质量的有效评价，这其中包括了评价主体、标准和方法的缺陷。所以要加大研究力度，来提升幼儿教育软件设计及评价的科学性。幼儿教育软件所面向的群体是幼儿，因此未来要开发适合幼儿的身心发展规律、个性特点和年龄特点，具有年龄、个体和文化适宜性的幼儿教育软件。同时我们要看到我国的教育软件评价研究起步较晚，尚未形成专门的幼儿教育软件评价机构，也没有较权威的幼儿教育软件评价标准。所以今后的研究要借鉴国外先进经验，为我国幼儿教育软件评价的本土化发展提供思路，同时结合我国实际

情况，构建科学的本土化的软件评价体系。

### （三）探寻提升幼儿教师信息素养的有效路径

幼儿教师是学前教育信息化推进的具体实施者，而与信息化息息相关的就是幼儿教师的信息素养，信息素养的高低与否直接决定幼儿园信息化教学质量的高低，所以如何有效地提升幼儿教师的信息素养是关键。目前最直接也是最有效的方式是信息技术知识的培训，但这其中存在很多问题，大量的培训并没有从教师的实际需要出发，教师所接收到的信息很难真正运用到实际教学之中。这就需要研究者深入研究，切实了解幼儿教师在信息技术方面的需求，更新培训内容和方式，探寻真正提升幼儿教师信息素养的有效路径，从而对症下药，直达病灶，改变现状，使得学前教育信息化顺利推进。

### （四）着重于信息技术与幼儿园课程有机整合的研究

实现信息技术与幼儿园课程的有机整合，将信息技术融合到幼儿园各领域的教学活动中，有效使用信息技术，促进教学内容呈现方式、儿童学习方式、教师教学方式和师生互动方式的变革，最终提高教育质量。但我们可以看到关于信息技术与幼儿园课程的整合研究都为数较少，所以在未来要加强整合研究，探寻整合的模式及方法，将信息技术与教学资源、教学理论、方法和技能结合起来，让信息技术成为儿童获得有益学习经验的重要工具，实现信息技术与幼儿园课程高层次的有机整合。

# 第二节　国外学前教育信息化

目前，信息技术已经改变了或者正在改变着学校教与学的方式，其在学前教育领域中的应用及实现学前教育的信息化已是学前教育发展的必然趋势之一。所谓学前教育信息化是指依据幼儿发展的规律，在学前教育的各个环节广泛运用信息技术手段与方法，以优化学前教育效果，提高学前教育效率，并最终促进学前教育发展的过程。学前教育信息化在我国的发展才刚刚起步，而世界上的一些发达国家在上世纪就早已对 ICT（在一些国家把信息技术称为"信息与通信技术"，英文为：Information andCommunication Technology，简称"ICT"）在学前教育中的应用进行了系统的探讨并取得了丰硕成果。因此，探索总结国外学前教育信息化的成功经验、方法与启示，对我国学前教育的发展具有重要的推动意义。

## 一、国外学前教育信息化的基本态度与立场

21 世纪，ICT 成为教育发展的重要推动力。在国外 ICT 很快成为幼儿园教育中强大

的、有效的、创造性的工具，它可以丰富幼儿的经验，尤其是对视觉艺术感悟力的培养。一个来自新西兰的国际幼儿教育研究认为，ICT 为幼儿提供了丰富的信息和更多的成长机会，ICT 设备在早期教育中能创建丰富的幼儿园学习环境，增加幼儿的经验，进而促进幼儿语言的发展、数学思维的发展以及提高幼儿的信息素养与归属感。美国心理学家 Nazm Burgul 和 Mustafa Yagan 通过分析幼儿信息浏览方式和学业成绩的关系，认为信息技术在早期教育中具有辅助教育、推动教育发展的重要作用，ICT 对幼儿发展具有显著的积极作用，但同时也会产生一定的负面影响。Kleopatra Nikolopoulou 的研究也认为 ICT 对幼儿教育的作用并不一定都是积极的。美国很多学者最初对幼儿教育是否应该使用计算机持质疑的态度，他们认为计算机设备是生硬的，提供的内容也是抽象的。美国的《愚昧的黄金：批判的看待幼儿中的计算机》报告甚至认为计算机对幼儿的健康、创造力、社会性发展都具有潜在的危害，幼儿教育应该重新回归到关注幼儿童年的真实世界上来，如真实的玩耍，自然的、物理的经验的获得等。土耳其帕慕克卡莱大学的两位教授对 129 名 5~6 岁的幼儿及其父母（129 名父亲和 129 名母亲）进行询问调查发现，幼儿使用电脑的时间越长，幼儿的亲社会行为就越弱。电脑的使用直接或间接影响幼儿的社会化行为发展。类似幼儿教育不宜使用 ICT 的反对声还有很多，其反对的理由大致可以归结为：年龄太小不适合，容易造成生理伤害，影响思维与活动的发展等。然而，大多数研究还是从不同的视角分析认为，ICT 技术具有辅助幼儿园教师开展幼儿教育活动并促进幼儿各项能力发展的积极作用，以及具有培养幼儿信息素养的功效。ICT 不仅有助于促进幼儿语言能力的发展，而且还有助于促进幼儿之间合作能力的提高，有助于促进幼儿理解能力与创造能力的培养等。在幼儿信息素养的培养上，数字技术的应用可以为幼儿提供打字、识字、算术、搜集信息及解决问题的环境与机会，能有效培养 ICT 基础操作、ICT 社会与文化等数字素养。数字技术整合于幼儿园课程，还将促进幼儿教育课程目标的实现，ICT 设备尤其是电脑能有效地完善儿童的自我观念，增强幼儿口头合作与沟通的能力。

随着认识的不断深入，人们对 ICT 的关注焦点开始逐渐转向对 ICT 在幼儿教育中如何应用的思考。以计算机为代表的 ICT 已经成为幼儿教育的认

知工具、支持教师教与学过程的重要工具。但专家们认为，只有 3~6 岁的幼儿才具备 ICT 应用的条件和基本能力，因此，ICT 在幼儿园教育的应用虽然适合，但并不推荐 3 岁以下儿童使用电脑。为了减低 ICT 对幼儿的伤害，应用必须设计与幼儿精神（指"生理与心理特征"）相符合的 ICT 教育活动。美国 ICT 幼儿教育应用的基本立场是"ICT 虽然能为幼儿提供诸多的学习机会，但它扮演的角色只是辅助"，并"不能完全代替那些颇具价值的幼儿教育活动材料，如，积塑、积木游戏、沙子、图书等"。英国的基本认识是"ICT 不是对于传统的以游戏为核心的幼儿教育的威胁，而是幼儿探究和解决问题的另外一种媒介"，"只有拥有上乘的软件支持的教育活动，才能为扩展幼儿的思维提供机会，促

进儿童以多种方式去理解观念以及与他人交流"。国际 ICT 在幼儿教育中的应用正如美国幼儿教育专家 Chris Dede 所言，"当生活中的方方面面都发生了变化的时候，我们让孩子们呆在学校中，这或许才是一种最危险的实验"。在一片争议声中，ICT 已经成为摆在幼儿面前的重要的教与学工具。大部分国家认为信息技术在幼儿教育中的应用不是"要不要""应不应该"的问题，而是"如何（开展）""以何（种方式）"的问题。

## 二、国外学前教育信息化的发展现状

### （一）ICT 在幼儿教育中的应用

国外 ICT 在幼儿教育中的应用与国内情况类似，也存在较多问题。在美国，ICT 在幼儿课堂教学中的应用，只有少数教育活动发挥了技术的最大功用。Ann E Barron 等专家对美国 K-12 基础教育学校的 2156 名教师（包括很多幼儿教师）进行了走访调查，结果显示大约有 50% 的教师表示他们使用技术时仅仅把它作为一种交际的工具，很小一部分的教师把 ICT 作为一种整合的工具或作为解决问题的决策工具。改变 ICT 在幼儿教育中的这种应用现状的关键在于推出与幼儿相适宜的技术设备，选择与幼儿相适宜的软件，从而支持幼儿教育实践活动。幼儿教育独特的规律与幼儿的互动方式及认知特点有关，幼儿教育信息化应该考虑重新设计改良新技术以适应幼儿发展的需要。在这一理念推动下，世界各国相继推出了幼儿教育的新设备，如幼儿触摸平板、幼儿电子书包等，为 ICT 在幼儿教育中的应用注入了新活力。Eugene A. Geist 教授观察 2~3 岁幼儿与触屏设备的交互行为，认为触控设备在幼儿教育的应用更加有利于幼儿技术水平、创造力与智力的提高。美国新罕布什尔州大学的 Leslie J. Couse 和 Dora W. Chen 等观察 3~6 岁学前儿童使用平板电脑的情况发现，幼儿对平板拥有较高的兴趣，使用后操作水平也有较大提升，建议幼儿园教师将平板整合于幼儿课程加以应用。对于 ICT 如何有效促进幼儿发展的问题，国外学者认为信息技术在幼儿教育中的有效应用首先必须明确幼儿教育与其他教育的不同以及幼儿发展的具体需要，然后选择适宜的技术与软件。幼儿教育中技术与软件是否合适是影响应用效果的最直接因素。选择技术与软件必须结合幼儿活动，赋予它合适的时间与发展空间。科威特大学的 MonaMohammad 和 Heyam Mohammad 教授研究认为，选择合适的软件支持幼儿教育活动，也是把计算机更好地集成到幼儿课程中促进幼儿社会、情感、言语、身体及认知等全面发展的重要途径。在希腊，VasilisGialamas 等人对希腊 240 名在职幼儿园教师和 428 名职前幼儿园教师应用电脑的状况进行调查，也显示信息通信技术支持的幼儿教育实践还需关注 ICT 教学应用的实施过程。恰当指导交互活动是应用的核心手段，指导的方式包括直接与间接两种。直接指导是发生在面对面的情境中，通过手势、抚摸、语言或情感支持等产生，也包括成人手把手地教授幼儿使用鼠标，演示数码相机的使用方法，以及用对话或问题引导幼儿持续或中止某项幼儿活动等。间接引导是指使用精心准备的游戏与事件，包括制作适宜的资源以及使用技术记录幼儿的成长过程等。一般情况下，活动引导通过问题、模型、表扬、表演等支持。信息与通信技术使用时，一方面必须把握灵活度，平衡教师与幼儿之间的需要；另一方面，要有针对性的目的，体现一定的教学方法，追求 ICT 与现有资源利用的创新。有关资源与软件支持幼儿教育活动的有效策略，ICT 在幼儿文学教育中的应用模式为我们提供了一条可供参考的成功经验——把 ICT 融入到幼儿的自然环境中，以一种适宜的教学方法加以运用，让 ICT 在幼儿教育中充当不可替代的角色，进而扩大与丰富幼儿的经验。

通过上述分析，国外 ICT 在幼儿园教育中的应用原则可以概括为：以尊重幼儿个性与尊严为前提，遵循幼儿身心发展的普遍规律，恰当运用 ICT 实现幼儿的适宜性发展。ICT 尽管能增强环境的真实性与丰富性，深化教育活动和游戏活动内容，促进幼儿主动性和创造性发展，但 ICT 应用必须指向一定的目标，不能盲目乱用。

### （二）ICT 应用对幼儿发展的积极影响

国外研究认为 ICT 对幼儿的语言、社会化、合作能力、智力的发展均具有积极的影响作用。ICT 对幼儿语言发展的影响是一个复杂的过程，一方面，信息技术能提高幼儿学习语言的参与度与理解能力；另一方面，信息技术能营造良好的语言学习语境，优化语言学习过程与迁移过程。英国的一项关于语言发展的研究显示，婴儿期（1~3 岁）使用计算机学习语言的效果微乎其微，计算机对解释、接受性词汇的学习不起任何作用。只有当幼儿长至 4 岁——词汇的关键期时，其语言能力的发展才有必要使用这个"平台（指 ICT）"，否则就有可能影响幼儿语言习惯的获得与发展。计算机等技术虽然对幼儿语言的发展起重要作用，但这种发展需要到达适合的年龄才能引起某种"互动"。三名分别来自于加拿大肯考迪亚大学、麦吉尔大学及雪尔顿学院的教授还通过实验分析了 ICT 对幼儿语言培养的核心阅读素养的重要作用。该实验选取了 8 名阅读能力较低的 5 岁幼儿，让幼儿在连续两周的时间里，每天参加 20 分钟的技术支持活动，结果显示幼儿教师精心设计的技术支架，架起了通向阅读知识与能力的桥梁，幼儿阅读素养明显提高。ICT 不仅对幼儿语言的发展具有积极影响，它还有助于幼儿社会性行为的获得。使用计算机的幼儿不仅更加善于交往，而且他们更加具有合作精神。一组分析数据显示，在电脑上做游戏的幼儿，其在活动中说话的时间是普通情况下的九倍，甚至交往缺陷与害羞的幼儿群体也表现出了良好的社会性发展行为。幼儿的这种社会性培养要通过幼儿在平行游戏、言语冲突、社交互动等过程中的对等作用来完成。在合作与协作学习能力提高上，技术能提供给幼儿更多的合作与协作机会。ICT 支持的幼儿学习过程及要素间的协调与管理，同样是社会性在教育环境中结构化设计的一种体现。此外，ICT 所创设的环境也为幼儿创造力、智力的培养提供了重要的条件。分析上述研究我们不难看出，ICT 在幼儿教育中的应用的确为幼儿的发展起到非常积极的推动作用。

## （三）幼儿教育软件资源的设计与开发

幼儿教育软件与一般教育软件相比具有其独特性。在美国幼儿软件设计与开发中非常强调使用技术创建探索的或建构主义经验的学习语境。制作素材主要采用图片、动画、声音或很小的文本等形式的素材。依据 Haugland 等人的观点，幼儿教育软件与资源的设计应该优先考虑过程，然后关注"提供学习机会"与"激发内在动机"。幼儿教育资源与软件设计通常有三种指导理论：行为主义学习理论、建构主义及社会文化理论等。依据这些理论，幼儿软件资源设计通常必须遵循三条基本原则：一是提供接近真实的活动与场景是非常重要的；二是对学习方法的设计，幼儿教育软件应该提供孩子探索与发现知识的机会；三是对协作学习的设计，软件与资源应该提供幼儿团队或小组合作的任务。通常还有其他学习理论及方法交叉混合使用。美国幼儿教育协会在 1996 年表示，最好的幼儿软件必须是把"建构主义学习和开放的学习方法"与"强调幼儿发展需要和适合的技术"相结合。究竟达到什么样的标准才是符合幼儿认知与发展的优秀软件？"Haugland 发展性软件评价模式"提供了一个十维度的量化标准，在美国受到普遍认可，十个维度分别为：适合幼儿的年龄；（掌控）吸引幼儿；清晰的结构；弹性的难度与复杂性；独立性；非暴力性；过程有一定取向；真实世界模型；技术特征；变化。该标准也为幼儿园教师如何选择适宜性教育软件指明了方向。

## （四）国外幼儿园教师 ICT 能力培训

幼儿园教师培训是教师在幼儿教育中运用计算机开展教学的至关重要的因素。通过对美国东南部地区的调查数据显示，教师培训最重要的是信念，教师本人对 ICT 的信念将决定技术在幼儿园中是否被采纳，教师的这种信念也是促进幼儿学习效果的重要条件。但新西兰 2004 年的幼儿教育研究报告却认为，ICT 应用最大的问题是 ICT 知识与技能，其次才是信念。事实上，幼儿教师对技术的理解与信仰将直接影响教师知识与技能的使用水平。幼儿教师教学信念不仅能帮助教师发挥计算机在使用中的潜力，还能让幼儿的潜力得到充分开发。因此，幼儿园教师的 ICT 信念培养是有效实施技术应用的关键路径，必须提供有影响力的人和资源支持幼儿园教师的信念提升。教师 ICT 信念具体包括适当的教学风格与教学热情，观察与促进幼儿内部发展的热情，以及把这些情感通过技术付诸于幼儿记录和教育活动的信心与热情。新西兰教育部明确指出幼儿园教师 ICT 培训的基本目的是使幼儿园教师对 ICT 形成积极的态度，具备基本的 ICT 知识与技能，掌握 ICT 在幼儿学习、教学及管理中的应用，能够充分利用 ICT 提高自己的工作成效并促进自身 ICT 专业技能的发展。培训的具体内容大同小异，如，ICT 知识与技能主要是 ICT 相关技术设备的基本原理、基本理论及基本操作等；ICT 应用能力包括运用 ICT 教学，运用 ICT 备课，运用 ICT 对幼儿实施评价，运用 ICT 获得与共享信息等。在国际范围内，英国教师专业发展一直做得比较好，还成立有教师标准局与教师培训署，旨在制定教师专业标准及促进教师的专业发展。这里概括英国幼儿园教师培训的内容。

英国教师培训（包括幼儿园教师）的重点是 ICT 应用能力，而不是技术本身。这种将技术与幼儿园课程相结合、直接针对应用的培训思路，无疑对整个幼儿教育信息化是一种促进，非常值得我国参考借鉴。

## 四、国外 ICT 幼儿教育应用对我国学前教育信息化发展的启示

通过对国外 ICT 在幼儿教育中应用的基本定位与立场、ICT 在幼儿教育中应用的概况与原则、ICT 对幼儿各项指标发展的作用、幼儿教育软件与资源设计开发、幼儿园教师 ICT 能力培训等几个重要问题的探究，我们认为国外 ICT 在幼儿教育应用中的一些经验与方法是值得我们借鉴或学习的。

### （一）ICT 在幼儿教育中应用的基本定位

一些教育发展走在世界前列的国家，已用大量事实证明信息与通信技术在幼儿教育中的应用是可行的。ICT 对于幼儿发展虽然存在一定局限性，但只要合理设计与利用，ICT 将有助于 3~6 岁儿童智力、语言、社会性、创造力等的发展，ICT 不失为幼儿教育中非常好的手段。国内学前教育信息化应把握：信息技术是幼儿教育有效的、可行的辅助手段，它与传统实物教具之间不是"有你无我，有我无你"的关系，而是相辅相成，彼此依赖，谁也取代不了谁。在幼儿教育活动中，二者对推动学前教育发展共同起到举足轻重的作用。但需要铭记的是，信息技术应用虽然"有效、可用"，但并不等于处处用、用得越多越好，而是要把信息技术作为弥补传统教育不足的一种手段。

### （二）国家资金支持与政策导向具有重要推动作用

幼儿教育信息化的大力发展离不开国家的重视与支持。美国、英国、澳大利亚、新西兰等国家均制订了 ICT 发展的政策、目标、要求、幼儿园教师的能力标准等，并大力支持教师培训，这些举措对推动本国 ICT 全面应用及提升幼儿教育质量具有重要意义。我国在有些方面仍需作进一步的努力，如目前现有的学前教育信息化政策主要侧重对学前教育信息化发展的宏观指导，缺少更加详细的政策支持，如幼儿信息安全保护政策、幼儿园教师

及幼儿信息素养标准、学前教育信息化评价与激励机制等，它们对加速学前教育信息化的发展具有举足轻重的作用。

## （三）ICT 在幼儿教育中应用的基本原则是发展适宜性

ICT 应用之前，我们必须首先弄清 ICT 融合幼儿教育应用的目的。信息技术融合应用就是将信息技术融入到幼儿园的健康、语言、科学、社会、艺术等五大课程领域的各类教育活动中，创设适宜的数字化学习环境，支持幼儿的学习与认知。应用的本质在于通过信息技术优化幼儿教育的过程，促进幼儿的适宜性发展。因此，ICT 应用以"适宜性"为立场，即尊重幼儿的个性与尊严，采用合适的教育方法，促进幼儿生理与心理的适宜性发展。另外，信息技术应用还应当注意幼儿的健康与安全问题，确保每一位幼儿在舒适、安全的环境氛围中得到发展。适宜性是世界很多国家指导幼儿教育的基本原则，也是指导 ICT 在幼儿教育中应用的重要原则。

## （四）ICT 应用的关键是为幼儿开发与选择适宜性的软件

信息技术在幼儿教育中的主要功用是通过合适的资源与技术扩展幼儿的经验，深化幼儿课程的内容，为幼儿提供更多的发展机遇。在具体教育实践中，我们要关注两个核心问题：一是设计开发适宜幼儿的资源软件；二是为幼儿选择适宜的教育资源软件或技术。开发适宜性幼儿软件的核心策略是提倡幼儿参与软件设计，因为，幼儿参与软件设计，一方面能充分反映幼儿的声音、展现幼儿的视角、注入幼儿的想法；另一方面能为幼儿提供一次良好的学习机会，有利于其信息素养的培养。为幼儿选择适宜的软件资源及技术，主要考虑幼儿发展的规律，无论是硬件技术的选择还是软件资源的应用都必须符合幼儿身心发展的基本规律。在这方面，我国颁布的《3~6 岁儿童学习与发展指南》等文件为我们提供了重要的参考框架。

## （五）培训是应用的关键，培训的重点是 ICT 应用信念与教学应用能力

幼儿园教师是 ICT 采纳过程的"把关人"，也是应用的具体执行者。因此，国外非常重视幼儿园教师培训工作。国外培训的内容主要包括 ICT 的信念、ICT 知识与技能、ICT 在幼儿教育中的应用能力、教师专业发展支持等。一些国外专家研究发现，幼儿园教师的 ICT 理念是开展 ICT 幼儿教育活动的关键，积极的信念有利于活动的实施及幼儿能力的发展。其次，世界发达国家的培训，如英国、新西兰、澳大利亚等，都非常注重对 ICT 应用能力的培训，而不是停留在 ICT 基本的操作与技能层面。

# 第三章　幼儿教师信息素养标准的制定

## 第一节　信息素养标准的分析

根据各国实际状况，许多国家和组织制定了不同的信息素养标准。总体说来，欧美国家的信息素养标准已经相当成熟和正规化；亚洲国家在参考欧美标准的基础上，结合本地区实际制定了一些标准和指南。

### 一、ACRL 标准

美国大学与研究图书馆协会（ACRL）制定的"高等教育信息素养评价标准"，共包含 5 大标准 22 条共计 86 项具体的评价指标，较全面地反映了信息素养的内涵要求。

### 二、ANZIIL 标准

澳大利亚与新西兰高校信息素养联合工作组（ANZIIL）正式发布了《澳大利亚与新西兰信息素养框架：原则、标准及实践》，该工作组又在结合各高校实施反馈意见及学术研讨会的基础上，修正了部分内容。《框架》确立了 4 条中心原则，并提出了支持个体获得、识别和应用信息的 6 条核心信息素养标准。

### 三、SCONUL 标准

英国高校与国家图书馆协会提出信息素质能力模式。该模式在名称上不是指标体系，但其实质依然是一个高校信息素质能力的指标体系，由 7 个一级指标和 17 个二级指标组成。虽然这个指标体系不像美国、澳大利亚与新西兰的高校信息素质能力指标体系，通过高校图书馆的领导性联盟以文件的形式颁布，但在英国高校信息素质教育中影响广泛。

### 四、IFLA 标准

国际图联组织在参考以上三种标准及该领域内其他专业工作的基础上，试图建立国际图书馆界通用的信息素养标准。IFLA 确定了信息素养的三个组成元素：获取、评价和利用，并指明了它们之间的关系。其中"获取"指用户有效、高效地获取信息的能力，包括定义并表述信息需求的能力和定位信息的能力；"评价"指用户批判地评价信息的能力，包括信息评价和进行信息排列组织与信息分类的能力；"利用"则指用户准确并创造性地利用信息的能力，包括信息利用和信息利用的交流与道德两个方面。

# 第二节  幼儿教师信息素养标准的制定

随着社会信息意识的增强，信息技术的进步和学生素质教育理念的树立，学生信息素养标准问题必然成为每个学生、教育工作者和信息工作者所关注的问题，在现阶段进行学生信息素养标准研究和实践需从以下几方面考虑。

## 一、确立从实践到理论的理念

传统的研究模式是从理论到实践。而信息素养的研究却是从实践到理论。虽然，有前期国外及国内的研究做基础，但牵涉到具体的标准制定时，前期成果只能作为参照。标准的宏观体系架构，具体内容分解，条款的措词等应来自于实践，经理论论证，再到制定和推行。从而大量的调研工作在所难免，是一项艰巨而细致的实践工作，故首先要树立实践为先的理念。在大量的调查基础上进行理论论证，得出标准体系和内容。

## 二、权威部门全面规划实施

因学生信息素养标准来源于实践，在我国只有教育部出面进行部署，综合协调，才有可能实施从调研经论证到制定再推行的一系列行动。首先，制定相关政策，将信息素养作为衡量学生学业的一项基本要求，使学生、学校、家长和社会引起足够重视。其次，动用大量人、财、物进行全国范围内的调研。使标准的内容、指标具有现实可行性。最后，标准的推行和效果评价须采用行政指令方式，以确保标准的修订和完善。

## 三、详细论证标准体系，慎重选择标准内容

标准体系和内容的确定实际上是学生信息素养的外延和内涵的确定。标准体系是广度范畴，内容是深度范畴，对它们的确定应在实践调研、借鉴国内外研究成果的基础上由专家学者、实践工作者和学生共同确定。从而能使标准在一定范围和要点引导下进行研究和制定，并进行试点，经过多次反复论证和试点，得出全国统一的标准体系和内容。

## 四、标准要体现层次性

标准的层次包含执行层次和内容层次。执行层次指指令性标准和指导性标准。考虑到我国幅员辽阔，城乡差别大，存在巨大的信息鸿沟。在标准的执行中采用指令指导结合的方式。指令性标准层次较低，适应于全国。指导性标准层次较高，可由不同地域、部门根据自身情况选择执行。内容层次是指对不同阶段的学生进行分级。基本上分为 4 级：小学、中学、大学、研究生，标准的要求逐级提高，从而体现信息素养与知识水平地衔接，使标准具有适用性和操作性。

## 五、以信息道德作为标准的核心内容

从国外标准介绍倾向和国内标准制定状况看，标准多强调信息能力，尤其是信息技术能力，从大量国内信息素养培养的研究中可发现绝大多数是通过开设计算机课程，在其它课程中加入信息技术成分等方法。这一方面使学生的信息技术水平显著提高，另一方面也为他们提供了逃避监督、自我放纵的技能和空间。目前国内对学生信息素养内容基本达成共识，包括信息意识，信息道德和信息能力。从信息与人、社会的自然作用过程分析，信息意识和信息能力随着人类文明的进步和技术的发展，其发展轨迹是一抛物线，顶点是人的信息承载力，一旦越过这一顶点人类将被信息淹没，逐渐失去信息意识和能力。信息道德的作用就是将这一顶点提高，使人类慢一点达到承载的极限。同时，信息意识和信息能力具有衡量的外在客观性，而信息道德则具有内在评价性。在标准的制定中要考虑三者的发展特性，形成以信息意识为引导，信息道德为核心，信息能力为手段的内容体系。

# 第四章 学前教育信息化技能培养

## 第一节 幼儿教师信息技能的培养

### 一、计算机基础知识

#### （一）计算机的分类

一般情况下，电子计算机分类方法有多种。

**1. 按性能规模分类**

按性能规模可分为巨型机、大型机、中型机、小型机和微型机。

（1）巨型机。

研究巨型机是现代科学技术，尤其是国防尖端技术发展的需要。巨型机的特点是运算速度快、存储容量大。目前世界上只有少数几个国家能生产巨型机。我国自主研发的银河 I 型亿次机和银河 II 型十亿次机都是巨型机，主要用于核武器、空间技术、大范围天气预报和石油勘探等领域。

（2）大型机。

大型机的特点表现在通用性强、具有很强的综合处理能力、性能覆盖面广等，主要应用在公司、银行、政府部门、社会管理机构和制造厂家等，通常人们称大型机为企业计算机。大型机在未来将被赋予更多的使命，如大型事务处理、企业内部的信息管理与安全保护、科学计算等。

（3）中型机。

中型机是介于大型机和小型机之间的一种机型。

（4）小型机。

小型机规模小，结构简单，设计周期短，便于及时采用先进工艺。这类机器由于可靠性高，对运行环境要求低，易于操作且便于维护。小型机符合部门性的要求，为中小型企事业单位所常用。具有规模较小、成本低和维护方便等优点。

（5）微型计算机。

微型机又称个人计算机（Personal Computer. PC），它是日常生活中使用最多、最普遍的计算机，具有价格低廉、性能强、体积小和功耗低等特点。现在微型计算机已进入到了千家万户，成为人们工作、生活的重要工具。

### 2．按功能和用途分类

按功能和用途可分为通用计算机和专用计算机。

（1）通用计算机具有功能强、兼容性强和应用面广和操作方便等优点，通常使用的计算机都是通用计算机。

（2）专用计算机一般功能单一，操作复杂，用于完成特定的工作任务。

## （二）计算机的主要特点

### 1．自动地运行程序

计算机能在程序控制下自动连续地高速运算。由于采用存储程序控制的方式，因此一旦输入编制好的程序，计算机就能自动执行直至完成。这是计算机最突出的特点。

### 2．运算速度快，精确度高

计算机能以极快的速度进行计算，而且计算精度高。微型计算机每秒可执行几十万条指令，而巨型机则达到每秒几十亿次甚至几百亿次，精确度已经达到小数点后上亿位。

### 3．具有记忆和逻辑判断能力

计算机中有许多存储单元，具有内部记忆信息的能力。计算机借助于逻辑运算，能做出逻辑判断，分析命题是否成立，并可根据命题成立与否做出相应的对策。另外，计算机还能代替人做许多复杂繁重的工作。

## （三）计算机的主要应用

在信息社会中，计算机已渗透到经济、政治、军事及社会生活的各个领域。计算机改变了人们的生活。其应用可以归纳为以下几个方面。

### 1．科学计算

科学计算又称为数值计算，是计算机的传统应用领域。在科学研究和工程技术中，利用计算机高速精确运算和大容量存储的能力，进行人工难以完成或根本无法完成的各种数值计算。如弹道轨迹、天气预报和高能物理，等等。

### 2．数据处理

数据处理又称为信息处理，是指信息的收集、存储、分类、加工、排序、检索、打印和传送等一系列活动的总称。如情报检索、统计、事务管理、生产管理自动化、决策系统、办公自动化和医疗诊断，等等。

### 3. 过程控制

过程控制也称为实时控制，是指计算机对被控制对象实时地进行数据采集、检测和处理，按最佳状态来控制或调节被控对象的一种方式。如工业自动化控制，卫星飞行方向控制等。

### 4. 计算机辅助工程

计算机辅助设计 CAD 和 CAM 计算机辅助制造，是设计人员利用计算机来进行最优化设计和制造人员进行生产设备的管理、控制和操作。目前，在电子、机械、造船、航空、建筑、化工和电器等方面都有计算机的应用，这样可以提高设计质量，缩短设计和生产周期，提高自动化水平。计算机辅助教学 CAI，是利用计算机的功能程序把教学内容变成软件，使得学生可以在计算机上学习，使教学内容更加多样化、形象化，以取得更好的教学效果。

电子设计自动化（EDA）技术，是利用计算机中安装的专用软件和接口设备，用硬件描述语言开发可编程芯片，将软件进行固化，从而扩充硬件系统的功能，提高系统的可靠性和运行速度。

### 5. 人工智能

人工智能（AI）是用计算机来模拟人的智能，代替人的部分脑力劳动，如模拟人脑学习、推理、判断、理解和问题求解等过程，辅助人类进行决策等。

## （四）信息技术基础

### 1. 信息

信息已成为 21 世纪信息时代人类生存和社会发展的基本条件之一。信息一般是指消息、情报、资料、数据和信号等所包含的内容。信息的基本属性包括事实性、滞后性、可传递性、共享性、保密性、实效性、可处理性和增值性等。

### 2. 信息技术

信息技术（IT）是指应用信息科学的原理与方法，有效地完成信息的获取、存储、传递和处理等功能的技术。按人类信息器官功能，信息技术可划分感测技术、通信技术、计算机技术和控制技术。信息技术包含计算机技术、微电子技术、通信技术、网络技术、光电子技术、多媒体技术、微缩印技术、声像技术、办公自动化技术、数据库技术（包括数据存储和压缩技术）、人工智能和仿真技术等。现代信息技术主要分为以下三个方面。

（1）信息采集技术。该技术突破人的感觉器官的局限性，延伸和扩展人类收集信息的功能。如传感器、照相机、雷达、探测卫星、光学显微镜、电子显微技术、太空望远镜和电了笔等的使用技术。

（2）信息传递技术。信息在传递中发挥效能，人类在不断地寻求加快信息传递的方法。从烽火狼烟、驿马传书到电报、电话、电视和广播等通讯手段，从微波、卫星和移动电话到计算机网络等通信技术都得到了迅猛的发展。信息的高速传递导致科技的发展，科技的发展又为信息的传递提供了崭新的手段。计算机通信技术的发展导致了全球网络化时代到来，信息的传递已不再受到时间、地域的限制。

（3）信息处理技术。该技术能够帮助人类更好地存储、检索、加工和再生信息。信息处理工具经历着从简单到复杂、由低级到高级的演变和发展。用计算机存储和处理信息，被广泛地应用于工业、农业、国防、教育、金融和医疗等各个领域，它的发展和应用水平，反映了信息技术发展和应用水平。使得整个社会的生产方式、生活方式和思想观念都发生了深刻的变化，所形成的信息产业，已成为全球经济的支柱产业。现代信息处理技术是一种综合性技术，它的支柱技术主要包括计算机技术、通信技术和控制技术，即"3C"技术。

### 3. 信息化与信息社会

（1）信息化。信息化也称国民经济和社会信息化，是指在国民经济和社会各个领域，不断推广和应用计算机、通信和网络等信息技术和其他相关智能技术，以达到全面提高经济运行效率、劳动生产率、企业核心竞争力和人民生活质量的目的。

信息化的内容包括信息的生产和应用两大方面。信息生产要求发展一系列高新信息技术及其产业，既涉及微电子产品、通信器材和设施、计算机软硬件、网络设备的制造等领域，又涉及信息和数据的采集、处理、存储等领域。

（2）信息社会。信息社会也称为信息化社会，一般是指这样一种社会：信息产业高度发达且在产业结构中占据优势，信息技术高度发展且在社会经济发展中广泛应用，信息资源充分开发且成为经济增长的基本资源。

信息社会是信息化的必然结果，但信息社会与工业社会并没有一个严格的界限，应该是一个渐进的、逐步的演化过程。信息社会的特征：

1）由于人类脑力劳动的相当部分可以由计算机信息系统来代替，从而极大地增强了人类处理信息的能力。

2）社会信息交换将很大程度上围绕信息网络及其服务中心展开。

3）信息产业将成为社会的主要支柱产业之一。

4）专业技术阶层成为社会的主导阶层和中坚力量。

5）在社会生产中，体力劳动和资源的投入相对减少，脑力劳动和科学技术的投入相对增加。

# 二、计算机系统及常用办公软件操作

## （一）微型计算机系统

一个完整的计算机系统由硬件系统和软件系统组成，这两大部分之间相互依存、缺一不可。

### 1. 微型机的硬件系统

所谓硬件，就是我们看得见摸得着的物理设备，如键盘、显示器、主机和打印机等。计算机的硬件系统由输入设备、输出设备、存储器、运算器和控制器五大部分组成。

（1）硬件系统各部分的功能。

1）输入设备。输入设备的作用就是把数据送入存储器。常见的输入设备有键盘、鼠标、扫描仪等。

2）存储器。存储器的作用就是存放数据。存储器分内存储器和外存储器两大部分。

3）运算器。运算器又称算术逻辑单元（Arithmetic Logic Unit，ALU）。它的作用是与内存储器直接交换信息，对数据进行加工处理，即进行算术运算和逻辑运算。

4）输出设备。输出设备的作用就是把处理后的中间结果或最后结果输出。常见的输出设备有显示器、打印机、绘图仪等。

5）控制器。控制器是指挥中心，输入输出设备、存储器和运算器在控制器的统一指挥下协调工作。

控制器和运算器通常做在一个芯片上，称为中央处理器（Central Processing Unit，CPU），也称微处理器，它是硬件系统的核心。CPU 的主要型号有 Internet 系列的 Pentium（奔腾）和 Celeron（赛扬），AMD 系列的 Biathlon XP 和 Duran 等。CPU 和内存储器合称主机，主机以外的其他设备，如打印机、键盘等，称计算机的外围设备，简称外设。

（2）微型机的主要技术指标。

1）字长。

字长是指计算机能够直接处理的二进制数据的位数。单位为位（BIT）。目前微机的字长一般为 64 位，即 64 个二进制位。字长越长，计算机的性能越好。

2）主频。

主频是指计算机主时钟在一秒钟内发出的脉冲数，在很大程度上决定了计算机的运算速度。单位为 MHz 或 GHz。主频越高，微机的运算速度越快。

3）运算速度。

运算速度是指计算机每秒钟所执行的指令条数，单位是 MIPS，即每秒百万条指令。

4）内存容量。

内存容量是主要是指 RAM 的大小，目前微机的内存一般为 512MB 或更高。内存越大，计算机的运行速度越快。

5）外存容量。

外存容量主要是指硬盘的大小，目前微机的硬盘一般为 80GB 或更大。硬盘越大，可存储的信息越多。

（3）存储器的度量单位。

存储器的度量单位是位（bit），也称比特，常简写为 b。比特是计算机系统最小的信息数据计量单位。1 个比特即二进制中的一个位值，即 0 或 1，字节（Byte）常简写为 B。在大多数计算机系统中，一个字节是 8 个二进位数据的长度。即 1B＝8b。

由于 Byte 太小了，计算机存储系统经常以 KB（Kilo Byte）、MB（Mega Byte）、GB（Gigs Byte）、TB（Tara Byte）来计量，表示存储器容量大小的各种单位之间的换算关系如下：

$1KB = 2^{10}B = 1024Byte$

$1GB = 2^{20}B = 1048576Byte$

$1GB = 2^{30}B = 1073741824Byte$

$1TB = 2^{40}B = 109951164777Byte$

## 2. 微型计算机的软件系统

一个完整的计算机软件包括程序和相关的文档。程序是指令序列的符号表示，文档是软件开发过程中建立的技术资料。程序是软件的主体，一般保存在存储介质（如软盘、硬盘和光盘）中，以便在计算机上使用。文档对于使用和维护软件尤其重要，随着软件产品发布的文档主要是使用手册，其中包含了该软件产品的功能介绍、运行环境要求、安装方法、操作说明和错误信息说明等。计算机软件按用途可分为系统软件和应用软件。

（1）系统软件。

系统软件是指为管理、维护和使用计算机所编制的软件。系统软件主要有操作系统、数据库管理系统和语言处理系统（也称编译系统）三大类。

1）操作系统。

系统软件的核心是操作系统。操作系统的功能是管理计算机的硬件资源、软件资源和数据资源，为用户提供高效、全面的服务。没有它，任何计算机都无法正常运行。正是由于操作系统的飞速发展，才使计算机的使用变得简单而普及。在个人计算机发展史上曾出现过许多不同的操作系统，其中最为常用的有 5 种：DOS、Windows、Linux、Unix 和 OS/2。

2）数据库管理系统。

数据库是以一定的组织方式存储起来的、具有相关性的数据的集合。数据库管理系统就是在具体计算机上实现数据库技术的系统软件，由它来实现用户对数据库的建立、管理、维护和使用等功能。目前在计算机上流行的数据库管理系统软件有 Microsoft SQL Server、Oracl 等。硬件系统、数据库集合、数据库管理系统及相关软件、数据库管理员和用户这五部分构成了数据库系统。数据库系统的出现，是计算机数据处理的重大进步，它实现了数据的共享、数据的独立性和数据的安全保护。

3）语言处理系统。

语言处理系统包括机器语言、汇编语言和高级语言。这些语言处理程序除个别常驻在 ROM 中可以独立运行外，都必须在操作系统的支持下运行。

①机器语言。

在计算机刚刚诞生的那一段时间，人们直接用二进制数 0 和 1 来编写程序，这种由 0 和 1 组成的一组代码指令称为机器语言，机器语言是计算机能直接识别和执行的语言。

由于机器语言比较难记，所以现在已经不用来编写程序。

②汇编语言。

为了解决使用机器语言编写应用程序所带来的一系列问题，人们首先想到了使用助记符号来代替不容易记忆的机器指令。这种助记符号来表示计算机指令的语言称为符号语言，也称汇编语言。在汇编语言中，每一条用符号来表示的汇编指令与计算机机器指令一一对应；记忆难度大大减少了，不仅易于检查和修改程序错误，而且指令、数据的存放位置可以由计算机自动分配。

③高级语言。

高级语言是一类接近于人类自然语言和数学语言的程序设计语言的统称。按照其程序设计的出发点和方式不同，高级语言分为了面向过程的语言和面向对象的语言。Fort ran 语言、C 语言等都是面向过程的程序设计语言。

用高级语言编写的程序称为源程序，计算机系统不能直接理解和执行，必须通过一个语言处理系统将其转换为计算机系统能够认识、理解的目标程序才能为计算机系统执行。

（2）应用软件。

应用软件是指为解决计算机各类问题而编写的软件。它又可分为用户程序与应用软件包。

1）用户程序。

用户程序是用户为了解决特定的具体问题而开发的软件。编制用户程序应充分利用计算机系统的种种现成软件，在系统软件和应用软件包的支持下可以更加方便、有效地研制用户专用程序。例如：火车站票务管理系统、人事管理系统和财务管理系统等。

2）应用软件包。

应用软件包是为实现某种特殊功能而经过精心设计的、结构严密的独立系统，是一套满足同类应用的许多用户所需要的软件。

## （二）文字处理软件 Word 的操作

Word 是文字处理系统，它可以完成各类文件如报告、文件、信件和论文等的编辑、排版及打印等操作，还可以实现图文混排。

### 1. Word 文档的输入与编辑

（1）创建新文档。

启动并进入 Word 的工作窗口后，Word 自动创建一个临时文档，并为临时文档打开一个文档窗口。标题栏显示临时文档的默认文件名：文档1。若再要创建新的文档，可以用鼠标单击工具栏的"新建"按钮。Word 将再为新的临时文档打开

一个文档窗口，所起的文件名依次为：文档2、文档3……（以此来标记那些未曾存盘命名的文档）。同时打开的文档可以通过"窗口"菜单中的文件名列表进行切换。

（2）文档编辑。

在文档中，要编辑和处理的大量的文本是汉字和字符。汉字通过学会一种或几种汉字输入法就可以轻松地从键盘上输入了，而字符是一个庞大的群体，它既包括中西文文字，也包括符号和数字，西文字符和数字可以直接从键盘输入，而有些符号如⑧、Ⅱ、ǔ、Σ等不能直接从键盘上输入。

1）文字的输入（包括中文输入和英文输入）。

输入英文时，大小写切换用"Caps Lock"键，或使用"Shift+字母"键。输入中文时，首先必须选择一种中文输入法。

注意两点：①中英文标点符号的选择。②当输入的文字到达一行的右边界时，不要使用回车键。只有在结束一段文本的输入时才需要用回车键换行。

2）符号的输入。

①使用键盘或软键盘。

②使用 Word 工具栏中的"符号栏"。

③使用菜单命令"插入"→"符号"。

无论是输入普通文字，还是插入数字、符号、日期、时间和图片，总是从闪烁的竖条光标处开始。

（3）保存文档。

要养成经常保存文件操作的习惯，以免在死机、断电或程序意外中断的情况因未能及时保存而追悔莫及。

1）单击"文件"→"保存"，或者单击工具栏上的"保存"按钮。

2）如果需要为已经保存过的文档另外取名保存，单击"文件"→"另存为"。

（4）选定文档内容。

在对文档中的指定内容进行移动、复制和删除等编辑操作时，首先要选定操作的对象，即要选定文档中的指定部分。

1）用鼠标选定文字。

①直接拖拽。

②在选定区拖拽或单击、双击、三击鼠标。

③按住 Alt 键拖拽，选定矩形块。

2）用键盘选定文字。

用键盘选定文字的一般方法是：按住 Shift 键并按箭头键。

（5）文本的删除、移动和复制。

1）文本的删除。

①选定所要操作的文本，按 Delete 键。

②用鼠标单击常用工具栏中"剪切"按钮。

③用鼠标单击"编辑"→"剪切"。

④按 Ctrl+X 组合键。

2）文本的移动。

①"剪切"＋"粘贴"。

②用鼠标拖曳所选文本。

3）文本的复制。

①"复制"＋"粘贴"。

②用鼠标拖曳所选文本的同时按住 Ctrl 键。

（6）撤销和复原。

1）用鼠标单击常用工具栏上"撤消"按钮，可撤销上一次操作。

2）用鼠标单击常用工具栏上"复原"按钮，可重复上一次操作。

（7）查找和替换。

1）单击"编辑"→"查找"，打开"查找和替换"对话框。

2）单击"编辑"→"替换"，打开"查找和替换"对话框。

### 2. Word 的排版技术

（1）字符格式化。

字符的格式化就是指定字符的字体、大小、风格等格式。字符格式的排版首先必须选择所要排版的文本对象，否则排版操作只能对光标处再输入的新文本起作用。

可以使用格式工具栏中的格式按钮来快速地改变字符的格式。用鼠标单击"格式"→"字体"，打开"字体"对话框，在其中可以设置字体的各种效果。可以用格式刷复制文字的格式。

（2）段落格式化。

段落格式化包括：文本的对齐方式、文本的缩进、行间距和段落间距等。

1）用鼠标单击"格式"→"段落"，打开"段落"对话框，在其中可以设置文档的段落特性。

2）可以用格式刷复制段落的格式。

（3）项目符号和编号。

在输入文本时，可以利用 Word 提供的项目符号和编号。

（4）分栏。

用来编辑需要分栏的文档，例如报纸、杂志等。选择"格式"→"分栏"，打开"分栏"对话框。可进行创建分栏、调整栏宽、设置平衡栏和删除分栏等操作。注意其中"应用范围"的选择。

（5）样式。

利用"样式"可以在建立文档时规范文档的格式，并且便于的格式的修改。

（6）页眉和页脚。

页眉或页脚通常是页码、日期或公司徽标等文字或图形，页眉打印在顶边上，而页脚打印在底边上。在文档中可自始至终用同一个页眉或页脚，也可在文档的不同部分用不同的页眉和页脚。例如，首页的页眉用徽标，而在以后的页面中使用文档名。

用鼠标单击"视图"→"页眉和页脚"，打开"页眉/页脚"工具栏。要创建一个页脚，可单击"在页眉和页脚间切换"按钮，以便移至页脚区，然后进行页脚的创建。

（7）视图。

Word 视图有普通视图、Web 版式视图、页面视图和大纲视图等。最常用的视图是普通视图和页面视图。

### 3. 制表及表格处理

使用表格可有效地组织信息，并可通过两栏并排放置文字和图形，建立引人入胜的版面。

（1）表格的建立。

1）单击"插入表格"按钮，拖动指针，选定所需的行、列数。

2）单击"表格"→"插入表格"，打开"插入表格"对话框。

（2）表格的编辑。

1）选定表格中的对象；

2）插入单元格、行、列。

选定将在其上、下插入新行的行，或选定将在其左、右插入新列的列，然后选择"表格"→"插入"。插入多行或多列时，先选定与插入的行数或列数相同的行数或列数，再进行插入操作。

3）删除单元格、行、列和表格。

选定待删除的单元格，再选择"表格"→"删除"→"单元格"命令，打开"删除单元格"对话框，只要选定对话框中的选项之一，即可完成删除单元格、行或列的操作。

4）改变行高和列宽。

①改变行高和列宽的方法：利用菜单设置或用鼠标拖曳。

②平均分布各行/各列：要使多行或多个列具有相同的高度或宽度时，首先选定这些行或单元格，再进行设定。

5）合并和拆分单元格。

①合并单元格，即是将表格中左右相邻的多个单元格或上下相邻的多个单元格合并为一个单元格。只要选定待合并的多个相邻单元格，再选择"表格"→"合并单元格"命令即可。

②拆分单元格是指将每一个或多个单元格拆分为若干部分。只要选定待拆分的单元格，再选择"表格"→"拆分单元格"命令，打开"拆分单元格"对话框，输入所要拆分的列数及行数，则系统自动完成拆分。

（3）表格中的数据处理。

1）计算。选择需要填入计算结果的单元格，单击"表格"→"公式"。

2）排序。选择需要排序的列，单击"表格"→"排序"。

3）生成图表。在表格中选择需要生成图表的单元格，单击"插入"→"对象"，选择"Microsoft Graph"。

### 4. 绘图及图文混排

图片可以来源于已保存下来的图片文件，也可以是 Microsoft word 的"剪辑库"中的图片。Word 的"剪辑库"中包含了大量的图片，其内容包罗万象，从地图到人物、从建筑到风景名胜，应有尽有。

先将光标定位在要插入剪贴画的位置。在"插入"菜单中选择"图片"→"剪贴画"命令，或在"绘图"工具栏上单击按钮，在窗口右边打开剪贴画任务窗格，在结果类型选项中选择剪贴画，点击"搜索"，即可以在"图片显示区"显示 Office 自带剪贴库中的图片，再单击所选图片即可将图片插入文档中光标所在位置，插入图片操作也可以在图片上单击右键，在其快捷菜单中选择"插入"命令完成插入图片。

如果图片是来自文件，则选择"图片"→"来自文件"，打开"插入图片"对话框，选择图片所在位置及图片文件名后单击"插入"命令。

此外，还可以使用剪贴板来插入图片。可以将某些图片处理编辑软件中的部分或全部图片剪切或复制下来后，在 Word 文档中使用"粘贴"命令，同样可以把图片插入。

（1）设置图片格式。

选中图片对象，出现 8 个控点。选中图片的同时打开"图片"工具栏，使用工具栏可以进行以下的操作。

1）缩放图片。

2）裁剪图片。

3）改变图片的位置和环绕方式。

4）改变图片的颜色、亮度、对比度和背景。

（2）绘图图形。

单击常用工具栏的绘图按钮，在屏幕底部出现绘图工具条，可以运用绘图条上的按钮绘制各种图形。

1）绘制自选图形。

2）在图形中添加文字。

3）设置图形的格式。

4）图形的叠放次序。

5）自由旋转。

6）组合或取消组合。

7）制作水印。

（3）艺术字。

使用 Word 的绘图功能还可以设置旋转、立体和弧形的文字。单击"绘图"工具栏上"插入艺术字"按钮，打开"'艺术字'库"对话框。也可使用"艺术字"工具栏来对艺术字进行各种操作。

（4）文本框。

单击"插入"→"文本框"→"横排（或竖排）"命令，或在"绘图"工具栏上单击"文本框"或"竖排文本框"按钮，鼠标的形状变为"+"，在工作区中画出文本框。

然后在文本框中输入文字。

在文本框上单击右键，在其快捷菜单中选择"设置文本框格式"命令，打开"设置文本框格式"对话框，可进行颜色和线条、大小、版式等设置。

（5）公式编辑器。

Word 可以很方便地插入和编辑数学公式，这是优于其他编辑软件的又一体现。在要插入公式的地方单击鼠标，然后用鼠标单击"插入"→"对象"，打开"对象"对话框。选择"新建"选项卡，在"对象类型"框中选择"Microsoft Equation3.0"。

最后单击"确定"按钮，打开"公式编辑器"。

在"公式编辑器"窗口内，有属于公式编辑器的菜单、图文框和工具栏。在图文框的左上角有一个小框，称为"插槽"，开始时是空的，插入点位于插槽内。插入公式或符号后，插槽会自动移动，插入点也随之移动。公式输入完毕，单击 Word 文档的任一处可返回到文档窗口。

## （三）电子表格软件 Excel 的操作

电子表格软件 Excel 是用于数据处理的软件，它对由行和列构成的二维表格中的数据进行管理，能运算、分析和输出结果，并能制作出图文并茂的工作表格，还具有简单的数据库管理功能。

### 1. Excel 的基本操作

工作簿的创建、打开和保存与 Word 相同。

（1）几个概念。

1）工作簿。

由 Excel 所创建的文件叫工作簿文件，简称工作簿，默认的扩展名为 .xls。Excel 是以工作簿为单元来处理数据和存储数据的。

2）工作表。

工作表是组成工作簿的基本单元，它是由 256 列、65536 行构成的二维电子表格，是输入和存储数据的地方。在默认情况下，每个工作簿有 3 张工作表，标签名分别以 sheet 1、sheet 2、sheet 3 命名。一个工作簿内最多可以包含 255 个工作表，当前正在使用的工作表称活动工作表。Excel 的所有操作都是在工作表上进行的。

3）单元格。

Excel 启动后，在屏幕上出现的由网格构成的表格，称为单元格。它以行、列名作为标识名，称为单元格地址，如 B5 表示 B 列第 5 行的单元格。当前被选中的单元格称为活动单元格，用粗线框表示，Excel 所进行的许多操作都是针对活动单元格进行的。活动单元格的右下角有一个小黑点，称为填充柄，当用户将鼠标指针指向填充柄时，鼠标指针呈黑十字形状，拖动填充柄可以将内容复制到相邻单元格中。

（2）窗口的操作。

1）排列窗口。

选择"窗口"菜单的"新建窗口"命令，则同时打开另一个窗口；选择"窗口"菜单的"重排窗口"命令，出现"重排窗口"对话框；选择一种排列方式；单击确定。

2）分割窗口。

单击图表中需要分隔窗口的某一行；选择"窗口"菜单的"拆分窗口"命令，则窗口被水平分割。

3）冻结窗口。

首先分割窗口；选择"窗口"菜单的"冻结拆分窗口"命令。

4）缩放窗口。

选择"视图"菜单的"显示比例"命令。根据需要选择一种缩放比例，单击"确定"按钮，则窗口就按比例缩放。

（3）工作表的操作。

1）选定工作表。

操作选定一个工作表、选定多个连续的工作表、选定多个不连续的工作表、选定一个工作簿文件中的全部工作表，等等。

2）工作表的更名。

①双击要更名的工作表标签，输入新的工作表名称。

②右击要更名的工作表标签，在快捷菜单中选择"重命名"命令，输入新的工作表名称。

3）工作表的复制和移动。

①单击工作表标签，如果要移动该工作表，就用鼠标拖动该标签至相应位置后松开鼠标左键；如果要复制该工作表，就在按下 Ctrl 键的同时用鼠标拖动该标签至相应位置后松开鼠标左键。

②右击工作表标签，在快捷菜单中单击"移动或复制工作表"命令，在"移动或复制工作表"对话框中选择该工作表将移动或复制到哪个工作簿文件中的哪张工作表前。对话框中的"建立副本"复选框打上"√"表示复制操作，否则表示移动操作。

③单击工作表标签，再单击菜单"编辑"→"移动或复制工作表"命令，后面操作同方法②。

4）添加工作表。

用户可以根据需要插入新工作表。所插入的新工作表位于当前工作表之前。

①单击工作表标签，单击"插入"菜单下的"工作表"命令。

②右击工作表标签，在快捷菜单中单击"插入"命令，在"插入"对话框中选择"工作表"。

5）删除工作表。

①使用"编辑"菜单的"删除工作表"命令，单击该命令，会出现一个警告消息框，只要单击"确定"，可删除选定的工作表。

②在要删除工作表上单击鼠标右键，选择"删除"命令，就删除了工作表。

（4）在工作表中输入数据。

Excel 工作表包含了两种基本数据类型：常量和公式。常量又分为数值、文本和日期等类型；公式则是以"="开头的由运算符、单元格引用和函数等组成的表达式。

1）输入文本。

文本是指由字母（包括汉字）、数字或符号等组成的数据，常用来表达标题、名称或文字说明等。当输入数据中含有字符或符号时 Excel 会自动把它确定为文本数据，文本在单元格中默认的对齐方式为左对齐。

如果要将数字作为字符串（即文本）输入，则应先输入一个英文的单引号"'"，再输入相应的数字。如键入"'00001"输入的是文本"00001"，若键入"00001"则输入的是数值 1。

2）输入数值。

直接输入的数值数据可以是整数、小数或用科学记数法表示的数，例如 2.34E+7，表示 $2.34×10^7$。当数字的长度超过单元格宽度时，显示为一串"####"，当数值过大或过小时，自动以指数方式显示。数值在单元格中默认的对齐方式为右对齐。

输入负数可采用两种方式，用数前加"-"号如"-98"或数字前后加一对小括号 [如"（98）"] 都可输入负数。

3）输入日期和时间。

输入日期和时间值时，必须按照一定的格式，用斜线"/"或减号"-"作为日期中年、月、日的分隔符，如"2006-4-10"或"2006/4/10"。日期和时间型数据在单元格中默认的对齐方式为右对齐。用冒号"："作为时间中时、分、秒的分隔符，如"15：20：25"，如果输入 12 小时制的时间，应加上 AM 或 P，表示上午时间和下午时间，如"10：00AM"，字母与数字之间必须留一空格。

（5）工作表中数据的编辑。

1）插入空白单元格、整行和整列。

制作工作表的过程中，常常需要在已有数据的区域中插入空白单元格、整行或整列，以便在其中输入新的数据，下面便来介绍插入操作的方法和技巧。

①插入空白单元格。选择需插入位置的单元格，单击菜单"插入"→"单元格"，在弹出的"插入"对话框中选择"活动单元格右移"或"活动单元格下移"选项，按"确定"按钮。

②插入整行。选择需插入位置的行号，单击菜单"插入"→"行"，即可插入一空行，原来行以及下面的内容会顺序向下移动一行。

③插入整列。选择需插入位置的列标，单击菜单"插入"→"列"，即可插入一空列，原来的列以及右边的内容会顺序右移一列。

2）删除和清除。

①删除整行或整列。先选择要删除的若干行（列），再单击"编辑"菜单的"删除"命令项，或在快捷菜单中单击"删除"命令项。注意：不能同时选择行和列进行删除操作。

②删除单元格。选择一个或多个单元格，单击"编辑"菜单的"删除"命令项，或单击快捷菜单的"删除"命令项。这时弹出一个"删除"对话框，在对话框中选择选项后，单击"确定"按钮。

③清除单元格或区域的数据。与删除不同，清除只是抹去某单元格或区域的内容或格式，而保留单元格本身。操作步骤如下：单击某单元格或选中某个区域，选择"编辑"菜单的"清除"命令，弹出"清除"选项的子菜单。

3）复制、移动数据。

①复制。要复制单元格中的部分数据，应先选中这些数据，然后单击"复制"按钮，接着，选定目标单元格，单击"粘贴"按钮。

②移动。移动操作基本同复制，只是"复制"按钮改为"剪切"按钮。

4）数据的填充。

填充指的是将数据复制到相邻的单元格，操作步骤如下：

①在工作表中，先单击 A1 单元格，使其成为活动的单元格；

②将鼠标指针移动 A1 单元格粗线框右下角的实心处，该方块为填充柄。此时鼠标指针形状为实心十字形；

③拖动鼠标到需要填充数据的目标单元格，完成填充。

5）在单元格区域内自动输入数据序列。

在单元格区域内可以自动输入各种数据序列，如数值序列、等差序列、日期序列等。

6）数据的查找和替换。

数据的查找步骤：

①选中要找的数据的单元各区域或单击工作表 A1 单元格，使成为活动单元格；

②选择"编辑"菜单的"查找"命令，屏幕上出现"查找"对话框；

③在"查找内容"框中输入要查找的数据；

④单击"查找下一个"按钮；

⑤单击"关闭"按钮。

数据的替换步骤：

①选择"编辑"菜单的"替换"命令，屏幕上出现"替换"对话框；

②在"查找内容"框输入要查找的数据，再在"替换成"框中输入替换数据；

③单击"查找下一个"按钮；

④单击"替换"按钮。

### 2. 工作表的格式化

工作表的格式化是指调整工作表中数据的显示格式，使其更加规范、整齐、美观。

（1）改变行高和列宽。

新建工作表时，所有单元格都具有相同的宽度和高度。在实际使用时，可以根据需要调整列宽和行高，调整列宽和行高主要有如下几种方法：

1）鼠标拖动列标右侧（或行号下方）边界线。

2）单击"格式"菜单下的"列"命令下的"列宽"（或"行"命令下的"行高"）命令项，在"列宽"（或"行高"）对话框中进行精确设置。

3）要使列宽与单元格内容宽度相适合（或行高与内容高度相适合），可以选择要调整的列（或行），单击"格式"菜单下的"列"命令下的"最适合的列宽"（或"行"命令下的"最适合的行高"）命令项。

（2）设置单元格式。

对于单元格中的数据，可以使用我们在 Word 中已经熟悉的那些方法和工具做格式上的处理。例如，通常出现在工具栏上的设置字体、字号、字体的加粗、倾斜、加下划线，以及单元格内数据的左对齐、居中对齐、右对齐等。Excel 把涉及单元格格式的功能全部集中在"格式"菜单中的"单元格"命令内。选择该命令会出现一个"单元格格式"对话框，其中含有"数字""对齐""字体""边框""图案"和"保护"等 6 个选项卡。

（3）自动套用格式。

Excel 中提供了多种组合格式让用户进行套用。

设置方法为：选择单元格区域，单击"格式"菜单下的"自动套用格式"命令，弹出"自动套用格式"对话框，从中选择一种格式如"简单""经典"后，按"确定"按钮。

### 3. 公式与函数

Excel 的一个主要功能是帮助用户进行数值的计算和统计，而计算数值通常使用两种方法：公式计算和函数计算。公式是在工作表中对数据进行计算的等式，用于对工作表数据进行加、减、乘、除等基本运算。函数是一些预定义的公式，实现函数运算所使用的数值称为参数，函数返回的数值称为结果。

（1）公式。

Excel 中的公式由数字、运算符、单元格引用和函数组成。在单元格中输入公式必须以等号"＝"开头，如"＝35+12倡3""＝SUM（A1：C10）"，输入完后，单元格中显示的是公式计算的结果，而在编辑栏中显示的是具体的公式。

（2）运算符。

运算符用于对操作数进行运算。Excel 中的运算符包括：算术运算符、文本运算符、比较运算符和引用运算符。

1）算术运算符。

运算符有：负号（－）、百分数（％）、乘幂（＾）、乘（倡）和除（／）、加（＋）和减（－）。

2）文本运算符。

Excel 的文本运算符只有一个，即"＆"。＆ 的作用是将两个文本值连接起来产生一个连续的文本值。

3）比较运算符。

比较运算符有：等于（＝）、小于（＜）、大于（＞）、小于等于（＜＝）、大于等于（＞＝）和不等于（＜＞）比较运算符用于比较两个值的大小或用于判定一个条件是否成立。比较的结果是一个逻辑值：True 或 False。True 表示条件成立，False 表示比较的条件不成立。例如，公式"＝80>78"，结果为逻辑值 True。

（3）单元格引用。

在单元格的引用中，根据单元格的地址被复制到其他单元格后是否会改变，可分为相对引用、绝对引用和混合引用3种。

1）相对引用。

相对引用也叫相对地址，它是直接用单元格的列标行号表示的引用，如 A1、B5、C20等。当把一个含有相对地址的公式复制到一个新的位置时，公式中的相对地址会随着变化。在使用过程中，除了特别需要，一般都是使用相对地址来引用单元格的内容。

2）绝对引用。

绝对引用也叫绝对地址，它是分别在单元格的列标行号前加上美元符号"＄"表示的引用，如"＄B＄5""＄C＄20"等。当把一个含有绝对地址的公式复制到一个新的位置时，公式中的绝对地址保持不变。

3）混合引用。

有时，需在复制公式时只保持行地址或者只保持列地址不变。在这种情况下就需要使用混合地址，如"＝C＄2+D＄2+E＄2"。像这样公式中既包含绝对引用又包含相对引用的就叫混合引用。

（4）函数。

Excel 内部的函数包括常用函数、财务函数、日期与时间函数、数学与三角函数、统计函数、查找与引用函数、数据库函数、文本函数、逻辑函数和信息函数等。

在日常的工作中，经常使用的函数有：

①求和函数 SUM。

②求平均值函数 AVERAGE。

③计数函数 COUNT。

④求最大值函数 MAX。

⑤求最小值函数 MIX。

⑥条件函数 IF。

⑦逻辑求与函数 AND。

⑧逻辑求或函数 OR。

### 4. 数据分析及图表的建立

在 Excel 中可以对数据清单中的数据进行排序、筛选或汇总等，还可以利用这些数据创建图表，直观地显示数据。

（1）数据清单的概念。

在 Excel 中，可以把工作表中的全部数据称为数据清单。数据清单中的每一列称作字段，数据清单的第一行称为标题行，由字段名组成。除标题行外，数据清单中的每一行数据称为记录。

（2）记录排序。

数据的排序是把一列或多列无序的数据变成有序的数据，这样更能方便地管理数据，在进行数据排序时可以按照默认排序顺序，也可以按照单列或多列排序顺序和自定义排序顺序来排序。排序时，Excel 将利用指定的排序顺序重新排列行、列以及各单元格。

可以对 Excel 数据清单中的记录按某字段值的升序或降序重新进行排序，升序为从小到大的顺序，即为递增，降序则反之，即为递减。若字段值是文本，则按 ASCII 码或内码进行排序，若是汉字则默认按第一个汉字拼音的首字母进行排序，也可以设置按汉字的笔画多少进行排序。

（3）记录筛选。

通过记录筛选，可以在数据清单中只显示符合特定条件的记录，而把不符合条件的记录隐藏起来。

（4）分类汇总。

在数据清单中，对记录按某一字段的内容进行分类，即把该字段值相同的记录归为一类，然后对每一类作出统计（如求和、求平均值、计数等）的操作叫分类汇总。

用户在使用分类汇总前，必须先对数据清单按要分类汇总的字段进行排序。

（5）图表的建立。

在 Excel 中可以很方便地实现数据的图表化，通过图表能生动、形象地表示出枯燥、单调的数据，能直观、清晰地显示出不同数据间的差异。

Excel 有两种类型的图表，一是嵌入式图表，一是图表工作表。嵌入式图表就是将图表看作是一个图形对象，并作为工作表的一部分进行保存。图表工作表是工作簿中具有特定工作表名称的独立工作表。建立图表的操作步骤：

（1）选中用于制表的数据区域；

（2）选择"插入"菜单的"图表"命令，屏幕上出现"图表类型"对话框，单击"标准类型"选项卡，选一种，默认值为"柱形图"；

（3）如果单击"完成"按钮，则自动建立一张嵌入式图表，在此我们单击"下一步"按钮屏幕上出现"图表数据源"对话框；

（4）在"图表数据源"对话框中可以改变产生图表的数据源，一步步按提示操作即可完成。

还可以对创建好的图表进行移动图表、调整图表的大小、改变图表的类型、修改图表中的标题、插入数据标记和删除图表等操作。

## 二、网络获取与信息交流

在当今的信息社会中 Internet（因特网）正以一股前所未有的汹涌浪潮冲击着世界，深刻地改变着人们的学习、工作和生活方式。同时，它也是人们交流信息和获取知识的强有力工具。随着我国教育信息化步伐的加快，Internet 上教育资源的开发与利用正日益被人们所重视。

## （一）网络获取

### 1. 搜索引擎

为了获取网络资源，首先要设法在网络上搜索出我们所需要的资源，我们主要使用搜索引擎来完成这项"大海捞针"的任务。搜索引擎的主要功能是根据用户知道的部分信息，引导用户找到所需的全部信息。

搜索引擎（Search Engines）是对互联网上的信息资源进行搜集整理，然后供你查询的系统，它包括信息搜集、信息整理和用户查询三部分。

按照信息搜集方法和服务提供方式的不同来划分，搜索引擎可以分为分类目录式搜索引擎、全文检索型搜索引擎和元搜索引擎三大类。

（1）分类目录式搜索引擎。

目录式搜索引擎又被称为主题指南、专题指南、列表查询引擎、站点导航系统等。目录式搜索引擎是由信息管理专业人员在广泛搜集网络资源，并进行加工整理的基础上，按照某种主题分类体系编制的一种可供检索的等级结构式目录。在每个目录类下提供相应的网络资源站点地址，使用户能通过该目录体系的引导，查找到有关的信息。

目录检索工具的主要优点是所收录的网络资源经过专业人员的选择和组织，所以信息准确、导航质量高，缺点是需要人工介入、维护量大、信息量少、信息更新不及时。这类搜索引擎的典型代表是 Yahoo，国内最具代表性的是新浪分类目录。

以典型的新浪分类目录为例介绍，新浪分类目录网址 HTTP：//Dir. sine. com. cn，目前共有 18 大类目录。例如想查阅儿童节的有关信息，首先浏览新浪的"少儿搜索"大类，然后点击"儿童节"，就会找到许多有关类目和网站。

（2）全文检索型搜索引擎。

全文检索型搜索引擎也称机器人搜索引擎。这类搜索引擎利用大规模机器运行的程序按照某种策略自动地在互联网中搜索和发现信息，将查询结果反馈给用户。

该类搜索引擎是互联网上使用最广泛、最流行的搜索引擎，其优点是信息量大、更新及时、无须人工干预，缺点是返回信息过多，用户必须从结果中进行筛选。最有代表性的是 Google、百度。

（3）多元搜索引擎。

多元搜索引擎并不像独立搜索引擎那样拥有自己的索引数据库，而是当用户提交搜索申请时，通过对多个独立搜索引擎的整合和调用，再按照设定的规则将搜索结果进行取舍和排序并反馈给用户。利用多元搜索引擎的优点在于可以同时获得多个独立搜索引擎的结果，因此返回的信息量更大、更全，但是多元搜索引擎在信息来源和技术方面尚存在一些限制，因此搜索结果并不理想。虽然目前有数以百计的多元搜索引擎，但还没有一个能像 Google 等独立搜索引擎那样受到用户的广泛认可。

多元搜索引擎"万纬搜索"（HTTP：//www. wide way search. com）是一个较典型的中文引擎，它所集成的英文搜索引擎包括 Google、Yahoo 和 Hot Bot 等，所集成的中文搜索引擎包括天网、新浪、搜狐、中文雅虎、中 Google 和百度等。用户可根据需要选择其中若干个引擎进行同步搜索，搜索结果可按相关度、时间、域名和引擎分类。

### 2. 搜索方法和技巧

互联网中蕴含着的信息资源每时每刻都在变化和更新。为了加快获取信息的速度，避免或减少在信息搜集过程中所走的弯路，最重要的做好两点：一是选好关键词；二是掌握一定的网上信息检索的策略和技巧。

（1）合理选择检索的关键词。

要把最重要的概念定为检索的关键词，同时应当灵活运用高频词法、搜索提示和相关搜索等。选择关键词时要注意几点：

1）准确。一要注意避免错别字；二要避免有歧义的字、词。

2）简单扼要。要把自己的想法提炼成简单的而且与希望找到的信息内容主题关联的查询词。关键词一般不能选用没有意义的助词、介词、连词、形容词或副词等，而多选用名词、短语。

3）具有代表性。多用专业术语和专有名词，对提高搜索效率至关重要。

（2）采用适当的检索方法。

1）分类目录检索。用户通过逐层点击网络信息主题目录，直到找出需要的信息为止。该方法适用于分类明确的信息查找。

2）关键词检索。当需要查找一个特定的信息时，使用关键词来查询搜索引擎的数据库，通常可得到较满意的结果。

3）分类目录加关键词混合检索。当用户对究竟采用分类检索还是关键词检索犹豫不定时，使用分类目录加关键词混合检索通常是最佳选择。具体做法是：先通过网络分类目录查找到所需信息所在的范围较窄的类别，再在该类别下应用关键词做进一步检索。

4）多元引擎检索。一般情况下，这是网上信息检索的首选方法。应用多元引擎可以加快信息检索的全过程，且返回相对较少的无关站点。

（3）检索结果的处理对策。

1）当检索返回的网页太多，而需要的网页又不在最前面的几页时，可通过改变关键词、改变搜索范围、使用逻辑符 AND 及引号等方法进一步缩小查询范围。

2）大多数搜索引擎都将最符合检索要求的网址排列显示在所检索结果的前面，如果时间不允许，用户只需阅读检索结果的前面几条信息即可。

3）当检索不成功时，应该检查关键词是否有拼写错误、各个关键词之间是否自相矛盾。若仍不能成功地搜索，可换一种搜索引擎，因为每个搜索工具拥有资源的侧重点可能有所不同。

（4）常用的检索技巧。

1）利用双引号查询完全符合关键字串的网站

例如：键入"幼儿课件"会检出包含幼儿课件的网站。

2）利用网站提供的分类目录

3）利用特殊符号+和-进行逻辑组配

如在关键词前面加上"+"号，并且"+"号与关键之间不能有空格，则表示搜索出来的文档结果中一定有此关键词。如在关键词前面加上"-"号，并且"-"号与关键之间不能有空格，则表示搜索出来的文档结果中一定没有此关键词。

一般情况下，选用一个好的搜索工具，采取一个科学的搜索策略和技巧，能正确应用布尔逻辑符，并熟悉所搜索的领域知识，就能够获得一个比较满意的检索结果。

### 3. 网络信息下载

（1）下载工具。

下载工具大致可以分为三类：

1）最常用的基于服务器—客户端模式（Serber Client）的 HTP/FTP 等基本协议的下载软件。如影音传送带（网络传送带，Net Transport）、网络快车（网际快车，flash-get，jet-car）、网络蚂蚁（Net ants）和迅雷（Thunder）等。这一类下载软件是直接从服务器上下载文件的，如电影音乐软件等。

2）BT 类下载工具。常见的有 Bit torrent 等，其是基于点对点原理（P2P 技术），文件并不存在于中心服务器上，即下载文件的各台电脑是从别人的电脑上下载文件的，同时他人也从他的电脑上下载，故这种下载你的电脑可以说既是客户端又是服务器，对网络带宽的要求较高，因为你在下载（Dow load）的同时还要上传（Up load）。另外这种下载对电脑的硬盘也有一定的损伤。

3）BT 类以外的点对点（P2P）下载工具。如 POCO 电骡（em mule）、酷狗（Kugoo）等。这一类的原理跟第二类相似，不过也有些不同的地方。这种下载同样对硬盘有所损伤且消耗大量网络带宽。

（2）下载方法。

1）直接复制粘贴。对文本、图片等信息的下载可以直接复制粘贴；

2）右击另存为。对声音、视频、动画等文件的下载可以右击→"目标另存为"。

3）使用工具下载。用上面提到的下载工具下载。

### 4. 电子邮件

电子邮件（Electronic Mail，Email）是 Internet 上非实时的通信手段，也是 Internet 上应用最为广泛的服务之一，它可以快捷、方便、廉价地完成全球用户之间的通信。

（1）电子邮件的功能。

1）既可以传递文本形式的邮件，也可以传递声音、图形或影像格式的信息；

2）可以把一封电子邮件同时发送给许多接收者；

3）可以十分方便地存储（Save）、转发（Forward to）邮件以及进行回复（Reply to），回复时还可以自动附上接收到的原信并自动填入收信人的电子邮件地址；

4）可以订阅电子刊物。目前 Internet 上有数千种英文电子刊物和数十种中文电子刊物，其中很大一部分是可以通过电子邮件订阅，并且是免费的，只要订阅后就可定期从电子信箱中收到该刊物。

（2）电子邮件的使用。

1）电子邮件地址。

用户在发送电子邮件时必须要知道对方的"信箱号码"，即对方的电子邮件地址。电子邮件地址也称 E Mai 地址，它由用户名和主机域名两部分组成，中间用代表"at"的"@"符号连接，即：用户名@ 提供电子邮件服务的主机域名。

2）电子邮件的发送过程。

邮件服务器具有类似于邮局或邮箱的功能，可以投递、存储和转发电子邮件。在递交电子邮件时，用户必须填写收信人和发信人的电子邮件地址，当给出发送邮件的指令后，邮件首先被送到发信人所在的邮件服务器中，该服务器再把邮件拆分成一个个数据包，通过 Internet 逐个站点传递至收信人所在的邮件服务器，最后由收信人计算机到邮件服务器中取信。当然，在此过程中还需一台域名服务器（DNS）把电子邮件地址的域名转换成相应的 IP 地址。

（3）免费电子信箱的申请和使用。

1）申请免费电子信箱。

现在很多网站向用户提供免费电子邮件服务。如：网易、搜狐、中文雅虎等。一般的电子邮箱申请步骤如下：单击"注册"；阅读网站提出的用户协议并选择"我接受"；按表格要求逐项填入用户登记表内容；单击"申请"，即完成注册。

2）进入你的电子信箱：在网站的"电子信箱"及"密码"栏中分别填入你的信箱用户名（注意此时不需填写邮件服务器域名）及密码，单击"登录"按钮。

3）电子信箱的组成：除了各种服务之外，一般的电子信箱有以下几个文件夹或选项操作。

①收件箱（读邮件）：存放从网上下载的邮件（自动完成）。

②草稿箱：起草邮件，需发送时把它转移到发件箱即可。

③已发送：用于存放用户要求保存的已经发送的邮件。

④已删除：用于存放已删除的邮件，相当于 Windows 的"回收站"。

⑤地址本（通讯录）：存放常用的 E-Mail 地址及其他资料。

⑥邮箱选项：可对邮箱的参数进行设置。

⑦收信：单击进行接收邮件。

⑧写信：单击进入编辑新邮件。

4）免费电子信箱的使用。

操作基本同 Outlook Express。只不过是所有操作必须在线完成。别人发给你的电子邮件自动存放在你所申请电子信箱的邮件服务器中。你所要做的工作只是通过网站进入电子信箱，打开"收件箱"查看有无新邮件。若有，通过单击此邮件，打开即可阅读。除非把它删除，否则此邮件一直保存在收件箱中。

## （二）聊天工具

### 1. 网站上提供的聊天室

在聊天室中，信息的传播接近于面对面的人际传播，便于聊天者互动，互动的方式主要使用文字、声音和视频等媒体。

### 2. 通过聊天软件工具

目前拥有较多用户的聊天软件主要有腾讯 QQ、MSN Messenger 聊天软件、新浪 UC 和网易泡泡等几种，其功能各具特色。

### 3. BBS

即 Bulletin Board System，"电子公告板系统"。基于 Web 的 BBS，使用非常方便，用户可以自由地访问，上传自己的观点、问题、建议或文章，也可以看到其他用户关于某个主题的最新看法，并发表评论。用户相互间回应很快，有时只需几分钟。如果需要私下交流，还可以将想法直接发到对方 E-Mail 信箱中。

### 4. Blog（网络日志）

Blog，是 We Blog 的简称。We Blog，是 Web 和 Log 的组合词。中文意思是"网络日志"。We Blog 是在网络上的一种流水记录形式。Blogger 或 Web logger（博客），是指习惯于日常记录并使用 We Blog 工具的人。具体说来，博客（BLOGGER）这个概念解释为使用特定的软件，在网络上出版、发表和张贴个人文章的人。

### 5. Wiki（维客）

维客，即 Wiki。Wiki 一词来源于夏威夷语的"wee kee wee kee"，原本是"快点"的意思。在这里 Wiki 指一种超文本系统。这种超文本系统支持面向社群的协作式写作，同时也包括一组支持这种写作的辅助工具。我们可以在 Web 的基础上对维客文本进行浏览、创建、更改，而且创建、更改、发布的代价远比 HTML 文本为小；同时维客系统还支持面向社群的协作式写作，为协作式写作提供必要帮助；最后，维客的写作者自然构成了一个社群，维客系统为这个社群提供简单的交流工具。与其他超文本系统相比，维客有使用方便及开放的特点，所以维客系统可以帮助我们在一个社群内共享某领域的知识。

## （三）网络电话

网络电话即人们通常说的 IP 电话，它是利用 Internet 实现远程话音通信的一种先进通信方式。使用 IP 电话替代国际长途电话可大大降低通话成本。

一般说来，IP 电话可以分为三种方式，即 PC 到 PC、PC 到电话及电话到电话。

### 1. PC 到 PC 方式

它利用了先进的电脑多媒体技术，需要专用软件，适合于计算机爱好者使用，通话双方同时利用连入 Internet 的计算机和多媒体技术，适用软件有 I Phone、Videophone、Net Megaton、Media Ring Talk、Cool Talk 等。

### 2. PC 到电话方式

它在通话时一方利用上网的 PC 和专用软件，通过 IP 电话服务器拨到对方电话机上，支持这种功能的软件有 Net2phone、i phone、Media ring Talk 等。

### 3. 电话到电话方式

IP 电话服务器支持下的"电话到电话"方式，由服务提供商提供全套服务，通话双方不需增加任何软硬件设备，只需利用现有电话即可实现 IP 电话功能（单点对多点、多点对单点、普通拨号、随时通话等）。

电话到电话方式的出现，是 IP 电话发展过程中的一个重大突破。1996 年 Vocal Tec 公司推出了"网关"服务器，它负责将 Internet 和企业 Internet 等数据网络与公用电话网连接起来。这样 Internet 电话就能通过网关从计算机传送到对方的电话机，也可以在两端都安装网关，实现从一方的电话机向另一方的电话机传送 Internet 电话，而费用仅为本地的电话费加上很少的服务费。

IP 电话的"电话到电话"方式目前已经是很成熟的应用。以中国电信的 IP 电话服务为例，只要使用普通的电话机先拨网关的电话号码，例如 17951，再拨想打的电话号码即可。它和打普通电话一样方便，而费用只有普通长途电话的几分之一，对用户来讲，既经济又方便。

## （四）视频会议系统

所谓视频会议，是指利用视频摄像和显示设备，经过信号压缩及编程解码处理，通过网络的传输在两个或多个地点之间实现交互式的实时音、视频通讯。

通常，视频会议系统可以分为点对点系统和多点系统两类。一个实际的用于教学的视频会议系统，一般都由主播教室和多个远程听课教室组成，即采用了一点到多点的教学模式。

# 第二节  幼儿教师媒体技能的培养

现代教学媒体可以以近乎实际的形式，系统地呈示各种动态事物，为幼儿提供生动具体的事物形象。同时提供的活动图像可不受时间、空间因素的限制，既能显示肉眼无法看到的微观世界，也能将浩瀚宇宙尽收眼底。利用现代教育技术媒体也可提供费用低、花时少、没有危险的模拟实验和丰富翔实的参考资料。利用多种媒体组合教学，往往可以产生1+1>2的效果，提高教育信息的传输效率。因此，了解教学媒体的一般概念，熟悉常用教学媒体的基本知识与功能，掌握使用它们的技能，是幼儿教育工作者基本的专业素质要求。

## 一、教学媒体概述

### （一）教学媒体的概念

媒体（也称媒介）是英文 Media 的译名，词义是"中间""中介"，指在信息源和接受者之间载有信息的任何物质工具。从传播学的观点来看，媒体是传播和存储信息的载体。媒体是承载信息、传播（或交流）信息的手段。例如视频、电视、声音、图像、文字、印刷资料、计算机和教师等都是媒体。当这些媒体用来完成教学任务的时候，就被称为教学媒体。教学媒体的作用是促进和沟通学习。

### （二）教学媒体的类型

#### 1. 按存在的形态分类

（1）硬件。指与传递教育信息相联系的各种教学设备，如幻灯机、投影器、录音机、电影机、电视机、录像机、激光视盘机、摄像机、视频展示台、液晶投影机和多媒体计算机等。

（2）软件。指已录制的，承载了教育信息的幻灯片、投影片、录音带、电影片、录像带、CD、VCD 和 CAI 课件等。

#### 2. 按作用于人感官的不同分类

（1）视觉教学媒体。幻灯、投影等主要是提供图像类教育信息的媒体，学习者主要通过视觉感官来接收信息。

（2）听觉教学媒体。收音机、录音机、扩音机和磁带等主要是提供声音类教育信息的媒体，学习者主要通过听觉感官来接收信息。

（3）视听觉教学媒体。电视机、录像机等是能够同时提供图像、声音两方面教育信息的媒体，学习者可以同时通过视觉和听觉感官来接收信息。

（4）计算机交互媒体。计算机交互媒体是以计算机为核心、能提供教育信息的设备，并能在教学过程中实现教与学双方互相交流，还可以实现个别化教学。

（5）综合媒体。语言实验室、多媒体教室、计算机网络教室和微格教室等，都属于综合媒体。综合媒体将多种媒体组合起来使用，有利于更充分地发挥各种媒体的教学功能，提高教学效率。

## （三）教学媒体的基本特性

### 1. 教育信息组织的非线性化

传统的教育信息（包括文字教材、音像教材），其组织结构是线性的有顺序的，而人的思维、记忆却是网状结构。通过联想可以选择不同的路径，所以传统教育制约了人的智慧与潜能的调动，限制了自由联想能力的发展，不利于创新能力的培养。多媒体技术的综合处理各种多媒体信息的能力和交互特性，为教育信息组织的非线性化的创设了条件。

### 2. 教育信息处理和储存的数字化

利用多媒体计算机数字转换和压缩技术，能迅速实时地处理和存储图、文、声、像等各种教育信息，既方便学习，增加了信息容量，又提高了信息处理和存储的可靠性。

### 3. 教育信息传输的网络化

网络技术的发展和普及，特别是各级教育网的建立，使教育信息传递的形式、速度、距离和范围等发生巨大变化，为网络教育、远程教育、虚拟实验室等新的教育形式奠定了基础。

### 4. 教育过程的智能化

多媒体计算机教育系统具有智能模拟教学过程的功能，学习者可以通过人机对话，自主进行学习、复习、模拟实验和自我测试，并能实时反馈，实现交互性。利用网络系统，为探究性学习创设了条件。

### 5. 学习资源的系列化

随着教育信息化程度的提高，现代教育环境系统工程的建立，现代教材体系也逐步成套化、系列化和多媒体化，使人们能根据不同的条件、不同的目的与不同的阶段，自主有效地选用相应的学习资源，为教育社会化、终身化提供保障。

## （四）教学媒体的选择与运用

选择教学媒体时要考虑教学内容的需要和教学成本等因素，要综合考虑需要和可能，注意经济实用性。只要能够完成教学目标，用简不用繁，用少不用多。

（1）显而易见的功能放在电视或电脑中体现的是低效益的做法。

（2）对一些静态教学内容用投影反而比电视表现的效果好。

（3）对一些无法用其他途径获得的教学资料，采用媒体传播才能显示出优势。

（4）在进行潜移默化的品德教育方面，教师的榜样作用比任何媒体更有效果。

（5）在激发幼儿学习兴趣、提高注意力和创设教学情境等方面，现代教育技术媒体有特殊的效果。

（6）彩色能增加教学内容的吸引力。

## 二、常用教学媒体设备的使用

## （一）数码相机

### 1. 数码相机的原理与结构

普通光学照相机是运用透镜成像原理设计制造的一种光学仪器，由镜头、光圈、快门、取景器、调焦装置和机箱等基本部件构成。数码相机是将成熟的数字技术与传统的光学照相机相结合的产物，它把拍摄到的景物转换成数字格式图像予以保存。传统相机使用胶卷感光并存储图像，而数码相机使用电荷耦合器（CCD）感光，用数字存储卡来保存图像。相机的工作流程及图像处理过程：景物通过光学镜头将影像聚到电荷耦合器（CCD）上，并将光信号转换成电信号（模拟信号）；然后经模/数转换器（A/D）转换成数字信号；再由微处理器（MPU）对信号进行压缩并转换成特定格式的图像文件储存。存储的图像信号，可立即在相机的液晶显示器（LCD）上进行查看，以便不满意时重拍或删除，也可以通过输出接口传输到计算机中，进行打印或图像编辑。

### 2. 数码相机的使用

数码相机的种类很多，在外观、功能以及性能等方面差异很大，标识也不相同，所以在第一次使用的时要详细阅读说明书。

（1）安装电池。

所有数码相机都需有电源方能工作。拍摄时一般使用电池供电。不同机型使用的电池种类不同，大多数是专用电池，且不同品牌之间不能通用。电池的安装也因机而异，所以在准备阶段，要熟悉电池的更换、安装方法。

（2）安装存储卡。

要在照相机处于关机状态下进行，并要装载到位，特别要注意卡的正反面、前后方向是否正确。

（3）应用模式的选择。

数码相机一般分为拍摄、查看、连接或下载等几档的转换开关和转盘，操作时须选择对应档，如要拍摄必须将开关或转盘处于所需拍摄档。

（4）参数设置。

数码相机的参数设置一般分两个区域。一部分常数设置是在 LCD 液晶显示屏上，通过旁边的操作按钮以选择菜单的方式来调整，比如分辨率、感光度、时间等；另一部分曝光参数通常在机身上有相应操作键，如光圈、快门、闪光灯、调焦等。

（5）取景、构图、拍摄。

按下快门后，CCD 拾取图像，接着相机会有短时的读取数据、处理、保存的过程。这时，我们会从 LCD 显示屏上看到刚刚拍摄的画面效果。图像显示后消失，可继续拍摄。因此，在拍摄两张照片之间要有几秒钟的间隔。也正因为数码相机的这一特点，很多机型有自动连续拍摄功能。

（6）影像文件下载。

读取数码相机图片数据有两种方式，一种是从相机中直接读取；另一种是将存储卡取出，通过读卡器读取。有些相机，在读取之前要在计算机上安装该相机的驱动程序。

## （二）数码摄像机

### 1. 数码摄像机的原理与结构

数码摄像机的工作原理是将光信号转换成电信号，并利用传感器的感光面积形成图像，传感器感光面积的利用率越高，就能捕捉到更多的光线信号，感光能力就越强，拍摄出来的画面也就越清晰亮丽，这和数码相机成像的原理基本一样。但通常考虑到成本，数码摄像机所配备的 CCD 或者 CMOS 感光元件都是面积小，一片 CCD 同时完成亮度信号和色度信号的转换，因此难免两全，使得拍摄出来的图像在彩色还原上达不到专业的要求。为了解决这个问题，便出现了 3CCD 数码摄像机，这样光线通过特殊棱镜后，会被分为红、绿、蓝三种颜色，而这三种颜色就是我们电视使用的三基色，通过这三基色，就可以产生包括亮度信号在内的所有电视信号。

数码摄像机主要由取景系统、控制系统、成像系统、存储系统和电源系统五个部分组成。

### 2. 数码摄像机的使用

（1）拍摄视频。

1）打开摄像机电源，将 POWER 开关设定于 CAMERA 位置。

2）装入录像带。

3）取下镜头盖。

4）拉下握持腕带，拿稳摄像机。

5）观察 POWER 开关部位，看是否设定于 CAMERA 位置，若不是，按住开关上的小绿色键将其设定于 CAMERA 位置。

6）根据拍摄人员视线的需要，调整液晶显示屏的角度。液晶显示面板可以朝取景器侧转动 90°，朝镜头侧转动 180°。

7）对准被摄对象，调整焦距，使镜头图像清晰。

8）按 START/STOP 键，摄像机开始拍摄。此时，摄像机前面的摄像指示灯亮起。要停止摄像时，再按一次 START/STOP 键。为保证获得较好的画面质量，进行拍摄时尽量做到平、稳、匀、清、准。

9）接着拍摄镜头时，只需重复 7）和 8）的步骤。

10）拍摄结束后，将 POWER 键开关设定于 OFF 位置，关闭液晶显示面板，退出录像带，取下电池。

（2）回放检查视频。

1）按着 POWER 开关上的小绿色键，将其设定于 VCR 位置。

2）按 REW 键进行倒带。

3）按 STOP 键停止倒带。

4）按 PLAY 键开始放像，按住 OFF 键可以快速播放。

5）检查结束，按住 OFF 键至先前拍摄结束点，按 STOP 键停止。再将 POWER 开关设定于 CAMERA 位置，可以继续进行拍摄。

（3）主要拍摄技法。

1）平。画面中的水平线要平。最好使用带水平仪的三脚架，尤其是拍摄建筑物时，寻像器里画面较小，倾斜不易被发现，而使用水平仪就能避免这种失误。

2）稳。镜头不晃动。尽量使用三脚架或单脚架拍摄，肩扛拍摄时，在保证景物不形变的前提下，尽量用广角镜头近距离拍摄，使画面稳定。

3）匀。运动拍摄时速度要匀。推、拉、摇、移、升、降、跟、甩、旋转和焦点移动等运动镜头的拍摄要做到速度均匀，既要靠拍摄设备如轨道车、升降机等，又要靠技能技巧，还要靠摄制人员的默契配合。

4）准。运动镜头的起、落幅要准。运动镜头的起、落幅是一个固定镜头，应构图合理、画面优美。起幅准比较容易做到，落幅则需要拍摄前就确定好，如时间来得及，应预演一次。

5）清。摄像机拍出的画面应该是清晰的，不能模糊不清。为了保证画面的清晰，首先就要保证摄像机镜头清洁；其次在调整聚焦时，最好要把镜头推到焦距最长的位置，调整聚焦环使图像清晰。无论是拍摄远处还是近处的物体，都要先把镜头推到焦距最长的位置再开始调整，因为这时的景深短，调出的焦点准确，然后再拉到所需的合适的焦距位置进行拍摄。

（4）构图技巧。

构图是一个外来语，其英文是 Composition。就书面的理解来说，构图就是在摄影创作过程中，如何在底片这个有限的平面空间里合理地安排所看到的画面上各个元素的位置，从而达到最佳的艺术效果，表现出摄影者的创作意图的过程。

从广义上说，摄像师从选材、构思到造型体现的创作过程，概括了从内容到形式的全部组合。从狭义上来说，是指摄影（像）画面的布局与构成。指在一定的画幅格式中筛选对象、组织对象、处理好对象的方位、运动方向、线条以及色调等造型因素。

构图形式的分类方法主要有以下两种。

1）根据构图形式的内在性质的不同分类。

根据画面构图形式的内在性质的不同，可将构图分为静态构图、动态构图、单构图和多构图等。

①静态构图。一般情况下，被摄对象与摄像机均处于静止状态，镜头内的构图关系基本固定。静态构图多为单构图形式。比如，我们拍摄远处的风景，多用固定镜头表现，画面中的景色、人物、树木等基本不动，即为静态构图形式。静态构图适用于造型艺术。

②动态构图。动态构图下的被摄对象与摄像机同时或分别处于运动状态，使得画面内视觉形象的构图组合及相互关系连续或间断地发生变化。动态构图是影片所特有的构图方式。比如，拍摄行驶中的汽车，画面中被摄对象（汽车）的行驶就不断改变了画面的结构关系，构成了动态构图。

③单构图。单构图画面中被摄对象基本处于固定状态，也不出现明显的光影和色彩变化。这种构图形式可以用来表现特定的内容和情绪氛围，如拍摄一束盛开的玫瑰花喻示爱情的到来，拍摄金秋的枫叶象征老年人的晚年生活，拍摄一轮旭日隐喻出青年人的蓬勃热情等。

④多构图。多构图镜头不经过外部组接，而是在一个镜头内部通过蒙太奇造型形式、被摄对象与摄像机的调度、焦点虚实变化等多种手法变化构图形式。多构图镜头能够在一个镜头中传递多个信息。

2）根据构图形式的外在线形结构的不同分类。

根据构图形式的外在线形结构的不同，可以将构图分为水平线构图、垂直线构图、斜线构图、曲线构图、黄金分割式构图、九宫格式构图、圆形构图、对称构图和非对称构图等，以下介绍其中的几种。

①水平线构图。水平线构图的主导线形是向画面的左右方向（水平线）发展的，适宜表现宏伟、宽敞的横长形大场面景物。如拍摄捕鱼情况、草原放牧场景、层峦叠嶂的远山、大型会议合影和河湖平面等，经常会用水平线构图来表现。

②垂直线构图。垂直线构图的景物多是向画面的上下方向发展的，采用这种构图的目的往往是强调被摄对象的高度和纵向气势，比如，在拍摄高层建筑、钢铁厂的高炉群、树木和山峰等景物时，常常将构图的线形结构处理成垂直线方向。

③斜线构图。斜线在画平面中出现，一方面能够产生运动感和指向性，容易引导观众的视线随着线条的指向去观察；另一方面，斜线能够给人以三维空间的第三维度的印象，增强空间感和透视感。最典型的斜线构图是画平面的两条对角线方向的构图。采用斜线构图时，视觉上感到自然而有活力，醒目而富有动感。

④曲线构图。曲线构图又称 S 形构图，也是一种常见的构图形式。画面中的曲线（S形）构图，不仅能给观众的视觉以一种韵律感、流动感，还能够有效地表现被摄对象的空间和深度。此外，S 形线条在画面中能够最有效地利用空间，可以把分散的景物串连成一个有机的整体。

⑤黄金分割式构图。黄金分割在西方历史上被认为是最神圣、最美妙的构图原则，被广泛运用于绘画、雕塑和建筑艺术之中。将黄金分割借鉴到电视画面构图中，也具有一定的美学价值，它能够给人以悦目的视觉效果。

（5）摄影景别技巧。

景别是指被拍摄对象在整个画面中所呈现的范围比例，一般分为远景、全景、中景、近景和特写。

1）远景是视距最远的景别，视野广阔，可以表现远距离的人物和周围广阔的自然环境和气氛，也可以显示大建筑物的细节，但内容的中心往往不明显。远景以环境为主，可以没有人物，如果有人物也仅占很小的比例。它的作用是展示巨大的空间、显示大范围动作、介绍环境、展现事物的规模和气势，拍摄者也可以用它来抒发自己的情感。在使用远景进行编辑时，要保留足够的时间长度，以便使观众能够充分感受拍摄者想要表达的气氛。

2）全景包括拍摄对象的全貌（人物的全身、物体的整体）和它周围的环境。与远景相比，全景具有明显的作为内容中心或结构中心的主体。

3）中景包括被拍摄对象的主要部分（如人物腰部以上的部分）和事件的主要情节。与全景相比，中景画面中的主要人或物的形象及形状特征占主要部分，脸部也会起到重要的作用。在中景画面中，观众能够清楚地看到人与人之间的关系和感情交流，也能看清人与物、物与物的相对位置关系。

4）近景所包括的是被拍摄对象更为主要的部分（如人物胸部以上的部分），能够更细致地表现人物的表情和物体的主要特征，着重于更细腻的描写，多用于表现人物面部表情、手的动作和物体的形态及质感等。

5）特写是强调被拍摄对象某一局部（如人的面部或完全显示很小的物体）的画面，它可以做更为细致的表述，揭示特定的含义，给观众以强烈的印象。

（6）摄像用光技巧，。

光是摄像最重要的构成要件，对光线的处理要比对其他要件的处理重要且难得多。任何一种光都存在着三个要素，即强度、方向和色调。

1）强度描述的是光线的强弱程度，各种光源所发出的光线都有一定的强度。强而直接的光会造成明显的阴影，并且清楚呈现出物体的轮廓，所以常用来勾勒物体轮廓；强光也可增加被拍摄主体的明暗对比，以强调物体表面的纹理、不同色彩或色调之间的反差。弱而散的光可以减弱被拍摄主体的明暗对比，使物体表面看来平滑细致。

2）所有的光都具有方向性。根据光源与被摄主体和摄像机水平方向的相对位置，可以将光线分为顺光、逆光和侧光三种基本的类型；根据三者纵向的相对位置，又可分为顶光、俯射光、平射光及仰射光四种类型。

①顺光。摄像机与光源在同一方向上，正对着被摄主体，使其朝向摄像机镜头的面容易得到足够的光线，可以使拍摄物体更加清晰。根据光线的角度不同，顺光又可分为正顺光和侧顺光两种。

②逆光。逆光是摄像机对着、而被摄主体背着光源而产生的光线。在强烈的逆光下拍摄出来的影像，主体容易形成剪影状；主体发暗而其周围明亮，被摄主体的轮廓线条表现得尤为突出。

③侧光。侧光的光源是在摄像机与被摄主体形成的直线的侧面，从侧方照射向到被摄主体上的光线。此时被摄主体正面一半受光线的照射，影子修长，投影明显，立体感很强，对建筑物的雄伟高大很有表现力。但由于明暗对比强烈，不适合表现主体细腻质感的一面。

④顶光、俯射光、平射光及仰射光。

顶光通常是要描出人或物上半部的轮廓，和背景隔离开来。但光线从上方照射在主体的顶部，会使景物平面化，缺乏层次，色彩还原效果也差，这种光线很少运用。

俯射光是这四种光当中使用最多的一种。一般的摄像照明在处理主光时，通常是把光源安排在稍微高于主体、和地面成30°~45°角的位置。这样的光线，不但可以使主体正面得到足够的光照，也有了立体感，而形成的阴影也不会过于明显。

如果再采用侧顺光位，效果会更好。

平射光跟正顺光一样，不是很理想的光线。即使在侧顺光的位置，所形成的阴影也有点呆板生硬，不如俯射光来的自然。

仰射光也是一种不多见的打光法。将光源置于主体之下向上照射，会制造一种阴森恐怖的效果。

（3）光的色调：和万物一样，光同样具有色彩，不同的光线其色调不同。通常我们用色温来描述光的色调，色温越高，蓝光的成分就越多；色温越低，橘黄光的成分就越多。而在不同色温的光线照射下，被摄主体的色彩会产生变化。在这方面，白色物体表现得最为明显：在 60W 灯泡下，白色物体看起来会带有橘色色彩，但如果是在蔚蓝天空下，则会带有蓝色色调。摄像机是靠调节白平衡来还原被摄主体本来的色彩的。

## 三、视频展示台

视频展台又称实物展示仪、实物展台或文字显示台。由于视频展台功能齐备，使用简单方便，通过投影机等输出设备，可将文字、图片、透明投影胶片、幻灯片、彩色图片及实物等放大显示出来，因此被广泛应用于教学。视频展台除了具备幻灯机、投影器的功能外，还具有摄像机功能。

### （一）视频展台的基本结构

视频展台一般由摄像头、光源、实物放置台等部分组成。

（1）摄像头：摄像头的作用是将载物台上物体的影像转换成电信号，通过输出端口送给投影机或电视机。

（2）照明光源：照明光源的作用是照亮被摄对象。通常有两种光源，一种是在机箱外的直射光源，主要用于照亮非透明的物体，如书刊、照片、实物等；另一种是在机箱内部的透射光源，它是用于照射透明材料，如投影片、幻灯片、玻璃器皿等。

（3）信号连接端口：信号连接端口分输入输出两部分。信号输入输出端会因型号不同有所区别。常见的通常有"视/音频"端子、S 端子、VGA 端子等。

（4）控制部分：操作控制按钮主要有光源选择、输入选择、调焦、正负片切换等。

### （二）视频展示台的主要特点

#### 1. 成像清晰

视频展台的摄像头采用单片 1/3 英寸的 CCD，图像分辨率可达 44 万像素以上，可以传送清晰度达 470TT 线数的静止图像，使得图像的细小部分都十分清晰。同时，由于低照度技术在视频展台上的成功应用，使其即使在照度很低的环境下仍可获得清晰的图像，从而很适合在普通教室里使用。

## 2. 调焦方便

摄像头具有先进的自动聚焦、变焦技术。自动聚焦使教师在更换展示物后不用重新聚焦，就可以获得清晰的图像；自动变焦可以很轻松地实现对演示资料或物体进行局部放大，以突出某一重点。

## 3. 具有多路输出输入接口

视频展台不仅可以提供投影机、电视机使用的视频信号，还具有其他标准信号的输入输出接口，如 RS232C 接口，可与计算机相连，通过计算机来控制展示台上的所有按钮，方便教学。

## （三）视频展台的使用

（1）开启电源前，首先连接好视频展台与电视机（或投影机等其他配套使用的设备）的连线。

（2）打开电视机（投影机）与展台电源。把电视机或投影机切换为视频。

（3）把被投影对象放置于实物放置台上，根据不同的投影物，选择展台上不同的光源。

（4）利用控制面板调节图片和实物影像，以达到最佳效果。

（5）如果使用时需把外接信号转换到电视机或投影机上，只要把外接信号接到展台的输入端口，按下输入键，选择相应的"视/音频"端子（与其对应的灯亮）即可。

（6）计算机通过视频捕捉卡连接展台。通过相关程序软件，可将视频展台输出的视频信号输入计算机进行各种处理。有些视频展台具有画面定格（也叫帧存储）功能，即在视频展台使用过程中，移去被投物，画面仍可保持而不消失，使展示内容从一个画面到另一个画面平滑过渡；有的展台有存储功能，即展台设备中内置存储器，一般可存储 20 幅以内的图片（一般为 JEPG 格式）。

## 四、多媒体投影机

## （一）多媒体投影机的种类

投影机是多媒体教室中计算机、视频展示台、VCD 及录像机的视频再现设备，是目前多媒体教室中价格较贵的设备之一。投影机的产品从技术角度上分为阴极射线管投影机（CRT）、液晶显示投影机（LCD）和数字光路投影机（DLP）。

## （二）多媒体投影机的使用

（1）投影机开机时，绿灯闪烁说明仍处于启动状态；当绿灯不再闪烁时，方可进行下一步操作。

（2）投影机在使用过程中严禁剧烈震动。

（3）在使用过程中，如出现意外断电却仍需启动投影的情况时，最好等投影机冷却 5 ~10 分钟后，再次启动。

（4）投影机在使用过程中，如使用了菜单中的某些功能后，画面效果不如先前时，可以寻找菜单中的"出厂设置"，按"确定"键恢复出厂设置。

（5）投影机在使用过程中，如出现整个画面偏红时，可以寻找菜单中的"输入格式"，重新输入 RGB 信号即可。

（6）关机时，需等投影机的风扇不在转动、闪烁的绿灯变为橙色后，方可切断电源。

（7）投影机正常关机后，如仍需再次启动时，最好等投影机冷却 2~5 分钟后，再次启动。

（8）投影机闲置时，请切断电源。

## 五、交互式电子白板

### （一）交互式电子白板简介

交互式电子白板（Interactive White Board）由电子感应白板硬件和相应的白板应用软件组成。

在实际使用中，多数交互式电子白板需要与计算机和投影仪结合使用，交互式电子白板、电子笔、计算机和投影仪组成了交互式电子白板系统，交互式电子白板根据其实现技术不同可以分为压感型、电磁感应型、红外型、超声波型和光电耦合型五种类型。目前，国内应用最多的是电磁感应交互式电子白板。

电子白板将成为未来现代化教学、办公会议、远程教育及信息交流的主要手段。

### （二）交互式电子白板的使用

（1）启动驱动程序。但交互式电子白板系统搭建好后，首先需要让计算机连接上交互式电子白板。

（2）定位白板。

（3）启动应用程序，登入。

（4）在不同的工作模式下，实现书写、标注、几何画图、编辑、打印、存储等功能。

（5）退出。不用电子白板时，点击退出命令项，暂停电子白板的工作。

## 六、传声器

在电声系统中，传声器（俗称话筒）是一种将声信号转换为电信号的换能器件。也称麦克风。由于它是整个电声袭用中声音的入口，因此，它的性能的好坏，使用是否正确直接影响整个系统的性能和声音的质量。

### （一）话筒的种类和特点

话筒的种类很多，但教学中广泛应用的是动圈式和电容式话筒。从转换原理或构造来分，话筒可分为以下几类：

（1）动圈话筒。电声系统中普遍使用的一种传声器，它主要由振动膜片、音圈和永久磁铁等组成，其工作原理是：当人对着话筒讲话或唱歌时，声波使音圈颤动，从而使音圈在磁场中震动，产生感应电信号，完成声电转换。动圈话筒构简单、稳定可靠、使用方便、噪音小，被广泛用于语言广播和扩音系统。

（2）电容话筒。电容话筒的结构是由两片相距很近的电极板组成，中间以空气为介质的平行板电容，其中有一片电极为富有弹性的表面金属化的薄膜片，工作时需要电源、负载和放大器。其工作原理是：当声波使薄膜片震动时，平行板电容器的电容发生变化，从而使电路中的电流发生相应变化，负载上就得到相应变化的音频电信号，从而完成声电转换。电容传话筒的频率范围宽、灵敏度高、失真小、音质好，但结构复杂、成本高。一般多用于高质量的广播、录音、扩音。

（3）驻极体电容话筒。这种话筒的工作原理和电容话筒相同，只是结构上将电容话筒的振动膜片改成了驻极体材料，省略了电源。它特点是体积小，结构简单，成本低，性能优越，使用方便，被广泛地应用在盒式录音机、移动电话和录音笔等一些微小型录音设备中，作为机内或外接话筒使用。

（4）无线话筒。无线话筒实际上是一只带微型话筒的微型调频发射机，它由一台微型发射机组成。整个系统中还有专用的调频接收机。无线话筒一般由驻极体电容话筒、调频发射电路和电源组成，信号采用调频的方式发射，频率范围在 100～120MHz。无线话筒具有体积小、话筒和扩音器之间无需连线、使用方便、音质好等特点，在教师讲课、舞台演出和录音采访中经常被采用。

### （二）传声器的选择和使用

传声器作为听觉媒体的第一道关口，它的拾音质量的高低，对录音、扩音效果的影响很大，因此必须正确而科学地选择和使用传声器。

（1）阻抗匹配。传声器的输出阻抗有低阻（如 50Ω、150Ω、200Ω、250Ω、600Ω 等）和高阻（如 10kΩ、20kΩ、50kΩ）两种。使用时，话筒的输出阻抗应该与放大器的输入阻抗相等，这是最佳的匹配，如果失配严重，将会影响传输效果，引起声音失真。

（2）正确选用传声器的种类和型号。语言拾音应优先选择动圈传声器，器乐演奏的拾音应优先选择电容式传声器或高质量的动圈式传声器。

（3）防止电干扰。传声器的输出电压很小，一般高阻抗输出的连接线不超过 10m，如果要进行长距离（>10m）的传输，则需要采用低阻抗输出的传声器，连接距离可在 30 ~ 50m。

（4）控制拾音距离。一般话筒与讲话者之间的距离在 20 ~ 30cm，距离远些，音色柔和，混响感强；距离近些，听感亲切，语言清晰。但距离过近，会因信号过强而引起失真，因低音过重而影响语言清晰度。

## 七、扬声器

扬声器是一种把音频电信号转变为声音的器件，俗称喇叭。它的作用和话筒相反，它是电声系统的声音的出口，也是电声系统中重要的声音还原器件。

### （一）扬声器的种类

扬声器的种类有很多，按工作原理可分为电动（动圈）式、静电（电容）式、电磁（舌簧）式等 3 种。其中电动式扬声器结构简单、性能良好，是电声系统中最常用的扬声器。按工作频率分则可分为低音、中音和高音扬声器，这些扬声器常在音箱中作为组合扬声器使用。

### （二）电动式扬声器的结构和工作原理

常见的电动式扬声器按结构，又可分为纸盒式扬声器、球顶式扬声器和号筒式扬声器。

纸盆扬声器的结构，由永久磁铁、音圈、锥形喇叭和纸盆等几部分组成。圆柱形音圈处于强磁场中，它与作为辐射体的纸盆相连，当音频电流通过音圈时，音圈随之作纵向振动，并带动纸盆振动，振动的纸盆推动周围空气振动而产生声波。

纸盆扬声器结构简单、低音丰富、音质柔和、频带宽，在各种听觉媒体、视觉媒体和多媒体计算机中应用广泛。

### （三）扬声器的使用

（1）正确选择扬声器的类型。在室外使用时，应选用电动号筒式扬声器；在室内使用，应选用电动纸盆式扬声器，并选好助音箱；要求还原高保真度声音时，应选用优质的组合音箱。

（2）扬声器在电路中得到的功率不要超过它的额定功率，否则会烧毁音圈，或将音圈振散。

（3）注意扬声器的阻抗应和扩音机输出阻抗匹配，避免损坏扬声器或扩音机。

（4）使用电动号筒式扬声器时，必须把发音头套在助音筒上后再通电，否则很易损坏发音头。

（5）两个以上扬声器放在一起使用时，必须注意相位问题。如果反相，声音将显著削弱。设置立体声音箱时，更要注意相位不要接错。

（6）在使用立体声放音系统时，应将两个音箱分开适当的距离。按照经验，两个音箱之间的距离应等于音箱到听众中间位置的长度。

（7）防止声反馈，扬声器应尽可能远离传声器，更不能把传声器对着扬声器，以防止声反馈引起的啸叫声。

## 八、数码录音和录音机

随着科技和存储技术的发展，新一代的全数码录音机和数码录音笔产生了。普通磁带录音机采用模拟方式记录信息，存在频率范围窄、动态范围小和信噪比低等不足，而数字磁带录音机可有效地克服模拟磁带录音机的种种不足。

数码录音机和数码录音笔有录音时间长（有的可长达 96 小时）、携带方便、录制和播放简便以及体积小等优点，因而被广泛应用在语言学习、会议记录和录音采访中。

数码录音机和录音机的操作使用都简单，不再细说。下面就介绍一下利用录音设备制作录音教材的方法。

录音教材，就是有关教材内容的录音。录音教材一般有下列几种类型：一是辅助教学用，由教师控制穿插在课堂教学中播放教学录音资料；二是配合投影、计算机等媒体，合成整体的形声教材；三是供幼儿自学时使用。

### （一）录音教材的制作

制作录音教材既要有录音的技能、技巧，又要掌握制作的原则和正确的程序。

一般是经过以下几个步骤：

**1. 研究教材，精心设计编写稿本**

录音教材要根据教学大纲的要求和教学需要进行设计。在备课时，如考虑到有运用录音辅助教学的必要，就应根据录音教材的特点，分析具体教学内容，设计出最佳方法和编写出稿本。

### 2. 收集整理素材

根据设计的稿本内容和录制的方案收集素材和资料。如收集电台广播节目、现有的录音带等资料备用。

### 3. 现场录制教材

需要现场录制的教材，可用录音机的机内话筒录音，但这种录音的方式噪音大，一般都采用机外话筒录音。录音用的话筒以驻极体电容传声器为佳。

### 4. 编辑合成

各种素材经过合成，复制在一盘录音带上，便完成了特定内容的录音教材的制作。编辑质量的好坏，直接影响到教学效果。为此，选择的内容要有针对性，根据需要配以一定音响效果并作相应的技术处理。录音教材的编辑制作需要一定的设备才能完成，但作为简单的教材剪辑，可以用录音机转录来编辑，即找到教材段的前端时暂停，编入的录音带也可暂停，然后将暂停换到重放，而录音则由暂停到录音记录，直到该段内容编写为止。具体的录音操作在本章前节已叙述。如果在编辑素材内容的同时还需要合成其他音响效果，则要用混音器等设备才能达到音响编辑合成的效果。

## （二）录音的教学应用

### 1. 听力训练

幼儿通过反复听录音教材，然后复述其所听到的内容，以提高其理解、听懂的能力。如在英语等语言教学中，可先让幼儿听录音，理解内容，再让幼儿复述，可训练幼儿的听说能力。

### 2. 语音训练

由教师录下正确的示范发音带或标准声带放给幼儿反复听或反复跟读，然后把幼儿的模仿发音录下来，再放给幼儿听，进行比较。这是纠正发音的一种训练方法。

### 3. 示范朗读

利用录音范读课文，向幼儿提供生动形象的语言，烘托气氛，把幼儿带到语言阅读课文的意境中去，更好地帮助幼儿理解阅读课文内容和掌握字、词、句等基础知识。

### 4. 教师欣赏

由教师把示范性歌曲或自己教的歌播放给幼儿听，幼儿学唱时，教师可以进行辅导，提高幼儿的欣赏能力和歌唱水平。如用录音教材上欣赏课，教师可事先把歌曲或音乐录好，上课时播放给幼儿听，以提高幼儿的音乐欣赏能力，发挥幼儿对音乐的想象力，培养兴趣和提高感受、理解音乐的能力。

### 5. 声画同步

在放映幻灯、投影片的同时，播放事先录制好的解说词，使之声画结合，以提高幼儿的情趣和观看效果，尤其在播放有故事情节的幻灯片时，配以录音等音响效果，可以渲染气氛。

### 6. 文体伴音

在进行队列、体操、舞蹈等训练及其他技巧训练时，可用录音机来播放有关的乐曲，以增加艺术效果。

### 7. 模拟音响

用录音机录下风声、雷声、流水声和枪炮声等实际声音和模拟声，在教学中结合课文和画面进行播放，能帮助教师讲授课文中某些难以用语言描述的难点，帮助幼儿获得真实感，从而提高教学效果。

## 九、电视机

### （一）电视分类

电视机大小按其屏幕对角线长度来区分，如21英寸、29英寸、34英寸和45英寸等。从使用效果和外形来看可分为4大类：平板电视（等离子、液晶和一部分超薄壁挂式DLP背投）、CRT显像管电视（纯平CRT、超平CRT、超薄CRT等）、背投电视（CRT背投、DLP背投、LCOS背投、液晶背投）、投影电视。电视机的外部控制主要有频道调节、图声质量及信号出入控制等三大部分。电视机使用时应放在合适的观看位置上，收看距离以等于荧光屏高度的4~6倍为宜，摆放高度略低于人眼水平面为宜。

### （二）电视在教学中的应用

视听媒体教学最常用的形式，是用电视机呈现视听教学信息，电视呈现信息与听觉媒体呈现信息相比，有声画并茂、富有动态性、表现手法丰富和感染力强等特点。现代教学媒体所具有的再现性、形声性、高效性和先进性的特点，在视听媒体上都得到了很好的反映。

在幼儿教育中，我们更注意利用视听媒体在以下几方面的教学功能：

（1）利用视听媒体能动态性呈现视觉和听觉信息的特点，在教学中提供丰富多彩、生动形象的感性材料，有效地弥补幼儿直接经验的不足。

（2）利用可变时空的蒙太奇表现手法，充分表现宏观和微观、瞬间和漫长的过程或事物，让幼儿观察、认识、理解和思考，拓宽幼儿的知识领域。

（3）利用电视声画并茂的特点和丰富的表现手法，激发幼儿的学习兴趣，调动幼儿的学习积极性，提高学生的观察力、想象力、思维能力和创造力。

## 十、视频播放器

影碟机、录像机是视听教学媒体中的重要设备，和电视机组合使用，可很方便地对各种教育电视节目进行编辑组合、记录重放等操作，有利于学习者学习。使用方法如下：

（1）仔细阅读说明书，观察影碟机（或录像机）的外部结构，熟悉各开关、键盘及接线端的名称和作用。

（2）用视音频线连接影碟机（或录像机）和电视机。

（3）连接电视机的电源，并选择视频输入。

（4）连接影碟机（或录像机）电源。

（5）按放入/取出键"EJECT"或"OPEN/CLOSE"，打开光盘托盘放置盘片，注意盘片标签面向上。

（6）按播放键，影碟机（或录像机）开始播放盘片（或录像带）内容，调节电视机上的音量至适中。

（7）按下停止键，播放停止。

（8）取出盘片（或录像带），放回装盘盒中，关闭电源。

## 十一、多媒体教室

以多媒体计算机为代表的多媒体技术的快速发展及其在教学中的广泛运用极大地推动了教学的发展。目前许多幼儿园也开展了以计算机为主的多媒体教学，这种教学形式能克服以往传统教学形式的局限，把课堂教学水平提高到一个新的层次，而多媒体教室则为这种教学形式的实施提供了必要的教学环境。

多媒体教室也称多媒体演示室，是根据现代教育教学的需要，将多媒体计算机、投影、录音、录像等现代教学媒体结合在一起而建立起来的综合教学系统。它能使教师方便、灵活地应用多种媒体实施多媒体组合教学，可使教学过程更加符合学生的认知、理解和记忆规律，从而提高教学效果和效率。

### （一）多媒体教室的主要功能

（1）连接校园网络和 Internet，使教师能方便地调用丰富的网络资源，实现网络联机教学。

（2）连接闭路电视系统，充分发挥电视媒体在教学中的作用。

（3）演示各类多媒体教学课件，开展计算机辅助教学。

（4）播放录像、VCD 和 DVD 等视频教学资料。

（5）利用视频展示台展示实物、模型、图片和文字等资料。

（6）能以高清晰、大屏幕投影仪显示计算机信息和各种视频信号。

（7）用高保真音响系统播放各种声音信号。

（8）具备多路信号输入输出功能，扩展性强，可随时方便地接入其他教学设备。

（9）具有集中控制功能，可利用计算机软件、红外线遥控器以及控制面板对系统任一媒体的主要功能进行集中控制，操作方便。

（10）可以对灯光、银幕、窗帘等实行统一控制。

## （二）多媒体教室的构成

一个由多媒体计算机与各种视音频设备组成的、由中央控制系统集成控制的多媒体系统结构框图。该系统与校园计算机网、闭路电视网连接，系统中的多媒体计算机不仅发布各种教学信息，还可以作为中控系统的操作平台。各种不同类型的教学资源通过相应媒体传入中央控制系统，然后通过计算机软件界面或桌面按键面板或遥控器进行操作控制，完成各种信号之间的切换，实现对视音频设备的全面控制。在这个多媒体系统中，教师能通过直观、简便的操作，以人机对话的方式调用各种教学资源。

## （三）多媒体教室的使用

多媒体教室内配备了各种现代化的教学设备，为了保证各种设备的正常运行以及教学活动的顺利展开，在使用多媒体教学设备时应做到正确、科学地操作。

### 1. 使用步骤

在使用多媒体教学设备开展教学时，教室应按照以下步骤进行操作：

（1）接通系统总电源；

（2）接通中央控制系统电源及各设备电源；

（3）利用控制面板切换音视频信号，使银幕上显示出相应的图像并使音响系统播放相应的声音，开展教学；

（4）使用结束后应及时关闭系统。由于液晶投影机工作时会产生大量的热量，因此在关机时应先遥控关闭液晶投影机，再关计算机等其他设备，过 5 分钟，等液晶投影机内部散热风扇将热量全部排出并停止工作后再关闭系统总电源。

### 2. 控制面板的使用

典型的控制面板主要分为五个部分：环境控制、投影机控制、电源控制、设备功能控制和信号切换控制。

（1）环境控制。控制电动银幕、电动窗帘和室内灯光等。

（2）投影机控制。主要有投影机的电源控制及输入信号选择控制。投影计算机及数字式视频展示台的图像时可选择 RGB 信号，投影其他媒体图像时选择视频信号。

（3）电源控制。控制系统复位及电源。

（4）设备功能控制。这部分集中了各设备的主要功能，如录像播放、选曲和音量控制等。

（5）信号切换控制。选中其中某一设备时，该设备的声音及图像信号就通过中央控制主机送至投影机和音响系统。

## 十二、网络教室

网络教室也称网络机房，它集普通的计算机房、语音室、视听室和多媒体演示室于一体。

网络教室的主要功能如下：

（1）教学功能。可以利用教师视频、教师音频、外部视频和外部音频等多媒体节目源，对全部、部分或个别学生进行教学。

（2）示范功能。可以将指定学生的屏幕、话音及声音广播给全体、部分或个别学生进行示范。

（3）交互控制功能。教师可以利用键盘、鼠标对选定的学生进行遥控操作；学生也可以利用键盘和鼠标对教师或其他学生进行遥控操作；遥控过程的控制与交互可以通过相应的开关来设定。

（4）监视功能。教师可以利用手动的方式对指定学生的屏幕画面或声音进行监视；也可以利用自动的方式对全体或部分学生的屏幕和声音进行扫描监视。监视功能不影响被监视者正在进行的操作，也不会被察觉；自动监视的时间间隔可以调节。

（5）学生控制功能。教师可以对全体、部分或个别学生进行锁键、黑屏或重新启动等控制操作。

（6）分组讨论功能。教师可任意指定每 2~16 人为一组，将全体学生分为多组进行分组讨论，教师也可加入到任何一组参加讨论。

（7）电子举手功能。学生有问题提出或需要帮助时，可以按功能键进行电子举手。

（8）快速抢答功能。教师开启快速抢答功能后，学生按功能键抢答，最先按键的学生被显示。

（9）学籍管理功能。可对学生的姓名、学号、班级和年龄等学籍信息进行管理并显示在屏幕上。

（10）联机考试功能。这是一个很重要的教学反馈功能，教师选择此功能后，先可以指定一个正确答案，再通过屏幕或声音将试题发送给学生，学生按 A、B、C、D、回答，收卷后电脑立即自动批卷，教师可以马上了解学生对所学知识的掌握情况，从而对教学效果做出正确的评估。

（11）FREECHAT 功能。内部有多个语音聊天室，FREECHAT 有两种操作模式。在教师控制模式下，教师可指定哪些学生加入哪个聊天室；在学生控制模式下，每个学生自己有权选择加入八个聊天室中的一个参加讨论。

（12）专业化网络联机考试功能。支持统一发卷统一收卷功能，试卷内包含多道试题；支持单选、多选和复选等多种题目类型；自动批卷，自动评分；包含考试结果评估与分析系统。

（13）媒体控制功能。可直接在控制界面或控制台上对录像机、影碟机等媒体设备进行控制。

（14）数码录音功能。运行数码录音机软件后，录音机即可由教师控制，又可由学生控制。

（15）自动辅导功能。教师可依电子举手的先后顺序对学生进行逐一辅导。

# 第三节　PowerPoint 课件制作能力的培养

## 一、制作 Power Point 课件基础

使用 PowerPoint 制作课件时，首先要创建一个 PowerPoint 演示文稿，通常需要掌握三种方法来创建一个新演示文稿。

### （一）创建演示文稿

#### 1. 创建空演示文稿

打开 PowerPoint 后，系统自动打开一个空白演示文稿。默认情况下，新建的空演示文稿里有一张标题幻灯片，可以通过"幻灯片版式"任务窗格进行更改，幻灯片版式中包含大部分常用的版式，在任务窗格中单击"▼"，在弹出的下拉菜单中单击"幻灯片设计版式"，选择需要的版式即可。

#### 2. 根据设计模板创建演示文稿

当单击"文件"下"新建"命令后"新建演示文稿"任务窗格，提供了一系列创建演示文稿的方法，这里选择根据设计模板。所谓模板，指预先设计了外观、标题、文本图

形格式、位置、颜色以及演播动画的幻灯片的待用文档。选择"根据设计模板"选项后，PowerPoint 就会提供一系列模板供选择，以便创建漂亮的幻灯片，是大家用得最多的新建演示文稿的方法。

### 3. 根据现有演示文稿创建新演示文稿

已经有一个存在的 PowerPoint 课件，就可以选择"根据现有演示文稿…"打开，在其中查找到现有的演示文稿，然后单击右下角的"创建"按钮即创建一个新的演示文稿。一个已经存在的幻灯片，这是一种效率最高的创建演示文稿的方法。

### 4. 保存演示文稿

创建好一个新演示文稿，就要养成一个好习惯——保存，把演示文稿保存到电脑里，记住保存路径。

### 5. 幻灯片的操作

演示文稿一般都由多张幻灯片组成。新建演示文稿后，通常只有一张幻灯片，需要在演示文稿中添加幻灯片。当演示文稿中包含多张幻灯片时，可能需要对幻灯片进行复制、移动、删除等操作。

（1）插入幻灯片。

通过"插入"→"新幻灯片"在当前幻灯片后面插入一张新的幻灯片。

通过"插入"→"幻灯片副本"可在当前幻灯片后面插入一张和当前幻灯片相同的幻灯片，然后再在副本上进行编辑、修改。

通过插入文件的方法将另一个演示文稿中的全部或部分幻灯片插入到当前幻灯片的后面。

（2）复制幻灯片。

在幻灯片浏览视图或普通视图中选中一张幻灯片，然后通过右击菜单或"编辑"命令下"复制"—"粘贴"来完成。

（3）删除幻灯片。

在普通视图或幻灯片浏览视图中选择了一张或多张幻灯片后，按"Delete"键即可。

（4）移动幻灯片。

在幻灯片浏览视图或普通视图中可以通过鼠标拖动幻灯片来完成。

## （二）添加多媒体对象

要使 PowerPoint 课件有较强的吸引力，需要在幻灯片中添加各种各样的多媒体素材，包括文本、图形、图像、音频、视频和动画等。

### 1. 添加文本

（1）添加普通文字。

普通文字录入的方法通常有以下两种：

1）在占位符中输入文本。

若用自动版式创建幻灯片，则幻灯片上一般已有文本框，即文本占位符。在占位符中单击，则占位符中文字消失，出现竖条的字符光标，这时可直接在其中输入文本。

2）用文本框输入文本。

文本框有横排和竖排两种形式。在空白幻灯片中，如果想输入竖排文字，单击绘图工具栏中的"竖排文字"按钮，在工作区拉出一个框即可输入文字。如果想输入横排文字，单击即可。

文字的设置：利用格式工具栏可对文字进行简单的设置，如字体、字形、字号、效果和颜色等。

（2）添加拼音。

通常方法有以下三种：

1）使用"特殊符号"命令。

确定插入点后，执行"插入→符号"命令，在打开的"插入特殊符号"对话框中单击选择"拼音"选项卡，再选择相应符号输入。

2）使用软键盘输入。

确定插入点后，在输入法状态栏上右击软键盘开关按钮，在弹出的软键盘菜单中选择"拼音"选项，然后单击相应的按钮即可。

3）使用 word 的"拼音指南"命令。

首先启动 word，在窗口中输入文字；然后选择所有文字，单击拼音指南按钮，打开"拼音指南"对话框，修改好后单击"确定"按钮关闭对话框；再选择所有文本复制；切换到 PowerPoint 软件窗口，选择"选择性粘贴"命令打开"选择性粘贴"对话框，选择"图片（Windows 元文件）"，单击"确定"按钮，这样就把文字和拼音一起都粘贴到幻灯片中了。

（3）添加公式。

用插入对象的方法插入数学公式：

1）执行"插入"→"对象"命令，弹出"插入对象"对话框，在"对象类型"列表中选择"Microsoft 公式 3.0"。

2）单击"确定"按钮，弹出"公式编辑器"窗口。

3）在公式编辑器的工具栏上包含许多常用的数学公式按钮，根据需要单击其中的按钮，然后在方框中输入字符，就可以轻松地完成公式的输入。

（4）添加艺术字。

单击"插入"→"图片"→"艺术字"命令，在弹出的"艺术字库"对话框中选择一种喜欢的样式，单击"确定"按钮，弹出"编辑'艺术字'文字"对话框，在文本框中输入文字，并可以对字体、字号等进行设置，单击"确定"按钮即可。

### 2. 添加图片

（1）插入自选图形。

1）单击绘图工具栏中的"自选图形"按钮，在弹出的菜单中选择某一类自选图形，就可在幻灯片上绘制图形。如果没有自己需要的图形，可以单击"其他自选图形"选项，则会在右边的任务窗格中弹出系统自带的很多图形。

2）如果需要对图形进行编辑，在图形上双击，弹出"设置自选图形格式"对话，可对自选图形的颜色、线条、位置等进行设置。单击"填充"→"颜色"

后面的下三角按钮，在下拉列表中选择喜欢的颜色，即可改变自选图形的填充色；单击下面的"线条"选项，可对自选图形的线条颜色进行填充。

3）还可以右击插入的自选图形，在弹出的快捷菜单中选择"编辑文本"，就可添加文本。这也是常用的一种添加文字的方法。

（2）插入剪贴画。

依次单击"插入"→"图片"→"剪贴画"命令，右侧的任务窗格会显示 Power-Point 系统自带的所有剪贴画，在喜欢的剪贴画上单击即可在幻灯片中插入剪贴画。

（3）插入文件中的图片。

1）单击"插入"→"图片"→"来自文件"命令，打开"插入图片"对话框，选择需要插入的图片，再单击"插入"按钮或直接在图片上双击即可。

2）设置图片格式。在插入的图片上双击，弹出"设置图片格式"对话框，可对图片进行编辑，包括大小、颜色等。

（4）插入图片背景。

有时需要把图片作为背景使用，方法：单击"格式"→"背景"命令，打开"背景"对话框，在下拉菜单中单击"填充效果"选项，弹出其对话框，选择"图片"选项卡，再单击"选择图片"按钮，选择喜欢的图片插入即可。

用这种方法还可以插入纯色、渐变色的背景、纹理以及图案背景等。在演示文稿中插入背景时，一定要注意背景色和字体之间要有巨大的颜色反差，因为幻灯片放映时要考虑到光线对幻灯片放映效果的影响，在插入背景图片后，不能掩盖了文字，不要喧宾夺主。

### 3. 添加表格、图表和知识结构图

（1）插入表格。

1）单击"插入"→"表格"命令，在弹出的对话框中设置"列数"和"行数"，单击"确定"按钮即可在幻灯片中插入相应的表格。

2）利用"表格和边框"工具栏自形绘制表格。

创建好表格后，需要为表格添加文本，可以直接输入或采用文本框的形式进行添加。

（2）插入图表。

在制作演示文稿时，使用图表内容可以让战士的数据直观明了，更具说服力。单击"插入"→"图表"命令，即可在幻灯片中创建一张图表，主菜单上就会出现"图表"菜单，可进行编辑修改，编辑好后在幻灯片空白处单击确定。

（3）插入图示。

单击"插入"→"图示"命令，弹出"图示库"对话框，选择一种插入到幻灯片中，同时出现其对应的工具栏，可对图示进行编辑。在图示上单击，也可以弹出"图示"工具栏。

## （三）添加声音

在用 PowerPoint 制作课件时，经常需要添加美妙动听的音乐来增添听觉上的刺激。

### 1. 插入音频

（1）准备好一个音乐文件，可以是 WAV、MID 或 MP3 文件格式。

（2）选中要插入音频的幻灯片，执行"插入"→"影片和声音"→"文件中的声音"命令。

（3）选择"小提琴曲"音频文件，单击"确定"按钮，弹出对话框，单击"自动"按钮，选择"在单击时"表示单击幻灯片播放声音。

（4）选择 PPT 上的声音图标，右击选择"自定义动画"命令，弹出"自定义动画"任务窗格，单击任务窗格中的。选择"效果选项"，出现"播放

声音"对话框。

（5）在"效果"选项卡中，默认选中的"开始播放"选项组的"从头开始"表示音频文件从头开始播放。

### 2. 设置声音的播放方式

（1）播放部分音频。

①"开始时间"表示播放音频几秒后的音频，确定音频中高潮开始播放的时间，然后在"开始时间"后的文本框中输入音频高潮开始的时间。

②"停止播放"中默认选中"单击时"选项，音频在鼠标单击后停止播放，若选择"当前幻灯片之后"选项，则音频将在当前幻灯片之后就停止播放。

（2）音频在特定幻灯片时停止播放。

①选择"在……张幻灯片后"。

如果想使音频在第 5 张幻灯片之后停止播放，则在文本框中输入数字 5。如果幻灯片共有 20 张，输入 20 则设置该音乐作为整个 PPT 的背景音乐。

②选择"计时"选项卡。

"开始"列表框中有"单击""之前""之后"三个选项，"单击"表示鼠标单击之后播放声音，"之前"表示和位于其上面的文件的动画同时发生（添加两个效果后，位置随添加的顺序一上一下），"之后"表示在上一动画结束时播放。其实声音就是一个动画，只不过是音频，是听觉而不是视觉。

"延迟"表示在上一动作（动画）播放好后，延迟多少时间播放。"重复"选项中可以选择"数值"表示次数，也可以选择"直到下一次单击"或"幻灯片末尾"，表示不单击鼠标或幻灯片不到末尾，声音一直循环下去。

选择"声音设置"选项卡。在"声音音量"选项中对其音量进行控制；在"显示选项"中选中"幻灯片放映时隐藏声音图标"复选框，表示幻灯片播放时隐藏声音图标。

### 3. 循环播放音频和视频文件

（1）在幻灯片上，右击声音图标。

（2）在弹出的快捷菜单中选择"编辑声音对象"命令或"编辑影片对象"命令，弹出"声音选项"对话框。

（3）选中"循环播放，直到停止"复选框，再单击"确定"按钮即可。

### 4. 录制旁白

（1）如果需要记录声音旁白，必须要在计算机中配备声卡和麦克风，首先设置好音量控制属性在"录音"模式、"麦克风"状态。

（2）在普通视图的"大纲"选项卡或"幻灯片"选项卡中，选择要开始录制旁白的幻灯片图标或缩略图。

（3）选择"幻灯片放映"→"录制旁白"命令，弹出的"录制旁白"对话框。

（4）可以单击"设置话筒级别"按钮，设置话筒的级别，也可以单击"更改质量"按钮，设置录制时声音的位数和声道等。

（5）如果要作为嵌入对象在幻灯片上插入旁白并开始记录，可以单击"确定"按钮。如果要作为链接对象插入旁白，可以选中"链接旁白"复选框，再单击"确定"按钮。

（6）如果要插入旁白的幻灯片不是当前幻灯片，将弹出对话框，询问用户选择开始录制旁白的位置。

（7）录制完毕后，按 Esc 键结束幻灯片放映，将弹出一个对话框，用户可以选择是否保存幻灯片排练时间。

（8）完成后，每张具有旁白的幻灯片右下角都会出现一个声音文件的图标。在运行幻灯片放映时，旁白也会随之播放。

如果要放映没有旁白的幻灯片，可以选择"幻灯片放映"→"设置放映方式"命令，在弹出的对话框中选择"放映选项"选项组中的"放映时不加旁白"复选框。

## （五）添加视频

### 1. 插入视频

（1）在幻灯片窗格中打开要插入影片的幻灯片。

（2）执行"插入"→"影片和声音"→"文件中的影片"命令，弹出对话框。

（3）选中"梨子提琴.wmv"视频文件，单击"确定"按钮，弹出对话框，单击选择"自动"按钮。

（4）选中视频文件，并将它移动到合适的位置。

另外，还可以采用插入对象的方法、插入控件的方法来插入视频。

### 2. 有效设置视频的播放方式

（1）右击视频窗口，选择"自定义动画"命令，弹出"自定义动画"任务窗格，单击任务窗格中的选项后右击选择"效果选项"，出现"效果选项"对话框。

（2）在"效果"选项卡中，声音表示"影片"出现在 PPT 上时的声音，可以在"动画播放后"文本框中进行颜色的设置，选择影片播放后颜色的变化情况。

（3）选择"计时"选项卡，其中的选项与声音的意义一样，这里不再解释。

（4）选择"电影设置"选项卡，设置视频的音量以及显示情况。选中"显示选项"选项组中的"不播放时隐藏"复选框表示影片不播放时隐藏其框架；"缩放至全屏"复选框表示影片播放时全屏播放。

### 3. 用触发器控制视频的播放

（1）在幻灯片上绘制一个圆角矩形，设置效果后，右击，在弹出的快捷菜单中选择"编辑文字"命令，然后在矩形上输入"播放"。

（2）将这个圆角矩形复制 2 个副本，然后分别修改圆角矩形上的文字内容为"暂停"和"停止"，这样就创建了 3 个控制按钮。

（3）单击选中幻灯片上的视频对象，打开"自定义动画"任务窗格，先删除原有的动画效果，再单击"添加效果"按钮，在弹出的下拉菜单中选择"影片操作"→"播放"命令，任务窗格中添加了一个新的动画设置记录。

（4）单击新添的动画设置记录右侧的下拉列表中选择"计时"命令，打开"播放影片"对话框的"计时"选项卡，单击"触发器"按钮将其展开，再单击选择"单击下列对象时启动效果"单选按钮，在右侧的下拉列表选择"圆角矩形 4"（即幻灯片中的"播放"按钮），将该对象设置为视频播放的触发器。

（5）使用相同的方法，重复（3）、（4）步骤为幻灯片中的"暂停""停止"两个按钮添加触发器功能。

## （六）添加 Flash 动画

### 1. 利用插入控件的方法插入 Flash 动画

（1）运行 v 程序，打开要插入动画的幻灯片。

（2）执行"视图"→"工具栏"→"控件工具箱"命令。

（3）单击控件工具栏上的"其他控件"按钮，在弹出的下拉列表中选择 Shock wave Flash object 选项。

（4）将鼠标移动到 PowerPoint 的编辑区域中，这时鼠标光标变成细十字线状，按住鼠标左键在工作区中画出一个合适大小的矩形区域，随后该区域就会自动变为 Flash 文件的播放窗口。

（5）右击上述矩形框，在弹出的快捷菜单中选择"属性"命令，打开"属性"窗口，在 movie 选项后面的方框中输入需要插入的 Flash 动画文件名（若用相对路径，则 Flash 文档和课件文档必须在同一个文件夹中）及完整路径，注意要带上后缀 .swf，如生活百科-牙齿的保健 .swf，然后关闭"属性"窗口。

（6）单击"确定"按钮。

### 2. 利用插入超链接方法插入 Flash

（1）运行 PowerPoint 程序，打开要插入动画的幻灯片。

（2）在其中插入任意一个对象，如一段文字、一个图片等。

（3）选中该对象，单击"插入"→"超级链接"命令。

（4）在弹出的对话框中，单击"浏览文件"按钮，选择想插入的动画，单击"确定"按钮。

（5）此时编辑区域的对象多了下划线，代表此处有超链接。在播放动画时，将鼠标指针置于此文字上，则指针变为手状。单击即可打开所链接的 Flash 文件。

## 二、设置动画方案和交互控制

## （一）添加切换效果

幻灯片切换效果是在幻灯片放映时从一张幻灯片移到下一张幻灯片时出现的类似动画

的效果。幻灯片添加切换效果的步骤如下：

（1）选择要设置切换的幻灯片。

（2）单击"幻灯片放映"→"幻灯片切换"命令，打开"幻灯片切换"任务窗格。在"幻灯片切换"任务窗格中，设置切换效果、切换速度、换片方式和切换时发出的声音等。

（3）在进行了各项设置后，即将切换效果应用于所选的幻灯片。若要将切换效果应用于全部幻灯片，则应单击"应用于所有幻灯片"按钮。

## （二）添加动画效果

为幻灯片上的文本、图形、图示、图表和其他对象添加动画效果，这样可以突出重点、控制信息流，并增加课件的趣味性。

### 1. 添加动画效果

（1）选中需要设置动画的对象。

（2）单击"幻灯片放映"→"自定义动画"命令，或右击选中对象，在弹出的快捷菜单中选择"自定义动画"命令，打开"自定义动画"任务窗格。

（3）在"自定义动画"任务窗格上，单击"添加效果"按钮，出现"进入""强调""退出""动作路径"4种添加效果。

（4）执行下列一项或多项操作：

①若要使对象以某种效果进入幻灯片放映演示文稿，请指向"进入"，再单击一种效果。

②若要为幻灯片上的对象添加某种效果，请指向"强调"，再单击一种效果。

③若要为对象添加某种效果以使其在某一时刻离开幻灯片，请指向"退出"，再单击一种效果。

④若要使对象按一定的路径运动，请指向"动作路径"，再单击一种效果。

### 2. 编辑动画效果

添加动画后，在任务窗格中会出现已经添加的动画效果列表，这里显示了两个动画效果列表。

用鼠标单击某个动画效果列表后，就可以对这个动画效果进行编辑了。除了单击"更改"按钮重新更改某个动画的效果以及"删除"按钮删除某个动画效果以外，还可以进行"开始""方向""速度"等方面的设置。

另外，还可单击这个动画效果右边的"▼"按钮，在弹出下拉菜单中，单击"效果选项"命令，打开对话框，对这个动画效果进行编辑。常用的"计时"选项卡，可控制动画播放的时间间隔。

## （三）添加交互导航

在 PowerPoint 课件中通常是通过超链接功能和动作按钮来实现交互控制的。

如要开发一个交互型课件，先创建一张"主界面"幻灯片，再对"主界面"上的元素分别建立超链接，跳转到各自教学分支的幻灯片上，然后，在教学分支的幻灯片上创建一个返回"主界面"的动作按钮，实现主界面的交互导航功能。

### 1. 超级链接功能

超级链接是指页面上某些单词、词组、符号或者图像等元素，当用户将鼠标指针指向它们时就会变成手形，如果此时单击鼠标左键，就会跳转到某个预先设好的幻灯片、网页、图像、e-mail 地址或 office 文档，甚至打开一个应用程序。添加的超级链接，在幻灯片放映时被激活。

（1）创建超级链接。

1）选择要创建超级链接的元素。

2）单击"插入"菜单或快捷菜单中"超链接"命令项，或单击"常用"工具栏中的"插入超链接"按钮，这时打开一个"插入超链接"对话框。

2）选中第二项"本文档中的位置"在中间的列表中选择要链接的幻灯片。

（2）编辑超级链接。

如果对一个已存在的超级链接不满意可进行修改。其操作步骤如下：

1）将插入点移到超链接的对象中，或选中超链接对象。

2）单击"插入"菜单的"超链接"命令项，或单击"常用"工具栏中的"插入超链接"按钮，还可选择快捷菜单中的"编辑超链接"命令项，这时将打开一个"编辑超链接"对话框。

3）用户可以在该对话框中更改"链接到"的文档位置，也可更改屏幕提示，甚至可以删除超级链接。

### 2. 动作按钮

动作按钮包括一些左箭头和右箭头等常用符号按钮。使用这些常用的易于理解的符号可以使幻灯片在演示时，通过鼠标单击迅速转到下一张、上一张、第一张和最后一张幻灯片等操作。

（1）创建动作按钮。

1）把要创建动作按钮的幻灯片显示在幻灯片窗格中。

2）单击"幻灯片放映"→"动作按钮"，出现子菜单，在其中选择某一动作按钮。

3）在幻灯片的适当位置上拖动鼠标，画出一个按钮，松开鼠标左键时，PowerPoint会弹出一个对话框。用户可以根据需要设置超级链接或播放声音，也可以运行应用程序。

4）在对话框中作了相应设置后，单击"确定"按钮。

（2）编辑动作按钮。

1）选择动作按钮，用与编辑超链接相同的命令，如选择快捷菜单中的"编辑超链接"命令项，再次打开"动作按钮"对话框。

2）用户可以在该对话框中更改设置，最后单击"确定"按钮。

（3）删除动作按钮。

删除动作按钮的方法十分方便，只要选择动作按钮，按"Delete"键就可以了。

# 三、放映和发布 PowerPoint 课件

用 PowerPoint 制作好的多媒体课件最终要放映和发布。

## （一）演示文稿放映

### 1. 设置放映方式

单击"幻灯片放映"菜单中的"设置放映方式"命令项，打开"设置放映方式"对话框。

在该对话框中可以进行放映类型、放映选项、幻灯片放映范围和幻灯片的换片方式等方面的设置。

（1）放映类型。

PowerPoint 提供了 3 种放映类型：

1）演讲者放映。用于运行全屏显示的演示文稿。这是最常用的方式，在这种方式下，由演讲者控制放映，往往是演讲者边演示边讲解。

2）观众自行浏览。选择此选项是用窗口方式运行演示文稿。用该类型放映的优点是可边演示边讲解边的同时方便地打开其它应用程序，而不用先停止演示文稿的放映。

3）在展台浏览。选择此选项可自动反复运行演示文稿，适宜于在展台上诸如介绍类演示文稿的放映。当选择了该选项后，PowerPoint 自动会选中"循环放映，按 Esc 键终止"复选框。

（2）设置幻灯片放映范围。

用户可以放映全部幻灯片，也可以设置放映部分幻灯片。

（3）指定放映方式。

放映方式有三种：

1）"循环放映，按 Esc 键终止"。选择该复选框，可以在放映完最后一张幻灯片后，再次进片则从第一张开始循环。只有按 Esc 键才可以终止放映。此种方式适用于定时自动进片。

2）"放映时不加旁白"。选择该复选框，在放映时不会附加旁白解释。

3）"放映时不加动画"。选择该复选框后，可以在放映幻灯片时，隐藏幻灯片上的对象所加的动画效果，但不删除动画效果。取消对该复选框的选择后，放映幻灯片时将重现动画效果。

（4）换片方式。

换片方式有两种：一种是根据预设的时间进行自动放映，另一种是人工放映。缺省的换片方式是"如果存在排练时间，则使用它"，即如果用户已经设置了放映的排练时间，则按排练时间自动放映幻灯片，否则就按人工方式放映幻灯片。

人工方式切换时，可以采用单击鼠标或采用快捷菜单中的"下一页"命令，或用键盘上的光标移动键、空格键、回车键和翻页键进行控制切换。

### 2. 幻灯片放映

（1）幻灯片放映。

在完成了一系列的设置后，就可以放映幻灯片了。其放映方法有三种：

1）单击演示文稿窗口左下角视图按钮中的"幻灯片放映"按钮。这时从插入点所在幻灯片开始放映。

2）使用"幻灯片放映"菜单中的"观看放映"命令项。

3）使用"视图"菜单中的"幻灯片放映"命令项。

（2）放映技巧。

在演示 PowerPoint 课件时，常用的快捷键有：

1）按下"B"或">"键会显示黑屏，按任意键还原。

2）按下"W"或"<"则是一张空白画面。再按一次返回到你刚才放映的那张幻灯片。

3）在播放中途若要快速回到起始位置重新开始播放，按"←"或"↑"。

4）实现幻灯片在窗口模式下播放，按住"Alt"键不放，依次按下"D"和"V"键即可。

5）播放时若快速隐藏鼠标指针，按"Ctrl+H"。

6）播放时若要快速调出绘图笔，按组合键"Ctrl+P"即可。就可对重点内容做标记。对于画出的笔迹可通过按"E"键（直接擦除）或"Ctrl+E"键（调出橡皮擦）快速擦除；绘图笔有9种颜色可供我们任意挑选。绘图笔的颜色也可以在课件播放前设置好，即打开"幻灯片放映"→"设置放映方式"→"绘图笔颜色"选项，设置成需要的颜色即可。

7）转到下一张幻灯片，单击鼠标、按 Enter 或空格键、在右键快捷菜单上单击"下一张"。

8）转到指定的幻灯片上，键入幻灯片编号，再按 Enter。或在右键快捷菜单上指向"定位至幻灯片"，然后单击所需的幻灯片。

## （二）演示文稿发布

放映幻灯片可以在 PowerPoint 中进行，也可以不进入 PowerPoint，直接在 windows 环境下进行，只需要将 PowerPoint 课件打包成 CD 数据包。具体操作步骤如下：

（1）在 PowerPoint 中，打开准备打包的演示文稿，然后单击"文件"→"打包成CD"命令，出现"打包成 CD"对话框。

（2）单击"复制到文件夹"按钮弹出"复制到文件夹"对话框，在其中设置文件夹的名称以及位置，然后单击"确定"按钮即可。

# 第四节　Flash 动画制作能力的培养

## 一、Flash 基础知识

### （一）Flash 8 工作界面

Flash 8 的操作界面就像表演舞台，在这个舞台里可以尽情地发挥。在学习使用 Flash 制作动画之前，先来认识其操作界面。在计算机中安装 Flash 8 中文版后，启动 Flash 8 中文版。

在启动界面中从左到右分为"打开最近项目""创建新项目"和"从模板创建"三个选项区域。单击"创建新项目"选项区域的"Flash 文档"按钮，打开 Flash 操作界面。

### （二）Flash 的基本操作

#### 1. 文件的新建、打开和保存

在 Flash 8 中进行动画制作时，既可以创建新文档进行动画制作，也可以在启动界面单击"打开最近项目"选项区域打开以前已经完成的文档进行修改和加工。

当 Flash 文档在创建或者编辑完成后，都需要进行保存操作。在对动画处理完成之后就需要保存并关闭 Flash 动画（保存动画时，可以制定多种保存格式）。保存文件的操作方法与其他 Windows 应用程序一样（在进行动画的编辑过程中应注意随时保存），如果文件已经被保存过，选择"文件"→"保存"命令将保存最近的修改内容，如果是新建的 Flash 文件，选择"文件"→"保存"命令将打开"另存为"对话框。在"另存为"对话框的"保存在"下拉列表框中列出了文件保存的位置；在"文件名"文本框中可以输入动画的名称；在"保存类型"下拉列表框中可以选择文件保存的格式。

### 2. 设定文件属性

每次新建一个 Flash 文件时，系统会设置文件默认大小、背景色等属性。用户可以根据实际创作需要利用"文档属性"对话框对当前编辑的影片属性进行设定，包括影片画面的尺寸、背景色和帧播放速率等属性。选择"修改"→"文档"命令后，将打开"文档属性"对话框。"文档属性"对话框中的各项的作用如下：

（1）"尺寸"选项区域。在"宽度"和"高度"文本框中输入相应的数值，可以确定以像素为单位的当前影片画面的尺寸（默认尺寸的宽度为550像素，高度为400像素）。

（2）"匹配"选项区域。单击"打印机"单选按钮，将影片大小设置为最大可用打印区域；单击"内容"单选按钮，可以自动调整当前影片画面的大小，使之与围绕影片内容的四周空间相等；单击"默认"单选按钮，可以自动设为默认值。

（3）"背景色"选项区域。单击"颜色"按钮，可以从弹出的调色板中选择一种背景颜色。

（4）"帧频"文本框。该文本框用于输入每秒要显示的动画帧数，对于没有特殊要求的动画通常设置每8~12帧进行播放即可。

（5）"标尺单位"下拉列表框。在该下拉列表框中用户可以选择 Flash 文档尺寸单位。

### 3. 文件的导入

在编辑动画的过程中如果需要导入一些图片、矢量图形、声音或动画文件等素材时，可以选择"文件"→"导入"→"导入到舞台"或"导入到库"命令，打开"导入"对话框。用户在"导入"对话框的"文件类型"下拉列表框中选择要导入文件的类型，然后选中要导入的文件并单击"打开"按钮即可将该文件导入 Flash 8 中。如果要导入多个文件，可以在"导入"对话框中按住 Ctrl 键的同时选择多个不连续的文件（或者在按住 Shift 键同时选择多个连续的文件）。

### 4. 文件的测试与导出

（1）测试影片。

在完成动画的制作后，选择"控制"→"测试影片"命令，或者按 Ctrl+Enter 快捷键 Flash 会自动将当前的文档导出为一个 swf 格式的文件，并在打开的新窗口中播放当前动画文件。

（2）导出。

在完成动画的制作后，选择"文件"→"导出"→"导出影片"命令，打开"导出影片"对话框。

使用"导出影片"对话框除了可以导出动态的影片之外，还可以将 Flash 动画输出为其他格式的动画文件或图形文件，如 GIF 动画、JPGE、PNG、BMP 和 AVI 视频格式等文件。

## （三）Flash 的基本概念

### 1. 时间轴

时间轴（Timeline）由图层、帧和播放头三部分组成。

时间轴是一个是以时间为基础的现行进度的安排表，用户能够很容易地以时间的进度为基础，一步步安排每一个动作。Flash 将时间轴分割成许多大小相同的小块，每一小块代表一帧。帧由左到右运行就形成了动画电影。时间轴是安排并控制帧的排列及将复杂动作组合起来的窗口。

（1）图层。

1）图层的概念。

图层是从上到下逐层叠加的，一个图层如同一张透明的玻璃纸，不同图层上的内容会叠加在一起，一个 Flash 影片中往往包含许多图层。它与 Photo shop 中的图层类似。图层从类型上可分为：普通图层、引导层和遮罩层。

①普通图层（以下简称图层）是一个非常重要的概念。在 Flash 中制作复杂动画，都要经常和图层打交道。图层是 Flash 使对象产生动画的一个空间维度。在 Flash 的舞台上，任何一个运动的对象都要拥有独立的空间和时间，而普通图层反映的就是空间维度，时间轴线就是时间维度，二者就构成了运动对象在舞台上进行动作不可缺的两样东西。Flash制作动画就是靠在时间轴线窗口中，通过图层和时间轴线的编辑来完成各种复杂动画制作的。图层和时间轴线是紧紧相连的。

②引导层的作用是辅助其他图层对象的运动或定位，如可以为一个球指定其运动轨迹。另外也可以在这个图层上创建网格或对象，以帮助对齐其他对象。被导向图层在上一层为导向层或被导向层时才有效。当该项被选择时，所代表的层与导向图层将产生某种关联。

③遮罩层的作用是使遮罩层中的对象被看做是透明的，其下被遮罩的对象在遮罩层对象的轮廓范围内可以正常显示。遮罩也是 Flash 中常用的一种技术，用它可以产生一些特

殊的效果，如放大镜、百叶窗等效果。当定义一层为遮罩层时，其下的一层会自动定义为被遮罩层，当然也可以通过属性进行修改。

2）图层的操作。

图层的创建和修改。

单击"图层"面板下方的"插入新建图层"按钮，可以创建一个新的图层并将其激活。图层上方的"眼睛"代表是否显示或隐藏图层；"锁"代表是否锁定图层；"线框"代表图层是否以线框模式显示，默认为预览模式。

选取图层的方法。①选中"时间轴"面板中的图层名称，可以选取图层。②单击属于该图层时间轴上的任意一帧，也可以选取图层。③在舞台编辑区中选择该层中的对象，可以选中图层。④想要同时选区多个图层时，按"Shift"键的同时再单击所要选择的图层名称即可。

3）删除图层的方法。

①单击"时间轴"面板上的"删除图层"按钮，可将图层删除。

②将要删除的图层用鼠标拖动到"删除图层"按钮上，直接删除。

③在图层上单击鼠标右键，在弹出的快捷菜单中选择"删除图层"命令，可将图层删除。

4）图层的属性设置。

双击某个图层图标时，会弹出"图层属性"对话框，可以调节图层属性。

5）改变图层的次序。

按住鼠标左键可上下拖动图层来改变图层的位置。

（2）帧。

1）帧的概念。

我们都知道，电影是由一格一格的胶片按照先后顺序播放出来的，由于人眼有视觉停留现象，这一格一格的胶片按照一定速度播放出来，我们看起来就"动"了。动画制作采用的也是这一原理，而这一格一格的胶片，就是 Flash 中的"帧"。在时间轴上，每一个小方格就是一个帧，在默认的状态下，每隔 5 帧进行数字标示，如时间轴 1、5、10、15 等数字的标示。帧一般分为：关键帧、空白关键帧和过渡帧。

①关键帧。

它是一个动作的起始画面和结束画面，关键帧中的小黑点表示此帧中有内容。

②空白关键帧。

在一个关键帧里，什么对象都没有，这种关键帧，就称其为空白关键帧。每个图层的第 1 帧默认为一个空白关键帧，可以在上面创建内容，从而变成关键帧。

③过渡帧。

两个关键帧之间的部分称过渡帧，也有的称延长帧或普通帧。它是延续前面关键帧上的内容，不可对其进行编辑操作，只用于延长画面显示的时间。

2）帧的操作。

插入关键帧：①菜单"插入"→"时间轴"→"关键帧"。②鼠标右键单击时间轴，选择"插入关键帧"。

插入帧：①菜单"插入"→"时间轴"→"帧"。②鼠标右键单击时间轴，选择"插入帧"。

插入空白关键帧：①菜单"插入"→"时间轴"→"空白关键帧"。②鼠标右键单击时间轴，选择"插入空白关键帧"。

删除帧：选中需要删除的帧或关键帧，单击鼠标右键，选择"删除帧"。

移动帧：鼠标选中需要移动的帧，拖曳至目标位置释放。

复制、粘贴关键帧：选中关键帧，单击鼠标右键，选择"复制帧"，然后在待复制的位置单击鼠标右键，选择"粘贴帧"。

清除帧：选中帧或关键帧，单击鼠标右键，选择"清除帧"，该帧将转换为空白关键帧，其后的帧将变成关键帧。

转换帧：选中帧，单击鼠标右键，选择"转换为关键帧/转换为空白关键帧"。

若转换多个帧，使用 shift 键或 Ctrl 键选择需转换的帧，单击鼠标右键，选择"转换为关键帧/转换为空白关键帧"。

翻转帧：选中帧，单击鼠标右键，选择"翻转帧"。

3）播放头。

播放头所指的帧的内容会展现在舞台上，有助于我们编辑帧的内容。

### 2. 元件和库

（1）概念知识。

元件（符号）是 Flash 的重要功能也是最基本的元素，全部放在库中，通过库面板可以对元件进行管理和编辑。元件可以被重复利用，被调动的元件就形成一个元件实例。可以赋予元件实例不同的属性，却不改变元件本身。元件只需创建一次，就可以在整个文档或其他文档中重复使用，创建的任何元件都会自动成为当前文档库中的一部分，即形成了一个实例。

元件是一个可以重复使用的小部件，它可以独立与主动画运行，实际上也就是一个小动画。每一个元件有一个独立的时间轴（按钮元件没有自己独立的时间轴）、舞台和若干个图层，它是构成动画的基础，可以反复的使用，大大地提高了工作的效率，而不会影响文件的大小。

Flash 中的元件有 3 种类型：图形、按钮和影片编辑。

1）影片剪辑元件是动画的一个组成部分，影片剪辑可以看做是主时间轴内嵌入的时间轴，它可以包含交互式控制、声音甚至是其他的影片剪辑，也可以将它放置在按钮元件中，以创建动画按钮。当主体动画播放时，影片剪辑元件也在循环播放。

2）按钮元件用于创建动画的交互控制按钮，以响应鼠标事件，如滑过、单击或其他动作的交互式按钮。它包括"弹起""指针经过""按下"和"点击"四种状态。在按钮元件的不同状态上创建不同的内容，可以使按钮对鼠标操作进行相应的响应。

3）图形元件用于创建可以反复使用的图形，它可以是静止的图片，也可以是由多个帧组成的动画。图形元件是制作动画的基本元素之一，但它不能添加交互行为和声音控制。

（2）创建元件。

1）创建影片编辑元件。

①新建影片编辑元件，执行菜单"插入"→"新元件"或按 Ctrl+F8，打开"创建新元件"对话框，选择"影片剪辑"点击"确定"按钮，元件名称会出现在舞台左上角，在该元件工作窗口中心会出现一个"+"，代表该元件的中心点。

②将当前编辑内容转换为元件，选中场景中的时间轴所有的帧，单击鼠标右键选择复制后，再插入新建的影片编辑元件中粘贴即可。

2）创建图形元件。

①新建图形元件，与创建影片剪辑元件相似，只是"类型"选中"图形"。

②将当前对象转换为元件，执行菜单"修改"→"转换为元件"或按 F8，打开"转换为元件"对话框，选择"图形"点击"确定"按钮。这时元件会自动存放在库中，双击该元件会进入元件的窗口，可对元件进行编辑。

3）创建按钮元件。

新建按钮元件，与创建影片剪辑元件相似，只是"类型"选中"按钮"，点击"确定"按钮后，打开按钮元件编辑时间轴线，按钮元件的结构设置有 4 帧组成。

①弹起。为第一帧，代表指针没有滑过时，按钮的外观状态，在此帧上可以制作按钮的外观图案。

②指针经过。为第二帧，代表指针滑过时，按钮的外观状态，F6 插入关键帧，在此帧上可以制作按钮滑过时的外观图案。

③按下。为第三帧，代表单击按钮，按钮的外观的状态，F6 插入关键帧，在此帧上可以制作单击按钮外观图案。

④点击。为第四帧，定义将响应鼠标单击的区域（最好是实心的），这一片区域在影片中是看不到的。一般定义为第一帧按钮的大小，或直接复制第一帧粘贴到第四帧即可。

### 3. 舞台和场景

（1）舞台。

舞台是 Flash 动画的主要场所空间，Flash 中的所有运动对象的动画表现都是在舞台上完成的，舞台也就是 Flash 的工作区。

（2）场景。

场景就是动画中一个相对独立的场所，有背景衬托，动画对象就在这样一个场所中运动或表现出来的。一个 Flash 动画文件可能包含几个场景，每个场景中又包含许多图层和帧内容。整个 Flash 动画可以由一个场景组成，也可以由几个场景组成。

在播放时，场景与场景之间可以通过交互响应进行切换。如果没有交互切换，将按照它们在场景面板中的排列顺序逐次播放。

## 二、Flash 8 常用工具与面板的使用

### （一）常用工具箱

工具箱好比是一个百宝箱，包含绘制、编辑图形所需的大部分工具。使用工具箱中的工具可以使绘制的图形千变万化，满足教学需要。Flash 8 工具箱。各个工具的功能介绍如下。

（1）选择工具。用来选取对象、移动对象和修改对象。

①可以选择全部对象，也可以选择部分对象。

②用"选择工具"选择完对象后，按住鼠标左键拖动选取的部分，便可以移动对象。

③在不选中对象的情况下，移动鼠标指针至线条上，拖动线条，可以将线条扭曲，从而使选中的对象变形。将鼠标放置在线条的边角处，可以拖动边角的位置，将对象进行变形操作。

（2）部分选取工具。通过选取图形的节点和路径来改变图像的形状。

（3）任意变形工具。对图像进行旋转、缩放、倾斜、扭曲和封套等变形操作。

①旋转与倾斜：对选取的图形进行旋转和倾斜处理。

②缩放：对选取的图形进行缩小与放大处理。

③扭曲：对选取的图形进行扭曲变形。

④封套：单击该按钮，对象周围出现很多控制柄，拖动这些控制柄，可对对象进行更细微的变形。

（4）填充渐变变形工具。主要是对颜色进行渐变变形操作。可以对渐变色或分离后的位图进行编辑，调整填充颜色的范围、方向、角度等属性，达到特殊的色彩填充效果。

①单击绘图工具面板中的"填充变形工具"按钮。

②单击要调整图形的填充色，图形周围出现调整框控制点。

③将鼠标指向渐变色调整框控制点，按住鼠标左键拖动渐变色调整框完成调整。

（5）套索工具。用"魔棒"工具或"多边形"来选取文字或图像。可以用来去除背景等操作。

（6）铅笔工具。绘制不规则曲线和直线。有3个选项：

①伸直：绘制的曲线相邻节点间是以直线段连接。

②平滑：使用该模式可使绘制的线条变得平滑。

③墨水：使用该模式绘制出的图形与绘制时的笔迹最接近。

（7）线条工具。绘制各种不同方向的矢量直线段。

①单击绘图工具面板中的"线条工具"按钮。

②将鼠标移动到场景中绘制直线的起点处，光标将变为十字形状。

③按住鼠标左键拖动到直线的终点即可绘制出一条直线。

（8）钢笔工具。绘制比较复杂、精确高的图形，也可作为选区工具使用。

①单击绘图工具面板中的"钢笔工具"按钮。

②将鼠标移动到场景中要绘制直线的起点处，光标将变为一个钢笔头形状。

③单击所绘线条的起点位置，移动鼠标至线条的下一个点位置处单击，相邻两点自动以直线段相连，绘出直线；继续单击其他点，将绘成一条直线段。

（9）矩形工具。绘制任意矩形、多边形和多角星形。

（10）椭圆工具。绘制椭圆和圆，还可以绘制扇形。

（11）刷子工具。给图形上色，绘制自定义形状、大小及颜色的图形。在选项区域中有调节笔刷的形状、笔刷的大小及刷子的模式3个选项。

（12）墨水瓶工具。给没有边框的矢量图添加边框，修改已有的线条或边框的颜色等属性。

①单击绘图工具面板中的"墨水瓶工具"按钮。

②在墨水瓶工具属性面板中对笔触颜色、粗细等进行设置。

③将墨水瓶工具移到需填充的线条上或图形的外边框上，单击鼠标完成线条填充。

（13）颜料桶工具。用于填充颜色。

①单击绘图工具面板中的"颜料桶工具"按钮。

②在颜料桶工具属性面板中对填充色进行设置。

③单击选项栏中按钮，在选择列表中选择相应的填充模式。

（14）滴管工具。用于获取已有图形颜色以及类型等的属性，它能够对矢量线、矢量图、位图和文字的属性进行复制，并将它应用到场景上不同的对象。

（15）橡皮擦工具。用于擦除图形的框线或填充。

（16）文本工具。用于动画中文字的设置与输入。

## （二）常用面板

### 1. "属性"面板

属性面板是一个智能化的面板，可以显示当前文档、文本、元件、组、帧或工具等的属性和参数，在属性面板中可对当前对象的一些属性和参数进行修改。当用户未选择任何工具或所选工具没有设置项时，在"属性"面板中将显示当前文档属性。属性面板的默认内容是关于整个文档的信息。

### 2. "对齐"面板

使用对齐面板可以方便地对所选对象与舞台中心精确地对齐，或者使多个对象精确地相互对齐，而且可以对所选对象应用一个或多个对齐选项。对齐面板。使用对齐面板的具体操作方法：

（1）选择要对齐的对象。

（2）单击"窗口"→"对齐"，打开对齐面板。

（3）在对齐面板中，单击相应的对齐按钮。

## （三）"信息"面板

选择"窗口"→"信息"命令，就可以打开或关闭。信息面板上显示当前选定对象的一些基本信息，例如高度、宽度和颜色等。通过信息面板可以对对象的大小和位置进行精确的编辑。选中对象后，可在该面板中，直接输入位置、大小信息，从而改变对象。

## （四）变形面板

选择"窗口"→"变形"命令，就可以打开或关闭的"变形"面板。变形面板可以对选定对象的大小、旋转、倾斜等进行精确变形处理。利用该面板中"复制并应用变形按钮"我们可以制作出一些有韵律的图案。

## （五）混色器面板

选择"窗口"→"颜色"命令，就可以打开或关闭"混色器"面板。混色器面板可以对笔触和填充的颜色进行设置。可以直接输入 RGB 值、十六进制值或从"颜色拾取器"中拾取颜色来创建颜色，还可以使用色调滑块拾取所需的颜色。各种混色器类型的含义如下：

（1）"纯色"类型。单纯的颜色

（2）"线性"类型。使用线性渐变。

（3）"放射性"类型。使用放射性渐变。

（4）"位图"类型。使用计算机上的图像作为填充。

# 第五节　幼儿教师信息化意识的培养

信息素养作为信息社会中人的整体素养的重要组成部分，是信息社会人们生存立足的基本条件。"意识"是人类头脑中对于客观世界的反映，是感觉和思维等心理过程的总和。

它来源于物质世界，并对物质世界有反作用，是一种自觉的心理活动。信息化意识属于意识形态范畴，是意识的一种，是信息在人脑中的集中反映。具体说，就是人作为信息的主体在信息活动中产生的知识、观点和理论的总和。它包括两方面的含义：一方面是指信息主体对信息的认识过程，也就是人对自身信息需要、信息的社会价值、个人活动与信息的关系及社会信息环境等方面的自觉心理反应。另一方面是指信息主体对信息的评价过程，它包括对待信息的态度及对信息质量的变化等所作出的评估，并能以此指导个人的信息行为。

信息意识的强弱决定着人们捕捉、判断和利用信息的自觉程度，影响着人们利用信息的能力和效果。同时，它也直接关系到信息素养的整体培养。信息素养是一系列的能力，而不单单是某一种技能，它要求个人不仅能有效地使用所需信息，而且能在需要信息的时候有意识地加以识别和评价。信息意识是整个信息素养的前提，是信息素养培养过程中关键的一环。它直接影响着信息主体在信息活动中的效能，成为人们从事信息活动的精神驱动力。

在社会信息化进程中，幼儿教师信息素养培养最重要的一个内容要求是培养树立起信息意识与态度。

## 一、对教育信息化重要性的认识

### （一）教育信息化的概念

对于教育信息化的理解，我们赞同南国农先生提出的定义：所谓教育信息化，指在教育中普遍运用现代信息技术，开发教育资源，优化教育过程，以培养和提高学生的信息素养，促进教育现代化的过程。因为这个概念包含了技术和教育两个层面。

国内学者对教育信息化从不同角度下了一些定义，列举如下：

（1）所谓教育信息化，是指将信息通信技术充分整合应用在教育系统之中，在一定程度上实现教育教学、组织管理、校园生活服务等活动的数字化、网络化、虚拟化，从而提高教育质量和效率，最终形成适应信息社会要求的新教育模式。

（2）教育信息化是基于电脑和因特网的教育内容更新和教育形式变革的过程，教育信息化将促进教育从固定的人在固定时间、固定地点学习固定的内容向任何人在任何时间、任何地点学习任何内容的彻底转变。

（3）教育信息化是指在国家及教育部门的统一规划和组织下，在教育系统的各个领域全面深入地应用现代信息技术，加速实现教育现代化的过程。

（4）教育信息化是指在教育与教学领域的各个方面，在先进的教育思想指导下，积极应用信息技术，深入开发、广泛利用信息资源，培养适应信息社会要求的创新人才，加速实现教育现代化的系统工程。

（5）教育信息化是指在教育过程中，比较全面地运用以计算机多媒体技术和网络通信为基础的现代化信息技术，促进教育的全面改革，使之适应于到来的信息化社会对于教育发展的新要求。

（6）教育信息化是以现代信息技术为基础的新教育体系，包括教育观念、教育组织、教育内容、教育模式、教育技术、教育评价、教育环境等一系列的改革和变化。教育信息化并不简单地等同于计算机化或网络化，而是一个关系到整个教育改革和教育现代化的系统工程。

（7）教育信息化是将信息作为教育系统的一种基本构成要素，并在教育的各个领域广泛地利用信息技术，促进教育现代化的进程。

（8）教育信息化是指在教育领域全面深入地运用现代信息技术来促进教育改革和教育发展的过程，其结果必然是形成一种全新的教育形态——信息化教育。（祝智庭）

（9）教育信息化是指在教育领域全面深入地运用以多媒体计算机和网络通信技术为基础的现代化信息技术，促进教育改革和教育现代化，使之适应信息化对教育发展的新要求。（何克抗、李文光）

（10）教育信息化是培育和发展以智能化工具为代表的新的生产力，并使之促进教育事业发展的历史过程。（王素荣）

（11）教育信息化是教育过程中比较全面地运用以计算机多媒体和网络通信为基础的现代信息技术，促进教育的全面改革，并位之适应正在到来的信息化社会。

（12）教育信息化是将信息作为教育系统的一种基本构成要素，并在教育各个领域广泛地利用信息技术促进教育现代化的过程。教育信息化的过程应高度重视对教育系统以信息的观点进行信息分析，并在此基础之上进行信息技术在教育中的有效应用。

（13）所谓教育传息化，是指在教育领域全面、深入地运用现代信息技术来促进教育改革与发展的过程，其技术特点是数字化、网络化、智能化和多媒体化，基本特征是开放、共享、交互和协作。

（14）教育信息化就是指在教育领域开发并应用信息技术和信息资源，建立信息化的环境，全面深入地运用现代信息技术来促进教育改革和教育发展的过程，其结果必然是形成一种全新的教育形态——信息化教育。

## （二）教育信息化的重要性

《国家中长期教育改革和发展规划纲要》把教育信息化纳入国家信息化发展整体战略，超前部署教育信息网络。加快教育信息化进程，这是时代赋予我们的重大使命。教育信息化是推进教育改革和发展的最强大动力，是实现《规划纲要》所定五大战略目标的重要保障措施。当今时代，要实现任何一个战略目标，都不能没有教育信息化的支持，忽视教育信息化的力量。

为贯彻落实党的十七届五中全会、全国教育工作会议精神和《国家中长期教育改革和发展规划纲要》，积极发展学前教育，促进学前教育事业科学发展，国务院又颁发了《关于当前发展学前教育的若干意见》，强调提出把发展学前教育摆在更加重要的位置，要多种形式扩大学前教育资源，要多种途径加强幼儿教师队伍建设。学前教育作为基础教育的重要组成部分，是我国学校教育和终身教育的奠基阶段，学前教育信息化建设势在必行。

只有转变幼儿教师的现代教育观念，提高幼儿教师的信息化水平，重视用信息技术去解决教育教学实践中的问题，才能使信息技术产生价值，推动教育改革的深入发展，从而推进学前教育信息化进程。

## 二、学习信息技术的态度

## （一）信息技术的概念

从广义上讲，所谓信息技术（Information Technplogy. IT）就是人类开发和利用信息资源的所有手段的总和。也可以理解为：信息技术是对信息的获取、存储、处理和传播所使用的手段和方法的体系。还有几种更具体地阐述了信息技术的定义：

（1）电子信息技术是一门综合技术，它是由计算技术、通信技术、微电子技术和光电子技术等所支持的。

（2）信息技术是计算机、通信和信息处理技术的融合。

（3）信息技术是研究信息的产生、采集、存储、变换、传递、处理过程及广泛利用的新兴科技领域。

（4）凡是可以扩展人的信息器官功能的技术，都是信息技术。反之，凡是不能扩展人的信息功能的技术都不是信息技术。这一定义是将人类的四大信息器官（感觉器官、传导神经网络、思维器官和效应器官）与"信息技术四基元"（感测技术、通信技术、智能技术、控制技术）相比较后概括出来的。

信息技术的内涵，包括两个方面：

（1）手段。即各种信息媒体，如电视、计算机、网络等。

（2）方法。包括两类方法，一是信息媒体使用的方法，即运用信息媒体对各种信息进行获取、存储、处理和传输的方法；二是信息系统的优化方法，即信息系统设计。信息技术就是由信息媒体、信息媒体应用的方法和信息系统的优化方法三个要素所组成的。

信息技术表现为两种形态：物化形态和智能形态。人们日常所说的信息技术，一般指的是物化形态的信息技术。对于物化形态的信息技术，大致有三种不同的理解：

（1）信息技术就是计算机技术。

（2）信息技术是计算机技术与网络技术的组合。

（3）信息技术包括三种技术：视听技术（广播电视技术等）、计算机技术、整合技术（多媒体、网络技术等）。这一种理解是最合理的。

## （二）学习信息技术的态度

幼儿教师应该具有积极的学习信息技术态度，积极的态度是掌握信息技术知识和技能的前提。

（1）要敢于利用信息技术，不怕遭遇挫折和失败，打消对信息技术的神秘感；

（2）有学习信息技术新知识的意识；

（3）有提高自己信息能力的意识；

（4）有学习、遵守与信息和信息技术有关的法律的意识。

## 三、应用信息技术的热情

## （一）信息技术在教育中的应用

信息技术经过多年的发展，已渗透到各行各业乃至我们的日常生活，现在已形成了一个完整的技术体系。那么，信息技术在教育领域中发挥什么作用呢？

信息技术在教育中的应用，从技术上来说具有数字化、网络化、智能化和多媒体化的特点；从功能上来说，它给教学活动增添了许多在传统教学活动中所不具有的新机制。

### 1. 教学内容的多媒体化

不同于以往单一的教材形式，现代的教材充分利用了多媒体特别是超媒体技术，使教学内容在结构上、形态上和表现手法上都有了全新的变革。利用链接的技术，以图片、动画、声音和文字说明等多种形态的知识载体对教学内容进行多层次、多角度的论证和说明。这对优化学习者的认知活动起到了十分重要的作用。

### 2. 教学传播的多样化

与传统教学中的教师讲、学生听的单一传播方式不一样，运用信息技术的教学活动增添了许多新的沟通机制和人与人相互作用的方式，例如计算机网络、多媒体、专业网站、信息搜索、电子图书馆、网上课程和远程学习等。

### 3. 教学资源的共享化

利用网络特别是 Internet，可以使全世界的教育资源连成一个信息海洋，供广大教育用户共享。网上的教育资源有许多类型，包括教育网站、电子书刊、虚拟图书馆、软件库和新闻组等。网上教育资源可以满足各类学习者在各种学习形态下的学习需求，实现了真正意义上的资源共享。

### 4. 教学形态的多样化

班级形态的"一齐化"教学、个别形态的自主学习、园际和国际间的协作学习等，都可以得到信息技术的支持，成为可能。

### 5. 教学时空的扩大化

幼儿园和课堂不再是教学活动的唯一场所，信息技术的应用使教学活动在时间和空间上获得很大的灵活性。

### 6. 教学环境的虚拟化

根据教学需求创设虚拟的教学情境和训练条件，为认知活动的优化和技能训练水平的提高提供保证。现在已经涌现出一系列虚拟化的教育环境，包括虚拟教室、虚拟实验室、虚拟校园、虚拟学社和虚拟图书馆等，由此带来的必然是虚拟教育。

### 7. 教学效果反馈的及时化

信息技术支持下的教学活动，克服了以往教学延时反馈的弊端，既可以在教与学的过程中提供诊断性反馈，也可以在教学结束后提供总结性反馈，为教学过程的调控和教学结果的评价及时提供依据。

显然，信息技术在教育中应用的这些技术、功能特点，可以改变教学的功能结构、丰富教学的形式内容和优化教与学的方式方法，使教学活动的价值功能得以改善，充分促使素质教育目标的实现。

## （二）应用信息技术的热情

（1）有没有利用信息技术获取信息的一种迫切愿望是热情高昂的一种表现。

幼儿教师是一个全科教师，需要丰富的综合知识，需要有每天利用信息技术来获取信息的热情，孜孜不倦地在信息海洋中搜索自己所要利用的信息。

（2）有利用信息技术改进自己教学工作的愿望。

（3）有利用信息技术及时地与专家同行交流和获取信息的愿望。

（4）对于新的信息技术有了解和使用以提高自己工作效率的愿望。

（5）理解信息技术对教学、学习和幼儿园管理所发挥的作用，理解信息技术环境下教学改革的方向。

## 四、信息道德和信息安全意识

### （一）信息道德意识

#### 1. 信息道德知识

信息道德是指整个信息活动中的道德规范。它是调节信息生产者、加工者、传递者以及使用者之间相互关系的行为规范的总和。信息道德是指个体在整个信息活动中具有的道德。其内容包括：信息交流与传递目标应与社会整体目标协调一致，信息活动中所应承担的相应的社会责任和义务，培养遵守有关信息活动的道德规范和法律法规的自觉性，坚决抵制各种淫秽、迷信、谣言、欺诈和其他虚假信息，尊重他人的知识产权，尊重个人隐私，培养信息良知和尊重基本人权，在信息活动中坚持公正、平等、真实原则，正当使用与合理发展信息技术，正确处理信息创造、信息传播和信息使用三类主体之间的关系等。信息道德是可以通过社会舆论、传统习俗等，使人们形成一定的信念、价值观和习惯，从而使人们自觉地通过自己的判断规范自己的信息行为。

#### 2. 幼儿教师应具备的信息道德

作为担负着人生最重要的启蒙时期教育的幼儿教师是否具备高尚的信息道

德，直接关系到幼儿的成长问题。在信息的获取、加工、处理和传输过程中，幼儿教师要恪守一定的信息道德。

（1）具备高度社会责任感是首要的道德。

首先，幼儿教师是信息社会的一名公民，就应对社会承担相应的责任和义务，给幼儿传递的信息要与社会保持和谐一致，体现真善美，遵循信息法律法规，抵制各种各样的违法、淫秽、迷信和反动信息，不能传输任何不符合地方、国家和国际法律的资料。其次，幼儿教师是一名教师，要起育人的作用，传播的信息能够对幼儿起到良性的疏导作用，不制造和传播虚假错误信息、小道消息，不造谣不诽谤他人。

（2）"为人师表""网络礼仪"应该成为教师对自己的基本要求。

教师的信息道德素养的高低也会影响学生的信息道德素养。如果教师能够严格要求自己，在信息交流中注意自己的网络行为、尊重并礼貌对待他人，那对于学生来说，又岂不是一种示范作用呢？教师不仅要严于律己，同样要对学龄前儿童的信息道德素养起监督作用，不能放任自流。当发现不良信息道德行为时，老师有责任进行批评并教育，使学生认识到信息道德的重要性。教师要引导学生善用网络资源，教会他们如何分辨其中有害信息的内容。

（3）合理使用，尊重知识产权。

幼儿教师要充分利用网络资源信息，搜集、判断与选择有用信息为学前教育教学服务，懂得什么信息是有价值的，什么信息有可能对他人造成伤害，运用自己的信息能力创造能力和出学龄前儿童喜欢的作品。遵守《著作权法》规定的"合理使用"制度，尊重知识产权，不剽窃他人作品。

（4）严谨教科研，规范学风、文风。

当前，社会各界对幼儿教师的角色期望越来越高，幼儿教师既要关心幼儿的生活起居，又要投身于教学改革，撰写论文。网络提供了方便，点击鼠标就能找到相关研究论文和成果，不是随意下载、抄袭他人的作品和成果，而是要在现有的成果基础上有自己的创新思想。借助网络可以提高教师自身的素质，促进教师专业的发展，但不能搞弄虚作假，只有本着严谨的学术态度才能有创新意识，才是具有信息道德的人。

### 3. 著作权法

著作权法是为保护文学、艺术和科学作品作者的著作权，以及与著作权有关的权益，鼓励有益于社会主义精神文明、物质文明建设的作品的创作和传播，促进社会主义文化和科学事业的发展与繁荣。

（1）著作权所指的作品包括：①文字作品；②口述作品；③音乐、戏剧、曲艺、舞蹈、杂技艺术作品；④美术、建筑作品；⑤摄影作品；⑥电影作品和以类似摄制电影的方法创作的作品；⑦工程设计图、产品设计图、地图、示意图等图形作品和模型作品；⑧计算机软件；⑨法律、行政法规规定的其他作品。

（2）著作权的内容包括下列人身权和财产权：①发表权，即决定作品是否公之于众的权利；②署名权，即表明作者身份，在作品上署名的权利；③修改权，即修改或者授权他人修改作品的权利；④保护作品完整权，即保护作品不受歪曲、篡改的权利；⑤复制权，即以印刷、复印、拓印、录音、录像、翻录、翻拍等方式将作品制作一份或者多份的权利；⑥发行权，即以出售或者赠与方式向公众提供作品的原件或者复制件的权利；⑦出租权，即有偿许可他人临时使用电影作品和以类似摄制电影的方法创作的作品、计算机软件的权利，计算机软件不是出租的主要标的的除外；⑧展览权，即公开陈列美术作品、摄影作品的原件或者复制件的权利；⑨表演权，即公开表演作品，以及用各种手段公开播送作品的表演的权利；⑩放映权，即通过放映机、幻灯机等技术设备公开再现美术、摄影、电影和以类似摄制电影的方法创作的作品等的权利；⑪广播权，即以无线方式公开广播或者传播作品，以有线传播或者转播的方式向公众传播广播的作品，以及通过扩音器或者其他传送符号、声音、图像的类似工具向公众传播广播的作品的权利；⑫信息网络传播权，即以有线或者无线方式向公众提供作品，使公众可以在其个人选定的时间和地点获得作品的权利；⑬摄制权，即以摄制电影或者以类似摄制电影的方法将作品固定在载体上的权利；⑭改编权，即改变作品，创作出具有独创性的新作品的权利；⑮翻译权，即将作品从一种语言文字转换成另一种语言文字的权利；⑯汇编权，即将作品或者作品的片段通过选择或者编排，汇集成新作品的权利；⑰应当由著作权人享有的其他权利。

（3）合理使用是《著作权法》中为教师和学生制定的例外条款。在特定的条件下，法律允许他人使用享有著作权的作品而不必征得著作权人的同意，也不必向著作权人支付报酬。我国《著作权法》规定了合理使用必须具备的几个条件：第一，使用的目的是非营利性的，即为了个人学习、欣赏，或为了科研、教学或公益事业等；第二，使用他人作品时，指明作者姓名、作品的名称，并且不得侵犯著作权人依据著作权法享有的其他权利；第三，使用的是已经发表的作品，未发表的作品不属于合理使用的范围；第四，合理使用的范围仅限于规定的 12 种法定情形。

《著作权法》规定 12 种法定情形分别是：①为个人学习、研究或者欣赏，使用他人已经发表的作品；②为介绍、评论某一作品或者说明某一问题，在作品中适当引用他人已经发表的作品；③为报道时事新闻，在报纸、期刊、广播电台、电视台等媒体中不可避免地再现或者引用已经发表的作品；④报纸、期刊、广播电台、电视台等媒体刊登或者播放其他报纸、期刊、广播电台、电视台等媒体已经发表的关于政治、经济、宗教问题的时事性文章，但作者声明不许刊登、播放的除外；⑤报纸、期刊、广播电台、电视台等媒体刊登或者播放在公众集会上发表的讲话，但作者声明不许刊登、播放的除外；⑥为学校课堂教学或者科学研究，翻译或者少量复制已经发表的作品，供教学或者科研人员使用，但不得出版发行；⑦国家机关为执行公务在合理范围内使用已经发表的作品；⑧图书馆、档案馆、纪念馆、博物馆、美术馆等为陈列或者保存版本的需要，复制本馆收藏的作品；⑨免费表演已经发表的作品，该表演未向公众收取费用，也未向表演者支付报酬；⑩对设置或者陈列在室外公共场所的艺术作品进行临摹、绘画、摄影、录像；⑪将中国公民、法人或者其他组织已经发表的以汉语言文字创作的作品翻译成少数民族语言文字作品在国内出版发行；⑫将已经发表的作品改成盲文出版。

### （二）信息安全意识

#### 1. 信息安全知识

信息安全与信息道德伦理是信息素养特质中重要的内容之一。世界在实现了互联互通的同时，伴随而来的隐私权问题、信息知识产权问题、网络犯罪问题、电子政务问题、电子商务问题、青少年保护问题和网络安全问题等等。它直接影响着国家的安全、企业的安全或个人的安全，涉及整个社会的稳定与进步。

信息安全是指防止信息财产被故意地和偶然地非法授权泄漏、更改、破坏或使信息被非法系统识别、控制。信息安全本身包括的范围很大。大到国家军事政治等机密安全，小到如防范商业企业机密泄露、防范青少年对不良信息的浏览和个人信息的泄露等。网络环境下的信息安全体系是保证信息安全的关键，包括计算机安全操作系统、各种安全协议、安全机制（数字签名、信息认证、数据加密等），直至安全系统，其中任何一个安全漏洞便可以威胁全局安全。

#### 2. 幼儿教师应具备的信息安全意识

幼儿教师对信息安全意识认识还不足，基本的安全防护意识不具备。

（1）应具备识别信息安全威胁并规避信息安全风险的能力。不要在网上泄露自己和学生需要保护的信息，如姓名、生日、家庭住址、电话、电子邮件、银行卡号码、图像、录音、学校名称、财务状况等等。

（2）不盗窃别人的机密信息和隐私信息。

（3）不得未经许可而非法进入其他电脑系统。

#### 3. 相关法律法规

（1）公民、法人及其他组织在有关信息活动中涉及国家安全的权利义务的法规有《宪法》《国家安全法》和《国家保密法》等。

（2）计算机安全和互联网安全的法规有《中华人民共和国计算机信息系统安全保护条例》《中华人民共和国计算机信息网络国际联网管理暂行规定》和《中华人民共和国计算机信息网络国际互联网络安全保护管理办法》等，《全国人民代表大会常务委员会关于维护互联网安全的决定》（以下简称《决定》）明确指出：为了兴利除弊，促进我国互联网的健康发展，维护国家安全和社会公共利益，保护个人、法人和其他组织的合法权益，特作如下决定。

1）为了保障互联网的运行安全，对有下列行为之一，构成犯罪的，依照刑法有关规定追究刑事责任：

①侵入国家事务、国防建设、尖端科学技术领域的计算机信息系统。

②故意制作、传播计算机病毒等破坏性程序，攻击计算机系统及通信网络，致使计算机系统及通信网络遭受损害。

③违反国家规定，擅自中断计算机网络或者通信服务，造成计算机网络或者通信系统不能正常运行。

2）为了维护国家安全和社会稳定，对有下列行为之一，构成犯罪的，依照刑法有关规定追究刑事责任：

①利用互联网造谣、诽谤或者发表、传播其他有害信息，煽动颠覆国家政权、推翻社会主义制度，或者煽动分裂国家、破坏国家统一。

②通过互联网窃取、泄露国家秘密、情报或者军事秘密。

③利用互联网煽动民族仇恨、民族歧视，破坏民族团结。

④利用互联网组织邪教组织、联络邪教组织成员，破坏国家法律、行政法规实施。

3）为了维护社会主义市场经济秩序和社会管理秩序，对有下列行为之一，构成犯罪的，依照刑法有关规定追究刑事责任：

①利用互联网销售伪劣产品或者对商品、服务作虚假宣传。

②利用互联网损坏他人商业信誉和商品声誉。

③利用互联网侵犯他人知识产权。

④利用互联网编造并传播影响证券、期货交易或者其他扰乱金融秩序的虚假信息。

⑤在互联网上建立淫秽网站、网页，提供淫秽站点链接服务，或者传播淫秽书刊、影片音像、图片。

4）为了保护个人、法人和其他组织的人身、财产等合法权利，对有下列行为之一，构成犯罪的，依照刑法有关规定追究刑事责任：

①利用互联网侮辱他人或者捏造事实诽谤他人。

②非法截获、篡改、删除他人电子邮件或者其他数据资料，侵犯公民通信自由和通信秘密。

③利用互联网进行盗窃、诈骗、敲诈勒索。

（3）对信息内容、信息安全技术及信息安全产品的授权审批的相关规定有《电子出版物管理暂行规定》《中国互联网络域名注册暂行管理办法》《计算机信息系统安全专用产品检测和销售许可证管理办法》和《商用密码管理条例》等。

（4）刑法修订案补充了有关计算机犯罪的相关条款，对计算机违法犯罪的惩罚处理，使我们有了处罚计算机犯罪的法律依据。我国《刑法》第 285 条规定：违反国家规定，侵入国家事务、国防建设、尖端科学技术领域的计算机信息系统的，处 3 年以下有期徒刑或者拘役。《刑法》第 286 条规定：违反国家规定，对计算机信息系统功能进行删除、修改、增加、干扰，造成计算机信息系统不能正常运行，后果严重的，处 5 年以下有期徒刑或者拘役；后果特别严重的，处 5 年以上有期徒刑。违反国家规定，对计算机信息系统中存储、处理或者传输的数据和应用程序进行删除、修改、增加的操作，后果严重的，依照286 条的规定处罚。故意制作、传播计算机病毒等破坏性程序，影响计算机系统正常运行，后果严重的，依照第 286 条第一款的规定处罚。

# 第六节　幼儿教师教学应用能力的培养

《基础教育课程改革纲要（试行）》中提出："大力推进信息技术在教学过程中的普遍应用，促进信息技术与学科课程的整合，逐步实现教学内容的呈现方式、学生的学习方式、教师的教学方式和师生互动的教学方式的变革，充分发挥信息技术的优势，为学生的学习和发展提供丰富多彩的教育环境和有力的学习工具。"学前教育是终身学习的开端，是国民教育体系的重要组成部分。优先发展学前教育对于促进儿童身心全面健康发展，高水平、高质量普及九年义务教育，推进各级各类教育协调发展，提高人口的整体素质，具有基础性、全局性、先导性的作用。幼儿教育具有多学科性及幼儿思维的具体形象性等特点，幼儿教师更应该利用信息技术资源，把现代信息技术应用到幼儿教育活动中，优化幼儿园教育教学，提高幼儿教育质量，从而推进幼儿教育现代化的进程。

依据幼儿园课程内容划分的五个领域，即健康、语言、自然科学、社会和艺术（音乐和美术），分析和探讨幼儿教师如何利用多媒体技术开展各领域的教育教学活动。

## 一、多媒体技术在幼儿音乐教育活动中的应用

幼儿音乐是以歌唱、欣赏、韵律和打击为主要内容的教学活动，通过教师的引导使幼儿自己形成对音乐的感悟，培养幼儿空间方位的感知、加强节奏感、促进动作协调发展以及幼儿对音乐的想象力与创造力。由于传统的音乐教学以教师的声音教学为主，教学效果差，利用多媒体技术后，可以大大拓展教学内容，更好地帮助幼儿建立对音乐的立体感和层次感，提升对音乐作品的体验，增加对音乐作品的认知和感悟。

### （一）利用 MIDI 技术，培养幼儿音准和节奏感

MIDI 技术以其处理简单和音准强的特点，特别适用于幼儿音准和节奏感的培养。在幼儿刚接触音乐作品时，培养良好的音准和节奏感对于进一步欣赏和感悟作品具有积极的作用。传统教学的主要方法是依靠教师打拍子来表现音乐作品的节奏，幼儿主动倾听、适应和掌握乐曲节奏的效果不好。如果利用 MIDI 技术，对音乐作品进行转换后以 MIDI 文件形式用计算机来播放，就可以多次模仿和练习，通过适当引导，幼儿就容易理解歌曲的节

奏感和音准，能较快的建立起对歌曲初步的音准和节奏感。

如《骑马》这首歌曲，由于这首曲子速度比较快，打拍子表现较难，幼儿也很难听出节奏，对于其中的含义更是难以理解。如果把这首音乐转换后以 MIDI 文件的形式进行教学，不仅缩短了教学时间，而且大大提升了教学效果。虽然传统教学方法（打拍子等）在一定程度上依然能解决教学中的难点，但与高效、便捷的 MIDI 等多媒体技术相比，后者所达到的教学效果更明显。

MIDI 音乐特别适用在节奏感强、活泼的歌曲中，能帮助幼儿快速建立节拍的概念和意向，以感性的认识入手，通过多次练习，逐步达到理解和掌握的境界。

## （二）利用音频处理技术，解决音乐伴奏问题

音乐课上的伴奏是学习歌曲的重要辅助手段。通过跟着伴奏演唱歌曲，能较快的掌握歌曲。在传统的教学活动中，主要依靠教师弹钢琴进行伴奏。在这个过程中主要有两个问题：一是部分歌曲的曲谱不易获得，因此不得不放弃这些曲目的教学，特别是对于大量的新儿歌，这个问题尤为突出；二是教师演奏技巧参差不齐，导致教学质量不稳定。因此利用多媒体音频处理技术可以很好的解决以上问题。

多媒体音频处理技术可以轻松地从歌曲中去除原唱来获得伴奏。采用这种方法不仅简便，同时也确保了伴奏的质量，为保证良好的教学效果打下了坚实的基础。

在韵律活动课中，幼儿要跟着音乐做动作来表现自己对音乐的感觉，由于没有模仿的对象（此时教师需要进行伴奏），该课程有时成为"体育活动课"，有的幼儿只顾自己蹦蹦跳跳而不是随着音乐做出相应的动作。为了解决上述问题，使用播放音乐伴奏来，这样教师就有时间示范动作，能帮助幼儿集中精力，一边听着音乐一边就可以在教师的引导下做各种动作，大大提高了教学的效果。同样，伴奏方法也能让幼儿顺利地完成发声练习、学好歌曲和打好节奏等。

## （三）运用多媒体课件，提高教学效果

在传统的音乐教学中，如果要综合展现音乐、图像和视频，教师往往需要同时准备录放机（或 CD 机）、教学挂图和电视机等多种设备，不仅准备费时费力，而且由于各种媒介之间风格不统一，往往难以将上述多种内容有机结合，导致教学质量差。通过引入多媒体技术可以很好的解决这些问题。

多媒体课件能将歌谱、歌曲伴奏、视频动画等集合在一起。通过多媒体形象表现，能极大地激发幼儿聆听音乐的兴趣，使教学质量能有大幅度的提高。如《小问号》的音乐课活动，由于这首儿歌的歌词比较长，如果以"教师伴奏幼儿学唱歌曲"的形式来上，可能只有少数幼儿才能在短时间内完整地记住歌词，使得学唱歌曲变得极为困难。为了帮助幼

儿能尽快地掌握歌曲，可以采用多媒体课件进行教学，把歌词内容以动画的形式嵌入到课件中，幼儿通过观看课件，边看边学，边学边唱，在较短的时间内，大部分幼儿就能自己唱出歌曲，大大加快了教学进程，教学效果明显提升。

为了适应不断变化的社会环境和教学内容，要不断开发和完善多媒体课件，以满足教学需求。虽然多媒体课件生动形象，表现力强，但制作相对复杂，成本相对较高，因此教师制作课件的积极性并不高，使用率低。因此，在实际教学中，应加强多媒体课件的应用，不断开发适合新内容、新变化的多媒体课件，将幼儿音乐教育活动做活。

在实际教学活动中，需要根据幼儿音乐教学活动的内容，适当地选取多媒体技术，增强教学的张力和凝聚力，形成"以听为主、视听结合"的新型幼儿音乐教学方法，融技术于内容之中，更好地促进音乐教育活动的形象性、趣味性和游戏性，提高幼儿参与的积极性和热情，真正实现有效的幼儿音乐教育，使音乐教学更好地融入幼儿的日常活动。

## 二、多媒体技术在幼儿美术教育活动中的应用

学前美术教育活动在内容上包括三个既相对独立又相互联系的领域，即绘画、手工和欣赏。在传统的美术教学活动中，教师示范往往是通过手绘几种简单的图案让孩子进行模仿，使得幼儿的作品几乎都是千篇一律的，不能发挥出孩子的个性。而利用多媒体就比较活跃，可以将静的图案动态化，刺激孩子的多种感官，从而充分发挥出自己的水平，创造出与其他小朋友不一样的作品。

### （一）利用多媒体技术，激发幼儿学习美术的兴趣

"兴趣是最好的老师"，运用多媒体技术能激发幼儿的学习兴趣，变被动学习为主动获取，使他们思维积极，想象丰富，促进他们全面和谐的发展。在《幼儿园教育指导纲要（试行）》中明确指出："让幼儿喜爱艺术活动，能用自己喜欢的方式大胆地表现自己的感受与体验"。传统的美术教学模式形式枯燥，缺乏审美的感知，而多媒体通过声像并茂、动静结合及高度智能化等强大的技术，使传统教学中无法或难以表达的内容，能形象直观的展现在幼儿面前，幼儿在其中按照自己的意愿来表达自己的体验和情感，获得满足，从而激发表现美、创造美的兴趣。

在大班《美丽的蝴蝶》绘画活动中，教师利用多媒体技术，给幼儿创造声像相结合的春天蝴蝶采蜜、飞舞、玩耍的画面，展现美丽的蝴蝶在花丛中飞来飞去，蝴蝶的身体结构以及身体各部分的特征、用途。最后让幼儿欣赏不同品种的蝴蝶，有大的，有小的，有颜色鲜艳的，有颜色黑的，还有在花丛中常见的白蝴蝶……五颜六色的蝴蝶吸引了幼儿的注意力，激发了幼儿的绘画兴趣，开阔了幼儿的视野，拓宽了幼儿的联想思路。

多媒体课件中示范的"蝴蝶"清晰有趣，幼儿可以从这里接受到新异的信息，教师可以让幼儿在绘画的同时加以引导：

你们有没有注意到这些漂亮的蝴蝶都有一个共同的特点？

大家一起找找，看看它们左右两边的翅膀有什么特别的地方？

在观察蝴蝶的基础之上，让幼儿知道蝴蝶的翅膀是对称的，最后让幼儿用线条左右对称地画出蝴蝶，并用鲜艳的色彩装饰蝴蝶。幼儿在绘画的过程中感受蝴蝶的美丽，加深对蝴蝶的喜爱。

## （二）利用多媒体技术，培养幼儿创造力和观察力

当今的社会日新月异，对人们提出了更高的要求，只懂模仿不懂创新的人要被淘汰。多媒体在培养幼儿创新意识中有着无可比拟的优势。《幼儿园教育指导纲要（试行）》中指出"教师应成为幼儿学习活动的支持者、合作者、引导者"，我们的教学方法应把从"教"为主转变为以"幼儿活动"为主。每堂课上给幼儿充足的时间去思考、探索和想象，允许有不同的想法，教师配合他们，适时加以引导。多媒体教学可使抽象化为具体，把复杂关系变成简单。它能把自然界中不易观察到的现象清晰地印入幼儿的眼帘，不但培养了幼儿的观察能力，而且幼儿十分乐意接受，往往不用老师的刻意说教便可以轻松地完成。

多媒体声像结合富有趣味性更易于幼儿观察和思考，如在中班《海底世界》绘画活动中，启发幼儿大胆想象描绘海底世界，但幼儿对海底的了解欠缺，如何创造出富有童趣的海底世界呢？教师要尽可能地提供直接观察的条件，引导幼儿动脑筋，利用多媒体就能突破时间和空间的限制，先让幼儿欣赏电影《海底总动员》片段，通过声音的感受和图像的观察，为幼儿提供了形象、直观的情境。看完课件后，让幼儿说说自己看到了什么，幼儿会兴致勃勃地说"我看到了很多颜色不一样的鱼。"再问幼儿喜欢哪一条鱼时，幼儿的回答都不一样，"我喜欢这一条，她身上有一横一横的间纹。""我喜欢这一条，她身上有一点点的花纹。""我喜欢红色的那条鱼。"在幼儿需要的时候，适当地采用一些范画作为辅助性手段，为他们提供独立创造的条件，以开阔幼儿的思路，为其创造性表现提供基础。在此基础上，教师还要

适当地加以引导，还可以放轻音乐，在优美的音乐中绘画，这样幼儿的思路会更加开阔，想象会更加丰富，创造力也会随之调动起来。

又如在中班美术活动《圆形想象画》中，利用课件演示动态的几个圆形变成的作品，如两个圆形滚到一起再添几笔就成小鸡、圆形上发出淡淡的光芒就成太阳等，栩栩如生，形象有趣。孩子们目不转睛，从而极大地鼓了他们的兴趣，使其产生跃跃欲试的创作愿望，促进了幼儿创造性思维的发展。绘画中，孩子们想象丰富，想出了很多不同的作品，

有的想象成小鸟、有的想象成眼镜、有的想象成糖葫芦、还有的想象成向日葵……由此可见，把多媒体技术与教学内容、教学方法和教学对象等有机地结合起来，不仅能活跃课堂气氛，而且还能活跃学前儿童的思维，发挥孩子的创造性。

### （三）利用多媒体技术，提高幼儿审美能力

幼儿的情感体验是比较具体的、单纯的和直接的，并且对情境有很强的依赖性。心理学家相关研究表明，幼儿在情感发展上具有激动性和易感性的特点，易于被周围的事物所感染。美术欣赏活动中我们可利用多媒体将欣赏内容以其独特的魅力展现给幼儿，使他们能强烈持久地感受到作者创作作品的情绪、情感及所表达的意愿，从而培养幼儿审美能力和创造力。

在欣赏大班《京剧脸谱》教学活动时，首先收集一些精彩的京剧片段，让幼儿对京剧的音乐及装扮有一定的了解，知道京剧是我国的国粹，并对京剧产生极大的兴趣，再通过多媒体手段展示各种脸谱，让幼儿了解脸谱的主要特征及色彩的搭配，使美术活动在音乐、影像中有机结合，再利用多媒体从整体→局部→整体相互切换课件。看完课件教师提问，"你喜欢这些脸谱吗？为什么？"教师引导幼儿从脸谱的图案、色彩观察。让幼儿仔细观察画面，积极讲述自己所看到的画面，幼儿从中获得立体的、多元化的艺术感受，在轻松、愉快的气氛中得到美的享受，从而激发幼儿的情感。

利用多媒体方便了教师的教学，极大丰富了美术活动的教学方式，而且多媒体能容纳丰富的动画，可以让幼儿最大限度的享受美，促进幼儿对美术作品的体验与感受，提高幼儿对美术表现创造以及艺术审美能力。在幼儿园美术活动中运用多媒体教学，更有利于提高教学的质量。

### （四）利用多媒体技术，解决教学中的重难点

幼儿思维方式决定了他对于具体、形象的内容比较敏感，教材的挂图、教具是一个静止的画面，有一定的局限性，而且画面小幼儿很难看清楚，有时教师还会挡住画面，特别是泥工作品，由于体积较小，教师在示范时，一些细节问题幼儿很难看清楚等。在美术活动中利用多媒体演示，就能很好的解决以上这些问题，不但没有了教师示范时会挡住部分幼儿视线的问题，同时也解决了示范存在图像小、速度慢和涂色费时等现象。幼儿不但看得清楚听得仔细，而且如果幼儿有疑问，多媒体还可以再次演示，强化示范步骤，将老师的示范操作过程放大，幼儿就看得清清楚楚，减少了教学难度，从而更有效地完成技能训练。教师可以用数码相机将幼儿的作品拍下通过投影机将幼儿作品播放展示和评价，让幼儿欣赏自己与他人的作品，提高幼儿的审美能力，从中体验到画画的快乐。

## 三、多媒体技术在幼儿语言教育活动中的应用

幼儿早期是语言发展的黄金时期，语言作为一种思维工具和交往工具，始终伴随着幼儿的生活、游戏和认知等过程，语言交流是幼儿获得信息的重要途径。2 岁是口头语言发展的关键期，4~5 岁是学习书面语言的关键期。这说明学前幼儿正处在语言学习的敏感期或者关键期，特别是语音发展的敏感期。其语言模仿能力强，尤其体现在语音学习上，幼儿的发音器官达到灵敏的极限，耳朵能辨别语音、语调上的细微差别，口舌能准确地模仿各种声音。抓住语言发展的这个关键期的有利时机，及时进行适当的教育，能收到事半功倍的效果。传统的语言教学只是几张简单的图片和一些空白的说教，对孩子们来说已经没有那么多兴趣，也不能很好地满足他们对语言的需求。教育心理学研究表明：人获取的外界信息中，83% 来自视觉，11% 来自听觉，3.5% 来自嗅觉，1.5% 来自触觉，1% 来自味觉，显然增加视觉、听觉信息量是获取信息最可取的方法。而多媒体教学手段恰恰在视觉、听觉效果方面有其独特的优势。所以，从教育心理学角度看，运用多媒体教学手段对幼儿语言能力的发展肯定大有裨益。

将现代多媒体技术引入到幼儿语言教育领域，是幼儿教育改革与发展的新趋势。心理学研究表明：幼儿时期，儿童的注意经常带有情绪色彩，对那些喜闻乐见的事物，他们的注意力能高度集中并长久保持，奇思妙想勃发。幼儿教师可以根据这些理论，设计制作课件，尝试运用多媒体技术进行幼儿语言教育，通过声音、图片和动画等直观形象的视、听觉材料，激发幼儿口语表达的兴趣，培养幼儿良好的语言学习态度、习惯和方法，同时借助信息技术，更好地发挥幼儿的个性特点，在互动学习中提高幼儿的语言能力。

### （一）利用动态画面、优美音乐，理解诗歌内涵

幼儿诗歌是以幼儿为欣赏对象的一种文学形式。一篇好的诗歌，不仅可以丰富幼儿的知识，发展幼儿的想象力和思维能力，而且可以使幼儿的心灵和情感受到良好的熏陶。但是，幼儿诗歌不如儿歌那么朗朗上口，通俗易懂，有些内容甚至离幼儿生活较远，不易理解。如果一句一句地灌，幼儿不爱学，很难收到好的效果。那么，就幼儿诗歌教学而言，应如何充分运用现代教学手段，发挥其优势的呢？例如诗歌《太阳和月亮》，新小班的幼儿对于太阳出来时"热闹"的场景和月亮出来时"静悄悄"的场景理解不到，于是，利用多媒体课件为幼儿呈现了这样一幅画面，随着动感十足的背景音乐《欢乐颂》：一只红彤彤的太阳出来了，天顿时亮了起来，小树、小鸟、小朋友们纷纷从睡眠中醒来，大家来到草地上欢快的进行游戏，有的小朋友在放风筝，有的小朋友在玩遥控汽车，还有的小朋友在相互嬉戏，一派热闹的景象。随着优美动听的背景音乐《摇啊摇》：月亮出来了，天

变黑了，小草、小花、小朋友都进入了梦乡，周围一片静悄悄的，富有动态的画面，让幼儿仿佛身临其境，一会儿来到了白天，和小伙伴一起玩乐，感受白天的热闹，一会儿又来到了黑夜，和小草、小花一起进入了梦乡，绚丽多彩的画面，突破了时空的限制，帮助幼儿感受和理解诗歌内容。

利用多媒体技术，通过复述和朗诵、表演、创编的活动设计，来体现《纲要》第四条：引导幼儿接触优秀的儿童文学作品，使之感受语言的丰富和优美，并通过多种活动帮助幼儿加深对作品的体验和理解。在教幼儿创编题为《太阳和月亮》这篇诗歌时，教师结合幼儿的生活经验和认知水平，播放包括有太阳、小树、小鸟的视频录像带。其中，有小树的树枝发芽及小鸟在飞舞的镜头，使幼儿充分感受春天大自然生机盎然的景色以及小朋友欢闹的景象，扩展了幼儿的视野。在此基础上，教师引导幼儿创造性地用语言表达出内心的感受，发展其艺术想象力和语言表达能力。

## （二）创设生动活泼的教学情境，激发幼儿对语言活动的兴趣

我国古代教育家朱熹早就说过"教人未见其趣，必不乐学"。布鲁纳也指出："学习的最好刺激是对所学材料的兴趣。"多媒体技术能把无声的文字变成有声有色、有动有静的形象化语言，创设生动活泼的教学情境，刺激幼儿的感官，吸引幼儿的注意力，激发幼儿学习兴趣和求知欲，促使幼儿主动参与活动。一旦幼儿对教学内容感兴趣，老师就掌握了教学的第一把金钥匙。因此，我们利用多媒体具有多样性、新颖性、趣味性和艺术性等特点以及灵活多变的方法，来实施幼儿听读游戏，使幼儿在活动中感到语言易学且爱学、乐学。在开展语言谈话活动《认识四季》时，要求幼儿概括四季的主要特征。教师可以制作多媒体课件，分别以春意盎然的田野、荷花盛开的池塘、落叶满地的树林和雪花纷飞的山坡为背景，然后再插入《小燕子》《小青蛙》《小树叶》《小雪花》这四首歌曲。课件展现了四季具有代表性的特征，很快把幼儿的注意力都集中起来了，她们都情不自禁地参与到谈话活动中，争先恐后的发表意见，其教学效果绝非几张图片可以比拟的。可以看出，多媒体通过声音、动画的有机结合，一方面吸引幼儿的有意注意，启发其思维：另一方面又能以喜闻乐见的形式，让他们积极参与到语言活动中，使幼儿群体的语言水平强势发展，让他们不仅大胆地说、还认真地倾听别的幼儿的说话内容，从而整体提高幼儿的语言表达能力。

## （三）利用形象生动的动画，激起幼儿的说话欲望，提高幼儿的口语表达能力

讲述活动最主要是让幼儿尽情讲述，《小螃蟹找工作》是个讲述活动，描写了小螃蟹找工作的过程。由于年龄的关系，幼儿对找工作这一社会现象缺乏感性的认识，如果只是

一张张的图片，幼儿没有那种感性经验，对于小螃蟹的心情是无法表达的。为此，在教学活动中，可运用多媒体手段，制作多媒体课件，把静态的画面，变成具体的、形象的"动画片"，生动的形象、丰富写实的场景，极大地提高了幼儿的理解力，丰富了幼儿的感性认识，有利于幼儿进行观察、分析、综合，在边看、边想的活动中加深了对主题的理解，从而既发展了形象思维，又发展了语言逻辑思维。当然，话匣子就打开了。

多媒体最大的优势在于它能化静为动，化虚为实，化生疏为可感，化抽象为形象。它能将静止的、抽象的内容变成生动形象的音像结合的复合载体，将老师难以用语言解释的词汇、现象生动的表现出来。通过动画、声音、色彩将这些语言信息不断地传递给幼儿的感官视觉，刺激着幼儿的大脑皮层和语言表述神经，从而有效地烘托、渲染语言讲述氛围。幼儿置身于这种动态情境之中，有一种"不得不说"的欲望，再加上对语言材料的不断理解、反复欣赏，在潜移默化中提高了语言表达能力。由于个性和环境的差异，幼儿之间的语言表达能力存在着明显的差异。有的幼儿能说会道；有的幼儿寡言少语；有的幼儿天性外向，说起话来落落大方；有的幼儿生来羞怯，看见外人不愿说话。这样一个班级的幼儿群体在语言表达能力方面便出现了强弱两极。如果语言活动中教师没有丰富的语言素材，只有几张静态图片等简单教具，那么幼儿群体在语言表达方面会呈现向弱极运动的现象。因为在这样的活动环境中，能说会道的幼儿没有语言表达的兴奋点，而能力差的幼儿又缺少语言表达的凭借物。为此，运用多媒体技术营造一个非常丰富的动态的语言环境就成了一个必然的选择。

## （四）营造信息化学习环境，提高幼儿早期阅读活动的兴趣

在阅读活动中利用多媒体进行教学活动，目的在于激发幼儿兴趣，拓宽信息渠道，全面深入理解阅读内容。特别是对幼儿不能理解，有质疑的内容，多媒体提供了放大、定格的技术条件，有利于幼儿重点观察、分析和思考。例如：在阅读活动《国王生病了》中，教师运用多媒体将国王从周一到周六的运动集中直观地展示出来，相对于一页一页的翻阅图书，更便于幼儿有重点地阅读和观察，这一多媒体的运用激发了孩子们的阅读和讲述的兴趣，把整个活动推向了高潮。多媒体教学手段的合理运用，充分展示了幼儿语言教学过程呈现出的"情境交融、形声并茂、生动活泼"的语言交流活动情境。这种情境交融的环境，不仅符合幼儿语言学习的心理特征，而且能够充分满足他们的心理需求，进一步地激发其语言学习的兴趣。因此，幼儿学习语言，应是体动、语到、言指同时进入训练。特别是学习语速和语感能力，必须依靠幼儿身体各部机能的运动反应，并通过这种运动反应与幼儿个人内心对语言的表述紧密结合。所以，创设语言情境，能给幼儿更为直接、更为主动、更为丰富的感受，从而使幼儿从情感激发中自由表述，清晰理解语言所表达的意义，进一步帮助幼儿克服语言学习所带来的种种困难。

## 四、多媒体技术在幼儿科学教育活动中的应用

幼儿园科学教育是指幼儿在教师的指导下，通过自身的活动，对周围物质世界进行感知、观察和操作来发现问题，寻求答案的探索过程。在《新纲要》中也明确指出了"要激发幼儿的好奇心和探索欲望，发展认知能力"。在科学教育活动中，往往包含的是许许多多抽象、严谨的科学道理，这对孩子来说也是很难理解和接受的。

传统的科学教学普遍采用填鸭式、灌输式或挂图式的教学模式，再加上教师单一说教，使幼儿始终处于一种懵懂的被动状态。如今运用多媒体技术，可把科学教育变得符合幼儿的认知水平；将抽象、深奥的科学知识具体化、形象化和趣味化；激发幼儿对科学的兴趣，使他们以自己独特的方式主动观察、探索和思考一些科学现象及科学问题，主观能动地接受和了解科学教育中包含的一些道理。

### （一）利用多媒体技术，创设身临其境的情景，激发幼儿的探索兴趣

美国心理学家布鲁纳说过："学习的最好刺激，乃是对所学材料的兴趣。"兴趣是幼儿学习的重要动力，是推动幼儿感知事物的内部动力，只有幼儿对感知的事物和现象产生浓厚兴趣，才能激发他们的积极性，促使其主动地探求知识，学习技能。

利用多媒体技术，能为幼儿创设身临其境的情景，从而激发幼儿的探索兴趣。例如：在引导幼儿认识竹笋的活动中，由于环境限制，现实生活中无法给予幼儿亲自走入竹林、认识竹笋这样的条件。这时，在活动中，播放有关竹林春笋的录像，同样可以将幼儿引入幽幽绿绿的竹林"实景"中。幼儿看到一大片竹林里，冒出一支支嫩嫩的竹笋，幼儿迫切想了解、想探究竹笋到底是怎样的呢？随后，幼儿在自己动手摸摸、捏捏、看看的过程中，了解了竹笋外形特征、用途，学到了剥竹笋的技能，在整个活动中幼儿都兴趣盎然。由此激发了幼儿对自然界的关注和热爱。

### （二）利用多媒体技术，渲染气氛，激发幼儿的创新思维

幼儿的思维离不开具体形象，同时幼儿的情绪极易受感染，多媒体技术以色彩绚丽、精美动态的画面，雄浑逼真、优美动听的声响引幼儿进入一种逼真的气氛内，从而激发幼儿的创新思维。例如：在科学活动《小鸟出壳》中，让小朋友一起观看课件，通过观察，使幼儿知道小鸟是怎样从蛋壳里钻出来的，钻出来时是怎样的等等，问题一步一步非常清楚。我们通过对画面的放大、放慢、定格等多种手段进行教学活动，幼儿对这样的形式很感兴趣，他们通过仔细观察，主动思考、探索和讨论，得出合理的原因。这样让幼儿真切感知，不但容易理解所学知识，而且对所学知识印象深刻。

### （三）利用多媒体技术，再现事物发展过程，激发幼儿的观察兴趣

在科学教学活动中，要求幼儿观察的内容很多，但有些内容需要观察的时间很长，如"植物的生长"，需要一个较长的过程。此时，为了让幼儿切实感受到植物的生长变化，我们可以和幼儿一起亲自栽种种子，并把植物生长变化的过程用照相机拍摄下来。我们在引导幼儿自己照料、观察种子变化的基础上，和幼儿一起讨论植物生长过程中发现的问题。以往，孩子虽然亲自参与了种植、观察种子生长的活动，但在讨论时，由于经过一段较长的时间后，幼儿对以前所观察到内容的已经模糊，有些已不能够清晰回忆。于是，就借助视频，把植物生长的变化用视频展示给幼儿看，帮助幼儿回忆自己种植植物每一时间段的情况，加深幼儿的观察印象，激发观察探索的兴趣。

观察是科学教育活动常用的方法。但有些观察对象非常细小，不易清晰地看到，有些观察对象受地理环境限制，给观察带来困难。这时可以运用多媒体技术解决重难点，如在引导幼儿认识蚂蚁的活动中，由于蚂蚁小，因此蚂蚁的结构、食性和生活习性等不易被观察，但这些又是这堂课的重点。为此可以用摄像机摄录有关蚂蚁生活的录像，在幼儿观察昆虫盒中的蚂蚁时同时放映，虽然仅短短的几分钟，但生动的画面一下子把幼儿带入了蚂蚁真实的生活中，从而蚂蚁的外形特征、生活习性及药用价值等不为了解的内容一下子印入了幼儿脑海，很好地开阔了幼儿的眼界，激发幼儿饲养蚂蚁的兴趣。在多媒体技术的作用下，幼儿能有意识地关注生活，关注生活中接触的东西，将生活、科技紧密联系起来。

### （四）利用多媒体技术，吸引注意力，激发幼儿的好奇心

学龄前的孩子年龄小，而年龄越小幼儿高度发展的无意注意就越占主导地位，鲜明、新颖和具体形象的刺激是引起幼儿无意注意的主要因素。多媒体技术以其鲜艳的色彩、多变的动态画面和声音的配合能有效地吸引他们的注意力，从而提高他们的兴趣，对于某些知识性较强的内容还可以通过形象生动的画面、声音和图像来实现，这样就更易于幼儿掌握知识，同时也符合低幼年龄的认知特点。因为幼儿兴趣容易转移这一特点，我们通过多媒体教学使他们的感官处于兴奋状态，以至于幼儿不会产生疲劳感，可以集中注意力投入到学习活动之中。这不仅激发了幼儿的兴趣，陶冶幼儿的情操，还极大地增强幼儿的认知求识欲望，推动他们自觉的学习。例如在教《圆的认识》时，光靠教师口述圆是怎么样的，幼儿不会很明白的，这样幼儿就没兴趣，圆也不能吸引幼儿了，这时教师可以运用多媒体演示，先让幼儿看到画面中自行车、三轮车或汽车的车轮都是圆的，接着将它们的轮子换成三角形或正方形等形状，幼儿观察后议论纷纷，个个笑得前俯后仰……这样就大大吸引了幼儿的注意力，幼儿在积极的状态下，弄清了道理，深刻地认识了圆的特征。

## （五）利用多媒体技术，动画模拟，解决科学教学中的重难点

多媒体所创造的美妙的教学情境，可集中显现出时空变幻的流动美、视听兼备的立体美、景色物态的色彩美、语言表达的音韵美以及师生关系的和谐美。这种情境能把学习的内容在动和静、虚和实、远和近、快和慢及大和小之间相互转化，打破多种限制，尤其是迅猛发展的动画技术可以表现生活中某些幼儿无法亲自感受的事物。因此，我们可以利用情境的创设来解决一些科学教学中的重难点。

例如在中班科学《有趣的齿轮》一课，其难点是让幼儿掌握齿轮之间的运转和相互关系。通过利用多媒体技术进行动态、逼真的模拟，将抽象概念形象化，并能清楚、准确地表现出运转的情况。用清晰、动感的画面来帮助幼儿发现规律，理解关系，建立表象，化解难点，使幼儿获得了直观形象的知识经验，从而提高了教学效果。

又如在大班科学《地球的好朋友——太阳和月亮》活动中，其难点是让幼儿理解太阳、地球、月球之间的关系。教师运用课件，以拟人的动画形象模拟太阳、地球、月球之间的关系，使抽象的内容具体形象的呈现在屏幕上，公转、自转的概念形象化，清楚地表现出三者的运转关系，使幼儿轻松地获得了直观形象的知识经验，从而突破教学难点。

## 五、多媒体技术在幼儿社会教育活动中的应用

幼儿社会教育是以发展幼儿的社会性品质，即幼儿的社会认知、社会情感及社会行为技能为目的的教育。社会认知是指个体对自我与社会中的人、社会环境和社会规范等方面的认识；社会情感是人们在社会生活、社会交往中的感情体验，如自尊心、同情心等；社会行为技能是指在与人交往、参与社会活动时表现的行为技能，如谦让、分享、合作等。在传统的教学方法中，教师往往采用一些简单的图片和教具进行讲述，尽管费尽了口舌，但孩子们还是难以理解。而多媒体技术能为我们提供了足够的技术支撑，把静态的教学内容和平面型的教学方式转化为多媒体形式和立体型的新型教学模式，使我们能为幼儿创设一个尽可能真实的感知的社会活动情景，达到社会教育目标的要求。

## （一）利用多媒体技术，创设情景，提高自我意识

幼儿社会教育活动的内容抽象，传统教育以"讲道理"为主，仅依靠教师的讲解和书本的阅读，无法调动起幼儿参与活动的积极性，幼儿的社会认知是被动获得的。尽管教师也强调孩子的主体性的发挥，这些主体性也是被动的，不是一种积极的、主动的和探索的态度，也就是说，孩子的主体性的发挥处在一种非常低级的水平。利用多媒体，创设情景，如在中班社会活动《我该怎么办》中，利用多媒体呈现"妈妈不见了"的情景，让

孩子通过观看直观、形象的"动画片"情景，激起了兴趣，让幼儿主动建立初步的自我保护意识和能力。又如通过观看儿童卡通片《邋遢大王》，使儿童了解个人卫生需要长期坚持；还可以通过观看"小熊过桥"（不怕困难）、"猴子学样"（想办法解决问题）等一些儿童文学作品的动画片，对学前儿童自我控制能力提高有很大的帮助。

### （二）利用多媒体技术，体验情感，培养社会情感

幼儿的"社会学习"必须是具体的，让幼儿在参与性活动中去感受、体验，以此增进幼儿的社会认知，激发幼儿的社会情感，培养幼儿的社会行为。多媒体辅助幼儿园社会教育活动能给幼儿创设建构主义学习理论倡导的富有情境体验的学习环境，如在"我爱祖国"主题活动中，重点让幼儿了解我国是个地大物博的多民族国家。为了激发幼儿爱祖国的强烈愿望，培养高尚情操，增强美的感受。可以从互联网上找到北京天安门、长城、故宫、跨海大桥和高楼大厦等祖国风光的图片和视频。

过观看图片和视频，可以促使幼儿思维活跃，用语言表达自己的所见所闻，激发爱国的情感，美的情感油然而生。观看一些社会问题视频，体验如自尊心、同情心等社会情感。又如中班"爷爷的帽子"活动，通过观看教师精心制作的动画片，感受互爱这种情感，从而达到幼儿对关爱理解的移情。还有爱父母、爱老师、爱同伴等等情感的培养以及多元文化的培养，都可以借助多媒体技术构建有教育意义的学习环境来完成。

### （三）利用多媒体技术，正确引导，提高社会行为技能

社会领域教育应避免说教和灌输，适时、适量、适度的运用多媒体辅助教学能起到事半功倍的作用。利用多媒体具有声像结合、色彩鲜艳和表现力丰富等特点，能活跃课堂教学气氛，激发幼儿主动学习的积极性。注重为幼儿创设可感知的情景，如通过观看教学短片，唤起幼儿积极的兴趣，加深幼儿对社会规范的认识，提高社会行为技能。引导幼儿掌握基本的交通规则、学习活动规则、生活规则及公共卫生规则等社会规范认知的时候，采用多媒体教学就容易多了，如播放一些正面引导的视频，形象生动的动画，能使幼儿看懂，还能将其应用到其他情境中。

## 六、多媒体技术在幼儿健康教育活动中的应用

幼儿健康教育的目的是谋求幼儿身体健康、改善幼儿身体状态。而幼儿年龄较小，注意力的稳定性、转移和分配等品质都相对比较弱，多媒体技术以其鲜艳的色彩、多变的动态画面及声音的配合能有效地吸引他们的注意力，把静态知识动态化，抽象知识形象化，枯乏知识趣味化，营造轻松愉悦的教学氛围，提高他们参与活动的兴趣，提高幼儿健康活

动的主动性。

## （一）观看视频文件，激发兴趣，接受健康教育

兴趣是最好的老师，是求知欲的向导，是情感、动机和意志等非智力因素的核心，是一个人力求认识世界、渴望获得科学文化知识和不断探求真理而带有情绪色彩的意向。心理学的研究表明：兴趣是幼儿学习的重要动力。幼儿对有色彩的、有声音的和会变化的刺激物最感兴趣，注意力最能集中。视频文件具有画面生动形象、动作演示规范、简洁易懂及音乐优美动听的特点，使幼儿对学习的内容和方法看得清、记得牢，从而更有助于建立正确的意识，调动了幼儿学习的积极性，也缩短了教学时数，提高了教学效率和质量。

师生共同参与教学有利于教与学的信息反馈，使教师的主导作用和学生的主体作用得到充分发挥。例如，在中班健康活动《今天你喝了吗》中，孩子们从欣赏视频到游戏中学习到最后能主动喝水这些活动，通过多媒体把他们的各种感官参与到教学过程中来，从而使孩子感受到活动的真实性，在较轻松的环境下接受良好的健康教育。

## （二）播放教学音频文件，训练动作协调性、灵敏性

音频技术主要指利用计算机进行声音的数字化处理，以便进行后期增强、效果提升，主要包括语音处理、语音合成和语音识别等方面的内容。利用先进的音频技术可以有效地处理声音，进行截取、分离、增强和回放等操作。

在幼儿健康教育活动中经常要使用音频文件，一方面，能激发幼儿兴趣，活跃气氛，增强学习欲望，使幼儿集中注意参与到活动中。另一方面，利用音乐的节奏训练幼儿动作协调、灵活。如舒缓的音乐，幼儿可以跟随音乐缓慢运动；当转换为节奏明快的音乐时，幼儿也应随音乐变换自己的速度逐渐快起来。音乐能使人心情愉快，同样也能使人产生积极向上的情绪。幼儿通过声音的刺激会给出相应的反映，从而提高了幼儿的反映能力。利用多媒体开展动作与运动能力教学时，可以先把正确的动作进行分解、分析、慢动作播放，使幼儿建立一个正确的动作概念，然后再进行动作活动。

## （三）观看动画片，寓教于乐，培养幼儿良好的生活习惯

选择一些能体现幼儿身体、心理和社会适应的良好健康状态的多媒体教学素材，播放幼儿喜欢看的教育动画片，寓教于乐，能帮助幼儿形成良好的生活、卫生习惯，增强必要的安全保健常识，学会保护自己。《纲要》指出：我们要让幼儿知道必要的安全保健常识。刷牙是我们每天都要做的事情，对于 5~6 岁的孩子来说并不是难事，但要想真正地把牙齿刷干净也不是一件容易的事。大多数幼儿在刷牙的时候都是敷衍了事，这样就达不到刷牙的目的了。怎么样才能让幼儿正确刷牙呢？

最有效的办法就是采用现代化教育手段，如观看"牙齿的保健"课件，课件里的牙齿宝宝生动、可爱，一出现就牢牢地抓住了孩子们的目光。观看后，幼儿了解了牙齿的作用和保护牙齿的重要性。于是，孩子们都会非常仔细地刷牙。培养幼儿良好的生活习惯，多媒体教学比呆板的说教更有成效。

## 七、多媒体辅助幼儿教育活动的反思

### （一）正确认识多媒体技术

多媒体技术是在 20 世纪 80 年代迅速崛起并发展起来的一门热门和高新技术。随着信息技术的迅猛发展，多媒体技术已越来越广泛地应用于各个领域。多媒体技术作为一种现代教育技术，它能集形、声、动、静于一体，它以其优越的性能成为国内外教育界提高教学质量，改革教学方式的重要手段，在更新教育理念，提高教学效率方面有着传统的教学方式无法比拟的作用。多媒体技术之所以受到教育界的关注和青睐，是因为它较之传统的教育方式有着根本的不同。首先，它是一种超媒体结构，可将多种媒体按照人的思维习惯组织信息；其次，多媒体技术表现力极强，各种信息都可以有机制结合起来；第三，多媒体技术交互性强，可以提供多种多样的人机交互手段，以满足人们的学习要求。另外的一大特点是可以网上传输。计算机多媒体技术无疑将成为远程教育最重要也最具表现力的信息载体。

但是，多媒体技术并非万能的，它是在人的操作下才能完成其各项功能，若使用不当，事情会适得其反，不但不能完成预想的要求，反而会起反作用。

### （二）多媒体技术在教学中的主要优势

#### 1. 多媒体技术使学习内容更加形象直观

多媒体技术具有图、文、声并茂，有活动影像的特点。简化了复杂知识，遇到有疑问之处还可以重复展示，可帮助幼儿建立全面的、多感知的和形象化的知识，易于幼儿的理解和记忆。

#### 2. 通过多种感官的刺激，使幼儿获得直接经验

幼儿的思维方式主要是具体形象思维。因此，幼儿只有通过感官确切地接触到事物，并操作它们，才会比较容易地真正达到理解。多媒体计算机提供的外部刺激不是单一的刺激，而是多种感官的综合刺激。多媒体技术既能看得见，又能听得见，还能用手操作。这样通过多种感官的刺激获取的信息量，比单一地听老师讲课强得多。

### 3. 利用网络，培养幼儿个性

以计算机网络为中心的多媒体教学采用分支式教学及图形交互界面窗口交互式操作，使人机交互性能大大提高，在教师精心编制、采集的教学内容中，幼儿可以充分发挥自己的决策权，根据自己的学习需求和能力状况，自己决定学习进程、学习内容，甚至可以自由地选择学习策略，并主动进行练习、测试，实现了教学个性化、学习自主化，真正做到因材施教、因人施教。幼儿在多媒体教学中的自主化学习对培养善于、敢于创新且有敏锐创造力的个性化人才有极其重要的意义和作用。

## （三）多媒体技术在教学中存在的一些问题

多媒体教学在教学中的作用是显而易见的，但实际运用的过程中必然会出现各种问题。

### 1. 教学中教师与幼儿眼神的交流相对减少了

在课堂上使用计算机技术后，教师的主要工作放在操纵演示进度，控制电脑前的鼠标，过多时间注视显示器，与幼儿眼神的交流相对少了。这样一方面不易及时了解幼儿的反应，另一方面，幼儿主要面对屏幕，感受不到课堂的活力和情感，会有淡化学习兴趣的趋势。

### 2. 幼儿长时间注视屏幕容易产生视觉疲劳

由于放映条件要求室内光线较暗，导致幼儿记录不便，再则长时间注视屏幕，幼儿容易疲劳。并且，大屏幕投影仪和音响对幼儿的眼耳刺激会使其感官和大脑易于疲劳，久而久之，产生厌烦情绪。

### 3. 限制了教师课堂教学的灵活性

课堂教学中临场发挥是教学过程中的关键艺术，但在多媒体教学的方式下，课堂的教学内容已在课前制作好了，其格式和结构也比较固定，缺少调整的灵活性，若教师发现有不适之处或想在教学内容中插入一些补充内容，一般很难作出调整。限制了教师的自由发挥，这也会影响教学效果。

### 4. 教师在课堂教学中的身教效果明显降低

教师身教是重要的隐性课堂教学内容，幼儿从教师的形体语言中，可学习教师的语言风格和表达方式，了解教师的教学态度，做人的风格和做事的钻研精神等。

从而受到思想、情感、人格和审美方面的熏陶和感染，从中学会做人的道理和治学的风格。在多媒体教学的方式下，由于教师的教学行为明显减少，自然而然地减少了教师言传身教的教学效果。这是不利于对幼儿综合素质的培养的。

### 5. 用多媒体教学代替实验教学

实验也是幼儿园教育教学的一种主要方法。实验的目的是为了让幼儿通过操作、观察和分析研究来获得知识，有极强的说服力和感染力。运用多媒体技术制作的课件可以对某些实验过程进行模拟，使幼儿更直观地看到操作过程与操作技巧，更清楚地观察到实验细节。例如：对一些不易观察、有危险性、无法或没有条件实现的实验进行模拟演示，可以收到画龙点睛、事半功倍的效果。但它毕竟是"模拟"实验，因此对于有条件能够让幼儿亲手去完成的某些实验若运用多媒体手段进行模拟实验，反而达不到实验的目的。

### 6. 投影屏幕代替教师板书

现实中不少教师利用多媒体教学时已经脱开了粉笔和黑板，但作为传统课堂教学象征的黑板和粉笔仍有一些地方是现代教学媒体无法替代的。首先是黑板的即时重现力强，能随写随看，内容还可以方便地增删，教师在使用多媒体教学有时会有突然而至的灵感，这些灵感往往是教学艺术的动人之处，若不将其板书出来必然会使教学产生许多遗憾。

综合上述情况可知：在多媒体教学中，教师借助多媒体技术和设备，一方面在较短的时间内可传输大量的教学内容和信息给幼儿，从而提高了教学效率，并因减少教师板书和口齿表达不清可能发生的错误而提高教学效果；另一方面，在较短的时间内传输过量的教学内容和信息，将导致幼儿思维跟不上，难以及时理解所接收的知识信息，并因减少教师的客观参与而削弱教师启发式的讲解和分析致使教学效果下降。教学效果与教学效率是一个辩证统一的关系，教学效果应处于主导地位，教学效率处于从属地位。在两者不能同步客观时，牺牲教学效率而保证教学效果是必要的。

## （四）在教学中如何正确应用多媒体技术

如何使多媒体技术在教学中使教学效率与教学效果并进，也是我们幼儿教育、教学工作者研究的主题。

### 1. 转变观念，提高认识

"多媒体教学"属于现代教育的范畴，需要有现代教育思想、理论作指导。如果还沿用原来的一套教学思想，即使设备再先进，教师准备得再充分，也不能算是现代多媒体教学。现代幼教改革强调"以幼儿为本"的基本教育思想，要突出幼儿的主体性，着重于激发、引导幼儿的学习。因此，教师在教学中必须突破传统思想的束缚，真正把"以幼儿为本"的教育理念落到实处，及时引导幼儿，促进幼儿主体作用的发挥。

应纠正认为只有在教学过程中使用了多媒体计算机，才算得上是现代化的教学方法的错误观念，如果生搬硬套多媒体计算机辅助教学，把本无必要的课堂教学也非用不可，结果一定是达不到应有的效果。运用多媒体教学应注重效果，不可一哄而上。

### 2. 开展现代教育技术培训，掌握多媒体教学手段

多媒体技术在教学中的推广，要求教师具有较高的现代教育技术水平。教师首先要熟练掌握计算机尤其是多媒体系统操作技能，熟悉 CAI 的制作，还必须具有现代教育技术的设计能力，同时还要有热心教育事业的思想感情。这样才能在课堂上很好地驾驭教学手段，处理某些偶发的技术小故障，使现代化教学手段成为整个教学过程的有机组成部分，从而收到教学的最佳效果。

### 3. 开发多媒体教学课件，提高教师业务水平

作为幼儿教师，制作多媒体教学软件是一个非常关键的问题。为了使幼儿在教学中不易疲劳，要求对教学内容的选择针对性强，软件的制作要求精美，其设计、编辑既要有知识性，又要有趣味性，同时还应将色彩、动画、图片、声音与艺术有机地结合起来，以提高幼儿的学习兴趣。课件的制作应该以课程领域为指导，依据幼儿获得知识、经验的规律加以科学的设计，注重幼儿的年龄特征、个性特征，使课件的通用性与个别性有机结合。

### 4. 多媒体技术与传统教学方法最优化结合

并不是所有的学前教育活动都必须辅之以多媒体技术，不要盲目追求教学手段的新颖性。运用多媒体技术要根据学科的教学目的和内容，慎重选择应用，力求简洁明了，重点突出，不必要的媒体形式最好不要出现，以免干扰教学的重点和难点，占用教师必要的讲解和幼儿的思维活动时间。只有在教学中把多媒体教学手段和传统的教学手段有机地结合起来，相互辅助，充分发挥多媒体技术在教学中的作用，才能达到提高教学效率和教学质量的目的。

随着科技的发展、教育手段的现代化，在教学中给我们提供了更广泛的空间和更大的方便。多媒体教学以其独特的优势成为现代教育技术中的一个重要组成部分。它不仅是课堂教学的延伸，而且给现代教育注入了新的生机和活力。在当今扩大教育规模，提高教学质量的环境下，要努力发挥多媒体教学这一教学模式，促进教育现代化。

## 八、幼儿教师信息化教学能力的培养策略

### （一）树立信息化教学的意识

首先，学生必须认识到信息技术在幼儿教育中的重要性。互联网信息化教学让知识表现得更形象、更具体，既活跃了课堂氛围，又拓展了学生的知识面。在日常的教学中，教师要充分利用信息教学手段，让学生在学习中感受信息化教学带来的教学变革。其次，可以组织学生进入信息化程度较好的幼儿园进行观摩、见习，激发学生对信息技术的学习兴趣。

## （二）采用专业项目引领、任务驱动的教学模式

学前教育专业学生作为文科生，逻辑分析能力较缺乏，在学习计算机知识上处于弱势，同时课堂教学效果也不够理想。一方面，在于学生对理论知识兴趣不强；另一方面，在实践操作中，由于信息技术教材不是针对学前教育专业的，即使每个章节都有任务，但学生并不能领会任务所包含的意义，导致为了完成任务而去完成任务。索然无味的任务并没有激发学生的学习兴趣，只是让学生机械地记住操作步骤。所以在信息技术课程教学中，要将专业要求渗透项目任务中，让学生扮演幼儿园教师，让他们完成幼儿园实际存在的任务，这样不仅能调动学生的学习积极性，而且能让学生有一种职业归属感。例如，绘本故事教学作为幼儿教育的一种重要形式，能够将抽象的知识转化为生动形象的内容，使幼儿能够更加深入地了解相关的知识，促进学习成效整体提升，在幼儿教育方面起到了很好的作用。在学生学习音频处理软件的时候，可以给出这样的任务：利用音频处理软件制作有声绘本。先自主录制绘本故事，再利用音频处理软件对录音进行降噪，之后配上背景音乐、增加音效，对于故事中不同的角色通过语音变调功能，这样，学生就可以独立完成一段绘声绘色、拥有多个不同角色声音的有声绘本。这样的专业项目任务不仅让学生掌握了音频软件的使用方法，而且增强了专业意识，提高了专业素养，项目作品完全可以运用在实际幼儿园教学中。

## （三）合理设置课程

第一，适当增加信息技术类课程。

学前教育专业的信息化教学能力培养课程主要是计算机相关课程，必修课有计算机基础、多媒体课件制作、现代教育技术等，选修课有 Flash 动画制作、Photo shop 图像处理、网页制作等。对 10 所院校的调查发现，高校的信息化能力培养课程占比都较低，导致学前教师信息化教学能力水平普遍较低。所以为了有效提升学生的信息技术能力，可以适当增加信息化相关课程或课时。比如同时开设多媒体技术和现代教育技术，多媒体技术课程侧重于传统的图像、音频、视频和课件制作软件的学习。现代教育技术课程侧重于对新的技术和软件的学习。

第二，合理调整课程内容。

现代化教育离不开教育教学技术的支撑，传统教学中学生的信息技术能力主要体现在对计算机的操作熟练度和相关软件的使用上。在计算机基础课程中，可以适当降低计算机原理、计算机构造等理论知识的比重，突出对常用软件的学习。在制作幼儿园课件方面，因为 PowerPoint 相对其他软件来说比较简单易上手，并且功能强大，基本能满足幼儿园课件的需要，所以可以适当增加 PowerPoint 的讲授课时和实践课时。

第三，信息技术课程与学科教学法课程整合。

教师信息化教学能力知识结构的三个基本要素是学科知识、教学法知识和教学技术知识。只有在学科教学法课程和信息技术课程的共同作用下，才能实现理论与实践的真正统一。信息技术课程以实践为主，通常以任务驱动的方式进行，教材配套的练习题与学生的生活、学习关联不大，学生兴趣不高，往往是为了完成任务而学习，缺乏积极性、主动性，所以必须将幼儿园教育教学专业理论知识融入信息技术课程。

## （四）运用线上线下相结合的培养模式

信息技术都是以实践为主的课程，但是由于课堂时间有限，学生实践机会不够、教师辅导不够、师生交流过少，课堂教学难以满足学生和社会的相关需求。在"互联网+教育"背景下，采用线上线下相结合的培养模式可以扩大教学空间，丰富教学内容，拉近师生之间的距离，提高线下师生面对面的交互效率。特别是信息技术教师，具有技术优势，更应该紧跟"互联网+教育"的发展趋势，积极推动信息技术与教育教学的深度融合。

## （五）倡导各科教师参与的多元化合作

学前教育专业学生缺乏的是实际教学的经验，所以对于学生来说最难的就是将知识融会贯通，构建适合幼儿的教学方式。如果学前心理学教师、教育学教师、美术教师、幼儿园教师等各专业教师能参与到学生的信息化教学能力培养中，就能给学生营造专业化的多维度培养环境。例如一个课件的设计，美术教师可以从美术的角度对学生在画面构成、颜色搭配方面提出建议和意见；心理学教师可以从幼儿心理的角度对于课件设计是否符合幼儿的认知进行指导；幼儿园教师可以根据幼儿实际的能力水平，对课件的合理性、适宜性进行评价……多元化的合作给学生打造了一个立体的培养空间。

学前教育现代化，就要加强对学前教育专业学生信息技术素养的培养，让学生对知识的掌握从"会"到"能"，提高教学能力，增强自信，顺应信息化社会的发展，坚定不移地利用互联网与信息技术实现教育教学现代化，推进教育信息化2.0发展。

# 第五章 学前教育信息化教学的应用

## 第一节 获取与处理图像资源

### 一、了解数字图像基础知识

#### （一）数字图像的格式

随着电子、通信及 Internet 的迅速发展，越来越多的教师开始在教学中使用多媒体技术，其中图像处理技术是目前使用最为广泛的一种多媒体技术。它之所以如此受欢迎，主要是因为它便于制作生成，种类繁多，用途广泛。现在不同图像软件处理图像的方法各不相同，图像格式也多种多样。

**1. 数字图像概述**

（1）图像的数字化。我们在计算机屏幕中看到的图像，和我们平常所见到的一幅画布上的油画，或者贴在大街上的明星招贴画有很大区别，前者实质上只是一段能够被计算机还原显示为一幅图像的数字。将一幅图像转化为一个数字文件，是实现计算机图像处理的前提和基础。

（2）获取数字化图像的途径：目前主要通过数码相机、图像扫描仪等设备从外界获取图像，当然利用制图软件（如 Windows 画图、Auto CAD 等）直接绘制也可以得到数字图像。扫描仪：扫描仪是使用最为广泛的数字化图像设备，这个设备能够将一张照片、一幅图纸转换成数字化的图像。扫描仪的种类很多，比如专门用于图纸扫描的滚筒式扫描仪、用于摄影和电影特技制作的底片扫描仪和用于售货的条码扫描仪。不过，一般使用的都是平板扫描仪。

数码相机：数码相机与我们的普通相机一样，可以拍摄实物和风景。但是数码相机使用电子成像的方式，将获得的图像转换为数字信息（这些数字信息可以传输给计算机处理或者照片打印机打印），而不是一般的胶片信息。

图像制作：计算机里有很多绘图程序和图像处理程序，你可以通过这些程序用鼠标

"画"出一幅数字图像。

网络和光盘：其实对于我们大多数人来说，如果需要某些图像（如一幅 CPU 照片），大可不必用上面这些方法来获取，我们可以直接从因特网或者一些图像光盘中查找，因为有很多的组织和个人通过因特网和光盘发布各种各样的图像资料，我们常常可以免费或者只花很少的费用就可以使用。

## 2. 图像存储方式

数字化图像数据有两种存储方式：位图存储（Bit Map）和矢量存储（Vector）。我们通常以图像分辨率（即像素点数）和颜色数来描述数字图像，如一张分辨率为 640×480，16 位色的数字图片，就由 216＝65536 种颜色的 307200（＝640×480）个像素点组成。位图：位图方式是将图像的每一个像素点转换为一个数据，当图像是单色（只有黑白两色）时，8 个像素点的数据就占据一个字节（一个字节就是 8 个二进制数，1 个二进制数存放 1 个像素点）；16 色的图像每两个像素点用一个字节存储；256 色图像每一个像素点用一个字节存储。这样就能够精确地描述各种不同颜色模式的图像画面了。

内容复杂的图像和真实的照片较适合用位图存储模式，但随着分辨率及颜色数的提高，图像所占用的磁盘空间也就相当大；另外在放大图像的过程中，其图像势必会变得模糊而失真。平常提到的 JPEG，GIF 等图像格式就是经过数据压缩的位图格式，而画图软件中画的图及扫描的图片的存储格式也是位图。

矢量图像：矢量图像存储的是图像信息的轮廓部分，而不是图像的每一个像素点。如一个圆形图案只要存储圆心的坐标位置和半径长度，以及圆的边线和内部的颜色即可。该存储方式的缺点是经常耗费大量的时间做一些复杂的分析演算工作，图像的显示速度较慢；其优点是图像缩放不会失真，图像的存储空间也要小得多。所以，矢量图比较适合存储各种图表和工程设计图。

## 3. 图像术语简介

像素（Pixel）：像素是构成数字图像的最小单位，一幅图像是由若干个这样的像素点以矩阵的方式排列而成的。一幅分辨率为 1024×768 的图像，就是由 786432 个这样的小方点组成的。像素点的大小，与图形的分辨率直接相关，分辨率越高，像素点就越小。

DPI：DPI（Dot Per Inch）是指每平方英寸面积内的像素点数，一般用来表示输出设备（如打印机、绘图仪等）的分辨率，即设备分辨率。一台激光打印机的设备分辨率在 600~1200DPI 之间，数值越高，效果越好。

PPI：PPI（Pixel Per Inch）指每英寸的像素数，它一般用于衡量一个图像输入设备（如数码相机）的分辨率的高低，反映了图像中储存信息量的多少，它决定了图像的根本质量。如 1024×768ppi 的图像质量远高于 640×480ppi 的图像，一幅粗糙的图像也绝不会因为有了一台高 DPI 的设备而变得细腻起来。

显示器最大分辨率：显示器分辨率也就是屏幕上最大可显示的像素数的集合，一般用水平与垂直方向的像素点数来表示，如最大分辨率为 1024×768 的显示器，其满屏最多可产生 1024×768＝786432 个像素点。显示器像素点数越多，分辨率也就越高，图像也就越大、越细腻。

位（Bit）与颜色（Color）：在图像处理过程中，颜色由数字"位（Bit）"来实现，它们之间的关系是：颜色数＝2n，其中 n 为所占的位数。我们平常所说的高彩色，即为 16 位显示模式，65536（64K）种颜色（216＝65536）；或者说 24 位显示模式下能处理 1677 万（16M）种颜色（224＝16777216）的真彩色图像。

### 4. 图像格式简介

（1）BMP 格式。

BMP 格式是 Microsoft Windows 所定义的图像文件格式，也是标准的位图格式，在 Windwos 窗口系统中被广泛应用，最典型的 BMP 格式的应用程序就是 Windows 的画笔。在 Windows 环境中运行的图形图像软件都支持 BMP 图像格式，它也是最不容易出问题的图像格式。BMP 只能存储四种图像数据：单色，16 色，256 色，全彩色。BMP 图像数据有压缩和不压缩两种处理方式。由于 24 位 BMP 格式的图像文件无法压缩，因而文件尺寸比较大，一般只能应用在单机上，在 Internet 上不使用该格式的图像。

（2）GIF 格式。

随着 Internet 的逐步普及，越来越多的人开始在网上建立了自己的家园。他们往往会使用精致的图像来装饰网页，表达个人的情调和风格。而网页中使用的图像可以是 GIF、JPEG、PNG 等各种格式的图像文件。GIF 格式是"Graphics Interchange Format"（图形交换格式）的缩写，是由 CompuServe 公司设计的。该格式的开发目的旨在向 CompuServe 的订阅者提供一种通用图形格式，这样就可以不必考虑用户使用的平台是 Macintosh、PC 还是 Amiga，可以自由地交换图像。目前，GIF 图像文件已经成为网络和 BBS 上图像传输的通用格式，经常用于动画、透明图像等，许多具备图形功能的测览器都支持这一格式。由于 256 种颜色已经较能满足主页图形的需要，而且文件较小，适合网络环境传输和使用，所以该图形格式广泛应用于 Internet。而且在浏览器中，GIF 图像是以渐渐清晰的效果显示的，所以它们能交错关联地使用，产生动态的效果。

GIF 一个文件能够存储多张图像，图像数据用一个字节存储一个像素点，采用 LZW 压缩格式，尺寸较小，图像数据有两种排列方式：顺序方式和交叉排列，但 GIF 格式的图像最多只有 256 色。

它的优点有：

GIF 支持 256 色以内的图像，因此很容易在所有的 Web 页面上显示，而不必考虑浏览器的色彩功能。

- 可用许多同样大小的图像文件组成动画。
- 交错关联的文件在下载过程中即可呈现图像内容。
- 由于使用颜色少、高效率的压缩，GIF 图像比 TIFF 小。
- 无损压缩保持了原始图像的清晰度。
- 可以制作出背景透明的图像效果。

它的缺点有：

- 某些 GIF 调色板的显示效果可能不好，即使在 256 色显示器下亦是如此。
- GIF 仅支持 256 种或更少的颜色。

（3）JPEG（JPG）格式。

JPEG 的正式名称为"连续色调静态图像的数字压缩和编码"，是一个通用的静态图像压缩编码标准。它是按 Joint Photo Graphic Experts Group 制定的压缩标准产生的压缩格式，可以用不同的压缩比例对文件进行压缩，其压缩技术十分先进，对图像质量影响不大，因此可以用最少的磁盘空间得到较好的图像质量。由于它性能优异，所以应用非常广泛，而在 Internet 上，它更是主流图像格式。

JPEG 格式是在目前 Internet 中最受欢迎的图像格式，JPEG 可支持多达 16M 颜色，因此它非常适用于摄影图像及在 24bit 颜色显示模式下工作的浏览器。JPEG 还具有调节图像质量的功能，允许你选择高质量、几乎无损的压缩（文件尺寸相应较大）或低质量、丢失图像信息的有损压缩（但是图像文件规模小得多）。例如，我们可以利用 JPEG 最高的压缩比把 10MB 的 TIFF 图像压缩至 200K。JPEG 的优点是：

- 它支持极高的压缩率，因此 JPEG 图像的下载速度大大加快。
- 它能够轻松地处理 16.8M 颜色，可以很好地再现全彩色的图像。
- 在对图像的压缩处理过程中，该图像格式可以允许我们自由地在最小文件尺寸（最低图像质量）和最大文件尺寸（最高图像质量）之间选择。
- 该格式的文件尺寸相对较小，下载速度快，有利于在目前带宽并不"富裕"的情况下传输。

JPEG 的缺点是：

- 目前并非所有的浏览器都支持将各种 JPEG 图像插入网页。
- 压缩时，可能使图像的质量受到损失，因此不适宜用该格式来显示高清晰度的图像。

（4）PSD 格式。

这是 Adobe 公司开发的图像处理软件 Photo shop 中自建的标准图像文件格式，在该软件所支持的各种格式中，PSD 格式存取速度比其他格式快很多，功能也很强大。由于 Photoshop 软件的应用越来越广泛，所以这个格式也逐渐流行起来。PSD 格式是 Photoshop 的专用格式，里面可以存放图层、通道、遮罩等多种设计草稿。

（5）WMF 矢量格式。

这是微软公司开发的矢量图形格式，在 Office 等软件中得到大量的应用。我们常用的剪贴画就是这种格式。

（6）TIF（TIFF）格式。

TIFF（Tag Image File Format）是由 Aldus 公司与 Microsoft 公司共同开发设计的图像文件格式，它是印刷行业的一个基本图像格式。TIFF 格式可以存储多幅图像；TIFF 除了有一般图像处理常用的 RGB 颜色模式之外，还能够接受 CMYK、YcbCr 等多种不同的颜色模式，可以支持 1~24 位的存储格式；TIFF 还能够提供多种不同的压缩数据的方法，它的图像数据可分割成几个部分分别存档；另外 PC 和苹果 MAC 机上同时支持该格式。TIFF 格式具有图形格式复杂、存储信息多的特点，3DS、3D MAX 中的大量贴图就是 TIFF 格式的。

TIFF 最大色深为 32bit，可采用 LZW 无损压缩方案存储。

（7）PNG 格式。

PNG（Portable Network Graphics）是一种新兴的网络图形格式，结合了 GIF 和 JPEG 的优点，具有存储形式丰富的特点。PNG 最大色深为 48bit，采用无损压缩方案存储。著名的 Macro media 公司的 Fireworks 的默认格式就是 PNG。

（8）EPS 格式。

这种格式是 POST SCRIPT 所用的格式，用于排版、打印等输出工作，它是 PC 用户较少见到的一种格式，而多用于苹果 MAC 机。

## 二、数字图像处理

### （一）Photo shop CS4 简介

Photo shop 是 Adobe 公司出品的最为出名的图像处理软件之一，可以为用户提供最专业的图像编辑与处理功能。软件通过更直观的用户体验、更大的编辑自由度，大幅度提高工作效率。。

启动 Photo shop CS4 时，【工具】面板将显示在屏幕左侧。【工具】面板中的某些工具会在相关选项栏中提供一些选项。通过这些工具，您可以输入文字，选择、绘画、绘制、编辑、移动、注释和查看图像，或对图像进行取样。其他工具可让您更改前景色/背景色。

用户可以展开某些工具以查看它们后面的隐藏工具。工具图标右下角的小三角形表示存在隐藏工具。

将指针放在工具上，便可以查看有关该工具的信息，工具的名称也将出现在指针下面的工具提示中。

## （二）图像的简单编辑

### 1. 图像的裁切

裁切就是将图像四周没有用的部分去掉，只留下中间有用的部分，它并不是简单地删除图像内容，所以裁切后图像的尺寸将变小。

操作方法：选用【裁剪工具】在图像中选取一个矩形区域，然后按"Enter"键即可。

### 2. 修改图像大小

单击菜单【图像】|【图像大小】，弹出【图像大小】对话框，可以改变图像像素大小与文档大小（注：选中"约束比例"，则图像的宽、高值成比例改变）。

### 3. 修改图像的色彩与色调

（1）将彩色图像转换为黑白图像。选择菜单【图像】|【调整】|【黑白】，可以将彩色图像变成黑白图像。

（2）增加照片的对比度。可以采用两种方式增加图像的对比度，具体情况取决于问题。

1）如果图像需要整体对比度，因为它不使用全部色调范围，请单击【调整】面板中的【色阶】图标。然后，将【阴影】和【高光】输入滑块向内拖移，直到达到直方图的末端。图像图层没有延伸到图形的末端，表示图像没有使用全部色调范围。

2）如果图像使用全部色调范围，但是需要中间调对比度，单击【调整】面板中的【曲线】按钮，将曲线拖移成 S 形。增大曲线中部的斜度可以增强中间调的对比度。

### 4. 图层的应用

Photo shop 图层如同堆叠在一起的透明纸，可以透过图层的透明区域看到下面的图层。

（1）图层面板。

【图层】面板列出了图像中的所有图层、图层组和图层效果，可以使用【图层】面板来显示和隐藏图层、创建新图层以及处理图层组。

（2）图层的编辑。

1）创建新图层或图层组。请单击【图层】面板中的【创建新图层】按钮或【新建组】按钮。

2）使用其他图层中的效果创建新图层：①在【图层】面板中选择现有图层。②将该图层拖动到【图层】面板底部的【创建新图层】按钮。新创建的图层包含现有图层的所有效果。

（3）显示或隐藏图层。

单击图层、组或图层效果旁的眼睛图标，以便在文档窗口中隐藏其内容。再次单击该列，以重新显示内容。

（4）更改图层和组的堆栈顺序。

在【图层】面板中，将图层或组向上或向下拖动。当突出显示的线条出现在要放置图层或组的位置时，松开鼠标按钮。

（5）关于图层效果和样式。

Photo shop 提供了各种效果（如阴影、发光和斜面）来更改图层内容的外观。图层样式是应用于一个图层或图层组的一种或多种效果。可以应用 Photo shop 附带提供的某一种预设样式，或者使用【图层样式】对话框来创建自定样式。单击复选框可应用

当前设置，而不显示效果的选项，单击效果名称可显示效果选项。可以使用以下一种或多种效果创建自定样式：

投影：在图层内容的后面添加阴影。

内阴影：紧靠在图层内容的边缘内添加阴影，使图层具有凹陷外观。

外发光和内发光：添加从图层内容的外边缘或内边缘发光的效果。

斜面和浮雕：对图层添加高光与阴影的各种组合。

光泽：应用创建光滑光泽的内部阴影。

颜色、渐变和图案叠加：用颜色、渐变或图案填充图层内容。

描边：使用颜色、渐变或图案在当前图层上描画对象的轮廓。它对于硬边形状（如文字）特别有用。

## （三）制作"倒影"效果

在 Photo shop 图像制作过程中，特别是进行图像合成时，有时需要制作图像的倒影。下面将举例说明。

制作要求：

打开素材 1 与素材 2 两幅图像。把第二幅图中的小鸟添加到第一幅图中，并制作水中倒影。

制作步骤：

（1）切换到素材 2 图像，使用磁性套索工具选中小鸟，然后按 Ctrl+C 组合键，将选区中的图像复制到剪切板。

（2）切换到素材 1 图像，按 Ctrl+V 组合键，把在第二幅图像中选中的小鸟复制到新

图层中，将新图层命名为 bird 1。

（3）选择菜单项【编辑】|【自由变换】，对 bird 1 层进行大小变换。

（4）使用移动工具调整 bird 1 的位置，使小鸟位于水中央。

（5）将 bird 1 层拖动到图层面板上的【创建新图层】按钮，复制 bird 1 层。将复制出来的图层命名为 bird 2。

（6）确认当前层为 bird 2 层，选择菜单项【编辑】|【变换】|【垂直翻转】，对该层图像进行垂直翻转。

（7）使用移动工具移动翻转后的 bird 2 层，使它处于 bird 1 的映像位置。

（8）选择菜单【滤镜】|【模糊】|【高斯模糊】，对 bird 2 层进行高斯模糊，模糊半径为 2 pixels。

（9）此时倒影效果已制作完毕。

倒影的制作主要用到了图层的功能。倒影其实是原图像的一个复制，只是考虑到它们之间的映像关系，所以对它进行了垂直翻转。另外，通常倒影一般要比原图像模糊些，故使用了模糊滤镜对它进行模糊处理。

## （四）制作"换头"效果

制作要求：

打开素材 1 与素材 2 两幅图像。把第一幅图中的人头像添加到第二幅图中。

步骤如下：

（1）切换到素材 1 图像，使用多边形套索工具选中头部图像，然后按 Ctrl+C 组合键，将选区中的图像复制到剪切板。

（2）切换到素材 2 图像，按 Ctrl+V 组合键，把在第二幅图像中选中的头像复制到新图层中。

（3）选择菜单项【编辑】|【自由变换】，对新图层进行大小变换。使用移动工具调整位置。

（4）此时，还有脖子处及头顶处需进一步处理，使用"仿制图章"工具进行修饰。这样换头效果已制作完成。

"换头"效果的制作主要也是用到了图层的功能。只是在两个图像拼接的连接处需要加一些特殊的处理，从而使拼接效果显得更加逼真。

实践活动：运用多种方法收集整理并适当处理自己的图像素材。

# 第二节　获取与处理视频资源

## 一、了解视频基础知识

Video（源自于拉丁语的"我看见"）通常指各种动态影像的储存格式。如数位视频格式，包括 DVD、Quick Time、MPEG-4；录像带，包括 VHS 与 Beta max。视频可以被记录下来并经由不同的物理媒介传送：在视频被拍摄或以无线电传送时为电信号，而记录在磁带上时则为磁性信号。视频画质实际上随着拍摄与撷取的方式及储存方式的变化而变化。如数字电视（DTV）是最近发展出来的格式，具有与之前的标准相比更高的画质，正在成为各国电视广播的新标准。

通常我们需要将摄像机、录像机、电视机等设备输出的模拟视频信号采集到计算机中进行编辑，但计算机处理的都是数字信号，因此，必须把模拟信号通过专用的模拟/数字转换设备转换为二进制数字信息，这一视频信号数字化的过程称为视频采集，数字化后的视频称为数字视频。

## （一）数字视频常用的格式

### 1. ASF

ASF 是 Advanced Streaming Format 的缩写，字面意思是高级流格式。ASF 就是 Microsoft 为了和现在的 Real Video 竞争而发展起来的一种可以直接在网上观看的视频节目的文件压缩格式。由于它使用了 MPEG-4 的压缩算法，所以压缩率和图像的质量都很不错。因为 ASF 是以一个可以在网上即时观赏的视频"流"格式存在的，所以它的图像质量要比 VCD 差，但比同是视频"流"格式的 RAM 格式要好。

### 2. AVI

AVI 是 Audio Video Interleave 的缩写，其优点是兼容好、调用方便、图像质量好，但缺点是尺寸大。

### 3. MPEG

MPEG 是 Motion Picture Experts Group 的缩写，它包括了 MPEG-1，MPEG-2 和 MPEG-4（注意，没有 MPEG-3，大家熟悉的 MP3 只是 MPEG Layer 3）。MPEG-1 被广泛应用在 VCD 的制作和一些视频片段下载的网络应用上，99%的 VCD 都是用 MPEG-1 格式压缩的。MPEG-2 应用在 DVD 的制作（压缩）方面，同时在一些 HDTV（高清晰电视广播）和一些高要求视频编辑、处理上面也有相当的应用面。使用 MPEG-2 的压缩算法可以将一部 120 分钟长的电影（视频文件）压缩到 4~8GB 的大小（其图像质量等性能方面的指标比 MPEG-1 要好）。MPEG-4 是一种新的压缩算法，使用这种算法的 ASF 格式可以把一部 120 分钟长的电影（视频文件）压缩成 300M 左右的视频流，可在网上观看。其他的如 DI-VX 格式也可以压缩到 600M 左右，但其图像质量比 ASF 要好很多。

### 4. Quick Time

Quick Time（MOV）是 Apple（苹果）公司创立的一种视频格式，在很长的一段时间里，它都只能在苹果公司的 MAC 机上存在，后来才发展到能支持 Windows 平台。它无论是在本地播放，还是作为视频流格式在网上传播，都是一种优良的视频编码格式。到目前为止，它共有 4 个版本，其中以 4.0 版本的压缩率最好。

### 5. REAL VIDEO

REAL VIDEO（RA、RAM）格式一开始就是定位在视频流应用方面的，也可以说是视频流技术的始创者。它可以在用 56K MODEM 拨号上网的条件下实现不间断的视频播放，但其图像质量要比 MPEG-2、DIVX 等差。

## （二）获取视频的途径

视频的获取途径主要有以下几种：

（1）从资源库、电子书籍、课件中获取。资源库、电子书籍中的视频资料可以直接调用，课件中的视频文件一般也放在 exe 文件之外，不会和 exe 文件打包在一起，可直接调用。

（2）从网上下载。有许多专门的软件用于流媒体搜索，搜索到需要的视频资源后可以使用下载工具，如迅雷等下载下来。

（3）从录像片、VCD、DVD 片中获取。最方便的方法是用超级解霸进行截取，VCD、DVD 均可用超级解霸进行截取。

（4）用工具自己制作。Windows Movie Maker、Premiere、会声会影等视频处理工具可以对文字、视频、图片、音频等素材文件进行编辑，添加过渡和特效，生成视频文件，帮助您方便快速地制作所需的视频资源。

（5）直接用数码摄像机拍摄。由数码摄像机导入计算机可能需要特定的计算机接口（如 1394 口）。直接通过摄像机拍摄视频是常见的获取视频资源的方式之一。

## （三）判断视频画面质量的标准

技术上的标准：聚焦（清晰度）、曝光、稳定、色彩（白平衡）。

画面的美感：构图、色彩、表现力（感染力）。

## （四）拍摄视频的基本要领

（1）稳：画面不稳、镜头晃动会影响画面内容的表达，破坏了观众的欣赏情绪，使眼睛疲劳。利用三脚架是减轻画面晃动的有效办法之一。在情况允许时，应尽量利用三脚架，或充分利用各种支撑物，如身边的树、电线杆、墙壁，等等。

（2）平：指所摄画面中的地平线一定要平。寻像器中看到的景物图形应横平竖直，以寻像器的边框为准来衡量。画面中的水平线与寻像器的横边平行，垂直线与寻像器的竖边平行。如果线条歪斜了，将会使观众产生某些错觉。

（3）准：一般指落幅要准。当某个技巧性镜头（推）结束时，落幅画面中镜头的焦点、构图应该是正好的。任何落幅之后的构图修正，都会明显地在画面中表现出来，而且落幅后还在修正构图会给观众造成一种模棱两可的印象。"准"这一要领在摄像中是较难掌握的，如推镜头和摇镜头，画面中的构图在不断变化，为了保证构图均衡，常常结合两种技巧，在最适当的时机，推和摇同时结束，落幅应当是最佳构图。

（4）匀：运动镜头的速率要匀，不能忽快忽慢，无论是推、拉、摇、移还是其他技巧，都应当匀速进行。镜头的起、落幅应缓慢，不能太快，中间必须是匀速的。

## （五）拍摄时的注意事项

（1）暂停状态不宜过长。当摄像机的录制和放像为暂停状态时，摄像机中的磁鼓都是处于调整旋转状态，而磁带是绕紧在磁鼓上静止不动。暂停时间越长，磁头与磁带间的相互磨损越严重。目前摄像机均有自动保护装置，暂停时间超过一定时间后会自动使磁带松弛而与磁头脱开。虽然如此，也应尽可能地缩短暂停时间。

（2）拍摄前应提前录制5~10秒。这是因为摄像机从停止到磁带以正常速度行走会有一个伺服过程，这一过程录制的图像是不稳定的。另一个原因是，后期进行电子编辑时，编辑系统要求素材带上镜头的入点之前必须有至少5秒钟的连续稳定画面，以此信号作为编辑录像机间同步锁相的参考。如果不够5秒，则编辑点画面会跳动。

（3）拍摄一场戏或一个动作结束时，不要马上停机，应该多录几秒钟。例如，记者在现场报道完，不要立刻关机，应该让记者不出声地再停留几秒。这是为了给下一个镜头的编辑留出余地。同时，考虑到后期的技术要求，拍摄的画面长度要比实际用的时间长。

（4）即使导演没有要求，也要拍摄一些转场镜头。转场镜头是维持两个镜头之间连续性的简短镜头，非常有用，同时它还必须与实际事件有联系，如被摄体入画出画，近向堵镜头，背向远离镜头，等等。还应拍摄一些空镜头，如蓝天白云，花草树木，以备编辑时用。

（5）拍摄有特征的全景镜头。应使人们能够辨认出发生事件的地点，如一起交通事故，不能只拍撞毁的车辆，还要拍一下出事地点的路标或建筑物等。

（6）注意考虑不同景别的搭配。如全景、中景、近景各占 1/3 左右。

（7）拍摄时如果有时间的话，应该做场记。可以准确地记录每一个镜头的起始，也可以段落性记录，有利于后期编辑。

（8）尽量采用顺光或侧顺光拍摄。以色彩的亮度与饱和度的关系来看，只有亮度适中，色彩才最饱和。具体情况应根据编导的意图、现场条件而定。

（9）尽量避免画面中出现高光点。出现高光点会使画面反差较大，效果不好，有过亮或过暗时，CCD 机会出现垂直拖尾现象。

（10）使用摄像管摄像机时，阳光不能直射镜头。画面出现强光时，应避开，以免烧伤摄像管。

（11）摄像机使用前务必调整白平衡。若是室外拍摄，每 1~2 小时应进行一次白平衡调整，因为色温在不断变化。黑平衡无调整的特别必要，但为了预防万一，可以在使用前调整一次。

## （六）摄像机的调试和使用注意事项

### 1. 摄像机开机时，各开关位置

（1）光圈选择开关—A 挡自动光圈，M 挡手动光圈。

（2）增益开关——一般情况下放在 0dB 挡。

（3）电子快门开关—放在 OFF 挡。

### 2. 寻像器调节

寻像器是摄像机的窗口，摄像师通过它可以选择画面角度、范围，确定画面构图，同时还可以监看摄像机的工作状态。

### 3. 调节白平衡、黑平衡

调节白平衡的目的是保证摄像机获得机器需要的标准光源，从而使拍摄的画面色彩还原正常。调节白平衡是让摄像机认知"眼前"的白，调节摄像机的滤色片和放大电路，让它输出的红（R）、绿（G）、蓝（B）三路信号电平相等，还原出正确的颜色来。

摄像机不仅要调节白平衡，也要调节黑平衡。黑平衡调好后，在相当长时间里不必再调节。只有发现画面的黑色不纯时，才需要重调。

### 4. 镜头后焦调节

调节时间码、利用指示表检查电池容量和视频、音频信号。后焦，简单地可以理解成镜头到摄像机 CCD 的距离，每一个镜头可能存在很小的误差，调节后焦就是调节这段距离，使镜头在正确的距离上工作，所以每次更换镜头必须要调节后焦。时间码可用来知道走带时间和视频节目在磁带中的位置。同时还要监看摄像机的电池的容量及音频信号和视频信号是否正常。

## （七）摄像画面构图应注意的问题

### 1. 注意动静的关系

静态构图是指画面造型元素及结构均无明显变化的构图形式。一般情况下，被摄对象与摄像机均处于静止状态，镜头内的构图关系基本固定。比如，拍摄会场的主席台，用固定镜头表现，画面中的人物、桌椅、会标等均基本不动，即为静态构图形式。动态构图是指造型元素及画面结构发生变化的画面构图形式。动态构图下的被摄对象与摄像机同时或分别处于运动状态，使得画面内视觉形象的构图组合及相互关系连续或间断地发生变化。比如拍摄会场的内容时，如果开机拍摄时正值各位领导走向主席台就座，那么画面中被摄对象（开会者）的行走落坐就不断改变着画面的结构关系，或是摄像师拍摄了一个摇镜头，从主席台（起幅）摇到台下的与会群众（落幅），画面中的视觉主体、构图结构发生了变化，即是动态构图。

在拍摄构图过程中，静态物体要有静感，而动态的物体要有动感，要有静中有动、动中有静、动静结合的画面效果。比如：拍摄大海与正在航行的军舰或轮船，让其前景带上静止的海礁，远近带上几只迎空飞翔的海鸟，这样的画面就比较和谐。

### 2. 注意画面层次感

构图的首要任务是突出主体形象，这就要求摄像人员处理好主体与陪体、主体与环境、背景的关系，以恰当的拍摄角度和景别，配置好光、色、影调、线、形等造型元素，以获取尽可能完美的、形式与内容高度统一的电视画面。

主体即电视画面中所要表现的主要对象。明确画面的主体，通过构图设计和构图配置处理好主体与陪体等的相互关系，既能很好地反映主题，又能在结构上分清主次，合理构图。

例如，将主体处理成中景、近景、特写等景别，采用跟镜头的方式始终将主体摆在画面的结构中心等。或者使主体在画面上所占的面积不大，大部分面积让位于环境等。对主体的阐述着重神韵和内涵，有的主体甚至掩藏在画面深处，但同样具有吸引力，观众的视线最终会停留在这里，使之成为画面的视觉中心。

陪体指在画面中与主体构成特定关系，或辅助主体表现主题思想的对象。陪体在画面中能对主体起补充说明的作用，帮助主体说明内涵，比如新闻事件现场的地域标记、季节特征等能使报道内容变得更加完整和真实。陪体可以渲染，烘托画面的主体形象，发挥其

"陪衬"作用，使主体的表现更鲜明充分，比如通过光影、色彩手段来渲染主体所处环境的氛围等。

环境是指画面主体周围的人物、景物和空间。环境包括前景、后景及背景。环境在画面中除了能陪衬、突出主体之外，还能表现主体的活动地域、时代特征、季节特点、地方特色，帮助刻画主要人物的性格及表现特写的气氛，加强画面的空间感和概括力等。

画面所要表现的主体对象是否突出，是衡量构图的主要标准之一。拍摄时必须正确处理好主体、陪体及环境等的关系，做到主次分明，相互照应，轮廓清晰，条理和层次井然有序。

### 3. 注意运用均衡

均衡主要是指构成画面的各元素在视觉重量上的均势。由于电视画面是运动的，均衡便呈现出动态，并和心理均衡交织在一起。画面中的均衡可分为结构的均衡和色彩的均衡。结构的均衡，在实际拍摄中要利用人们的视觉加重作用来制造均衡（动态的、心理的）。例如，绘画理论中讲的"补白"，大面积空白处的小面积视觉对象更能引起人们的注意，使人们的视觉集中，因而视觉分量相对就重，可以达到突出主体的目的。将"黄金分割"借鉴到电视画面构图中，也具有一定的美学价值。按照黄金分割点来安排主体的位置；根据黄金分割率来分配画面空间；按黄金分割率来安排画面中地平线的位置，这些黄金分割式的构图能够给人以悦目的视觉效果。"补白""黄金分割律"都是利用人们的视觉加重作用使画面达到均衡的。

色彩的均衡是指画面上不同色彩面积的分布要避免等量、对称和零乱。等量则无主次之分；对称则平淡乏味；零乱则使人生厌。处理色彩的均衡，要根据主体的颜色，尽可能地选择与其相对的色彩背景，也可调整主体的颜色，使主体更加突出，画面的整体效果更加鲜明。运用"补白""黄金分割律"同样可以处理画面色彩的均衡。但色彩的分布一定要有大小、轻重、主次之分，避免色彩对比的生硬和过于强烈，更要简洁、单纯，防止杂乱无章。

### 4. 注意运用对比

构图中的对比是指以两种不同的造型手段，在画面上进行比较。对比是突出主体的有效手段，经常运用的手法有虚实对比、大小对比、影调对比和藏露对比。

虚实对比是利用镜头景深的特性，使主体清晰、陪体模糊，以突出主体。这种对比可造成空间深度感，使画面的影调层次丰富，同时还可加深被摄主体的体积感，造成符合特定作品情节的意境等。

大小对比是指体积的对比。这种对比同时也包括远与近、高与低、长与短等对比的形式。但是，不管是不同质的对比，还是不同量的对比，实际上都表现为体积的对比。

影调对比是指电视画面中各种不同程度影调之间的对比。例如，在大面积暗调的画面中，明亮的阶调显得更加突出。通过明暗的变化，可突出被摄主体的形象。另外，通过光线的处理，使明暗交替，即将明的叠在暗处、暗的叠在明处，也可起到突出主体的作用。

藏露对比是指在表现作品情节或具体的形态时，不是和盘托出，而是只显示一部分，把与其密切关系的另一部分处理在画面之外，但又自然地使人理解并联想。这种对比手段如运用得当，可间接地表现出耐人寻味的艺术效果。

### 5. 注意发挥线条的作用

电视摄像构图的重要任务之一就是对线条的提炼、选择和运用。摄像人员要能从被摄对象自身的结构、运动及相互关系中找出最主要的线条结构，并迅速形成画面构图的骨架和主干，从而将画面中散乱分布的被摄对象相互联系起来，构成和谐、均衡而又明确集中的画面。

线条是指画面形象（影像）所表现出的明暗分界线和形象之间的连接线。线条是构成千变万化可视形象的基本因素，也是摄像者必须精通的一种摄像造型的法则。

根据线条位置的不同，可将其分为外部线条和内部线条。外部线条是指画面形象的轮廓线。摄像人员在构图和拍摄过程中应选择出该对象最具个性特点或最富视觉表现力的轮廓形状。内部线条则是指被摄对象轮廓范围以内的线条，是其表面特征之一。如建筑物的细部结构线，人物衣饰的褶皱，木材的表面纹理等，内部线条也有一定的形式意义。

根据形式的不同，可将线条分为直线、曲线两大类。直线又可分为水平线、垂直线和斜线三种基本形式。在拍摄大地、海洋、湖泊、草原等时，常以水平线作为构图的主线条；而拍摄阅兵的队列、高耸的大厦、参天的树木时，垂直线条会产生高耸、挺拔、刚直和修长感觉；当构图以斜线为主导线形时，画面会显得很活跃，它会使自身不动的物体如道路、建筑物等产生动势，又会使运动的物体得到强化，表现出强烈的运动感和速度感。曲线则指一个点沿着一定的方向移动，并发生变向后所形成的轨迹。曲线具有流动感、韵律感与和谐感。

当构图的主线条为曲线时，曲线能引导视线向纵深发展，能表现出画面的空间深度，会使画面表现出生动活泼、起伏舒展的美感，如铁轨、小河转弯的曲线构图。

### 6. 注意采用造型艺术

在拍摄过程中巧妙运用造型可使画面有装饰美，但要避免那些过于规则化的外型，我们一般常用的造型有字母型构图、符号型构图、"S"形构图等。

当电视作品的画面结构和某个字母相似或雷同时，该画面便被称为字母型构图。字母是对构图形式抽象化的解释，便于摄像者对画面构图的理解和分析，也是使构图条理化的一个捷径。常见的字母型构图有"L"形、"O"形、"C"形和"V"形等。

"符号"是摄像构图抽象的表现方法。符号的确定不是随意取之，而是有一定的代表性的。符号的含义大多与被摄对象有着内在的联系，同时，符号作为构图的形式，又必然符合摄像美学的法则。常见的符号型构图有：辅身形、一字形、直角形、三角形等。

所谓的"S"形构图，实质上就是一种富有变化的曲线构图。这种构图形式被公认为具有美感，因为"S"形的曲线，总是给人以流畅、活泼的感觉，所以河流、道路、城墙和铁路等曲折部位，经常参与构图，并成为画面中最吸引人们视线的部分。

同时，应注意各种造型之间的结合，点、线、面结合就是其中的一种。例如：把建筑物理解为"面"，把公路上行驶的汽车或空中的飞鸟理解为"点"，把建筑物前面的垂柳或空中的电线视为"线"，以点连线、以线连面，组成一个有机结合的、有主体空间的整体，这是美化画面的一种方法。

电视画面构图贯穿于电视摄像工作的始终。在拍摄主题内容确定后，摄像人员要选择、组织和寻找到最佳的画面结构方式，并且要在拍摄过程中始终保持着高度的创作兴奋度和随时发现的创作敏感性，以使自己的画面构图得到不断的改善和创新。此外，在借鉴绘画、摄影等构图原理和构图技法的基础上，要结合电视画面构图的自身特点加以灵活地运用。

## 二、使用会声会影编辑视频资源

U lead 会声会影是一个用户视频编辑和 DVD 制作软件，为用户提供了强大的视频处理功能。使用向导可以自动创建精彩的相册和视频作品，或选择一系列易用的工具可以进一步完善视频作品。

打开 U lead Video Studio 11 后，选择会声会影编辑器。

主界面，操作栏包括捕获、编辑、效果、覆叠、标题、音频、分享几大选项。

捕获：将 DV 中的视频及音频抓轨至计算机，即实现影视编辑后期制作功能。当然，如果你的计算机中有现成的视频片段，便可省去这一步。另外会声会影自带了一些视频素材，这些素材在制作片头和结尾时将大有帮助。

编辑：这是对影片创作的主操作区，在这里，你可以对影片进行大量的实用控制，如影片和图片的增加、裁剪、时间控制、位置控制、反转场景、色彩较正、多重修整视频、自动按场景分割，以及保存静态图像和消音等。

效果：虽然是辅助功能，但想要做一套精彩的影片这是不可缺少的，在会声会影里，特殊效果非常丰富，可以让你充分地发挥自己的想象力，影视滤镜和转场可以相互组合，变化多样。

覆叠：可增加一个视频轨，并与第一轨相结合，在这里我们能更方便地调节视频的长短及场景的选取，想要做出一部别具一格的影片，覆叠功能是必不可少的。

标题：标题栏操作是为影片添加字幕的，使用它既可以做歌词字幕，也可以写上心理感言，这些都看你的发挥和需要了。字幕可以改变字体，形态，颜色和大小，同时还可以添加动画效果。

音轨：为影片加入声音和音乐，它有两个轨，加配乐的时候如果发现开始的片断中有音乐，那么可以在编辑栏中将原影片的音乐调成静音。

分享：影片制作完成之后而进行的转换工作。我们知道，如果影片是 AVI 格式的话那未免太大了，在这里，你可以把你完成的作品转换成你需要的格式，其中包括 DVD 及 VCD 格式，这样一来，你便可以在影碟机上与大家共同欣赏你的作品了。记住，AVI 格式虽然容量很大，但也是最保持原质的一种格式，如果硬盘空间足够的话，也可以尝试保存为 AVI 格式，导出的影片文件越小，质量就越粗糙。

## （一）采集 DV 视频

（1）将摄像机连接到视频捕捉卡上。

（2）运行会声会影，选择【捕获】选项。

（3）单击导览面板中的【播放】按钮。

（4）在播放到要捕获视频的时间点后，单击选项面板中的【捕获视频】，开始捕获。

（5）按"Esc"键来停止捕获。

## （二）视频的精确剪接

（1）单击时间轴上的视频轨，从素材库中选择一个视频文件，拖放到视频轨上。

（2）拖动修整拖柄至要剪视频的开始处，单击开始标记；拖动修整拖柄至要剪视频的结束处，单击结束标记。

（3）接入视频片段。

从素材库中再选择一段视频拖放到时间轴上的视频轨中，接到第一段视频的后面。

（4）保存剪接好的视频。选择【分享】选项，再选择【创建视频文件】，选择一个想要保存的文件格式，保存视频文件。

## （三）添加转场效果

转场效果为场景的切换提供了创意方式。它们可以应用到视频轨中的素材之间。会声会影提供了大量的预设转场效果，有效使用此功能，可以为视频添加专业化的效果。现在，我们在两个素材之间添加使用转场效果。

### 1. 添加转场

（1）单击【效果】选项，从素材库的文件夹列表中选取效果类别。

（2）在效果缩略图中选取一种转场效果，并将它拖入时间轴的视频轨，放在两个视频素材之间。

### 2. 进一步修饰转场效果

修改【效果】选项面板中的参数。

## （四）制作标题字幕

（1）选择【标题】选项。

（2）在标题效果缩略图中选择一种，并将它拖入到时间轴的标题轨的相应位置。

（3）双击视频浏览窗口的文字部分，输入标题文字。

（4）修改相关参数，进一步修饰标题。

（5）设置标题的相关动画效果。

## （五）给视频添加解说词和背景音乐

（1）选择【音频】选取项。

（2）单击【加载音频】按钮，将要用到的声音文件加载到素材库。

（3）从素材库中选中将要添加的声音文件，将它拖到时间轴的声音轨或音乐轨。

# 三、了解视频资源在教学中的应用

## （一）视频资源的优缺点

视频是对现实世界的真实记录，它具有以下几大特点。

首先，视频具有纪实性强的优势。视频影像能够真实全面地记录整个事件过程或教学内容，在这一点上视频和动画是有区别的，动画有时具有一定的虚拟性和假定性。比如：在讲解初中物理"牛顿第三定律"时必须分析力的相互作用，这时，适时地播放摄像机摄制的在军训练习射击时子弹射出后枪身后退的情景，教师边讲边引导，就很容易突破教学难点，达到很好的效果。视频可以给学生很强的真实感，同时让学生有一种身临其境的现场感，可以大大增强学习的效果。

其次，视频有具象性强的优势。具象性是心理感知规律、记忆规律及注意规律的重要基础，鲜明、生动的形象不仅能提高学生对讲解重点的选择性和理解力，同时还能够使注意力稳定和持久，并且增强记忆的牢固性，准确、逼真的视频媒体在表达教学对象时间、空间的运动变化方面效果非常好。

最后，视频还有表现性强的优势。视频影像适宜呈现一些对学生来讲感觉比较陌生的信息，具有很强的感染力和表现力，尤其在表现事物细节的能力方面，视频所能传输的信息量是很大的。比如在讲解初中物理"重力势能"时，可以从记录片《大雪崩》中剪辑一段视频，一望无际的雪景给人以恬静、美丽的感觉，可当雪崩发生时，恬静的大雪将以排山倒海之势摧毁沿途的一切。规模宏大、气势雄伟的雪崩生动地表现出被举高的物体具有重力势能，给学生们留下非常深刻的印象。

但是，由于视频是真实再现事物的本来面目，所以画面色彩会显得不够鲜艳，且没有交互性。在实际运用中，我们有时可以在 Flash 中导入视频素材，再添加图片、动画层，实现视频的控制等，这样既有课件的互动又不失真实。

## （二）视频资源在教学中的应用

### 1. 创设有效获取和掌握知识的学习环境，提高教学效果

如在物理教学中有时需要教师举出许多生活事例，让学生在头脑中再现许多生活现象，有的学生能及时地再现那些生活现象，而有的学生可能忘记或是在平时根本就没有注意，从而影响教师的讲课效果。如果我们利用视频"改变时空"和"化远为近"的独特作用，适时地播放一些视频片断，就能提高物理教学的效果、活跃课堂气氛。例如：高一物理摩擦力中，"地面给汽车后轮的摩擦力是向前的"这个知识点是一个教学难点，这时如果放一段"给汽车轮子下加草垫"的视频，草垫向后飞出说明车轮给草垫的摩擦力是向后的，车轮受到的摩擦力就向前，教师边讲边引导，就会很容易地突破这个教学难点。在讲解"受迫振动"时，播放人们荡秋千、钟摆的摆动等视频，可以在给学生以感官刺激的同时，调动学生的学习积极性，激发他们的思维欲望，提高教学效果。

在需要激发学习兴趣时，可以适当地放一段资料片，如再现古代、现代科学家刻苦追求真理的精神，达到思想教育的目的。这显然优于一般教师讲授的效果。

### 2. 加速或延缓事件发生的过程

由于受到教学时间、空间或现实条件的限制，观察和操作有时无法达到教学要求，例如，物理教学中，物理现象微弱，呈现的时间不足，现象稍纵即逝，微观领域中的物理现象等。这时如果用摄像机把实验的现象录制下来，经过编辑，把长时间的过程缩短，把变化的瞬间拉长、展开，再现物理过程，帮助学生观察，就可以弥补学生实验的不足，达到教学效果。例如，平抛运动演示实验现象呈现的时间太短，若用数码摄像机把实验过程拍摄下来，在大屏幕上重复慢放，这样现象就变得明显，过程也变得清晰，增强了演示实验的效果。

### 3. 实践活动

（1）收集、制作相关的图片、声音、视频素材。

（2）就某一主题，制作一个包含片头字幕、视频图像、解说、片尾字幕的视频短片。

# 第三节　制作幼儿园教学课件

课件内容的选择在整个设计过程中处于核心地位，它既是课件的实体，又是课件的根本，其他诸如表现形式、技术运用等均以内容为核心，服务于内容，而课件内容的选择又必须先从教学内容的特点着手。在选择课件的表现形式时，一切从教学对象的角度考虑问题，把教学对象的心理、心理特点作为设计课件形式的主要依据。设计制作课件从教学实际的需要出发，注重突出操作课件的灵活性，使教师在操作课件时根据教学需求随意控制和调整。

教学课件作为学具运用到实际教学中，遵循了以幼儿为主体的现代教育原则，实现了学生地位的转变，使幼儿从被动接受的地位转变为主动参与、发现、探究知识的主体地位。

21世纪，人类进入信息社会，对人才的素质能力和知识结构提出了更高的要求，计算机多媒体技术以其储存量大、表现形式丰富多样、交互性强等特点，成为备受青睐的新型教育媒体，在教育教学过程中发挥着特殊的作用。尽管计算机对今天的幼儿来说并不陌生，市场上各类教学软件和电脑游戏也层出不穷，但真正适合幼儿园教学的课件还很缺乏，所以在实际应用中困难较多。针对现状，幼儿园老师在幼儿园教学领域方面作了大胆探索，并取得了一些成果。本文将从设计和具体应用方面加以介绍。

## 一、课件的制作

## （一）教学内容的特点是选择课件内容的基础

幼儿园有一系列关于教学的内容，但并不意味着所有的教学内容都必须设计成教学课件，在实践中，我们感到将那些比较抽象的、用图片实物等传统教育媒体难以展示活动过程、孩子理解起来有一定难度的教学内容设计成教学课件，就能充分发挥现代教育的优势，弥补传统教学手段的不足。例如，大班的"10以内数的组成"，用传统手段进行教学，会由于教具的呆板单调，教师操作条件有限，幼儿无法理解数的实际意义而造成教学效果不理想，而我们设计的课件通过多种形式清晰地展现了数的形式过程，使孩子深刻地感知了数与组成的关系。因此，我们在实际操作中，要根据教学内容的特点，灵活选择课件内容，旨在使设计出来的课件更有针对性和目的性，符合教育教学的需要。我们还设计了"认识数字""目的数群""认识图形""10 以内数的加减"等教学课件。

## （二）教学对象的特点是设计课件形式的依据

我们在选择课件的表现形式时，一切从教学对象的角度考虑问题，把教学对象的生理、心理特点作为设计课件形式的主要依据。学龄前儿童活泼、好动，喜欢游戏，因此课件的表现形式以游戏形式为主，设计了"走迷宫""玩拼图""填色"等探索型、益智型的各类电脑游戏，由于都能亲自动手，孩子参与的情绪空前高涨。

学龄前儿童的思维直观、具体，对活泼可爱的小动物和动画人物尤为喜爱，所以我们在课件的设计过程中分别选择了可爱的小兔、活泼的小猫、聪明的机器猫等多种拟人化角色和卡通形象。

学龄前儿童的注意力容易分散，色彩美丽、栩栩如生的图形图像极具魅力。在设计时，我们实现了图形、图像、数据、声音、动画等多种信息的交互传递，力求将动态的视觉和听觉相结合，提供丰富的感官刺激。鲜艳的色彩，生动的画面，悦耳的声音，加上充满童趣的动画效果，都较好地吸引了幼儿的注意力，调动了幼儿的主动性与积极性，进而发展了幼儿的计算能力和理解、判断能力，对数学活动产生了浓厚的兴趣。

## （三）可操作形式课件设计成功与否的关键

切合教学实际需要、操作简便、交互性良好是我们提供课件可操作水平的三点原则。以往不少现成的教学课件操作程序死板，无法根据教学实际需要进行调整，教师操作起来无法控制画面出现的顺序的内容和增减，教师普遍反映费力、呆板，效果差。我们设计制作课件时要从教学实际的需要出发，突出操作课件的灵活性，在操作课件时根据教学过程的需求随意控制和调整，比如画面或物体的放大、缩小，数字出现的顺序，改变物体的运动方向，等等，操作方法通俗易懂，快速便捷，只要按动回车键、数字键、鼠标等常用键即可，即使是一位从未用过电脑的教师稍加学习即能操作课件进行教学。

## 二、课件的运用

## （一）作为教具的运用

就教师而言，传统的幼儿教学模式，教师要将大量的精力用来制作道具和学具，将电脑教学课件作为教具运用到教学活动中去，就能把教师从制作学具的重复劳动中解放出来，节省时间，有更多的精力去指导幼儿，从而提高了工作效率。

就幼儿而言，传统的教学方法局限于缺乏动感的图片、磁性教具等，幼儿容易感到枯燥、疲劳，电脑教学课件以其特有的鲜艳色彩、活动画面，给幼儿带来全新的感受，学习兴趣随之明显提高，同时课件提供了能够形象地反映教学重点，解决教学难点的画面资料，教师可以借助画面的直观性、活动性，帮助幼儿更好地理解重点和难点，比如中班的"目测数群"，展示目测数群的正确方法，从而帮助幼儿较快地掌握，进一步提高幼儿的学习效率。效果是传统教育媒体所无法比拟的。

## （二）作为学具的运用

随着幼儿年龄发展，到了大班，教学课件不能仅仅作为教具来运用，因为光看老师操作电脑已不能满足大班幼儿的好奇心和求知欲。鉴于大班幼儿具备一定的独特操作能力，我们把教学音标件作为学具运用到实际的教学活动中，让幼儿亲自动手操作，无疑是一件让他们欣喜若狂的事。我们还大胆尝试，打破单一而传统的"课"的组织形式，利用平时的游戏时间，幼儿人手一台电脑，通过玩电脑游戏，以自身的操作活动实现对学习内容的理解和掌握，不仅充分利用了现代教育媒体的资源，还提高了幼儿的学习能力。

## （三）学生地位的转变

教学课件作为学具运用到实践教学中，遵循了以学生为主体的现代教育原则，实现了学生地位的转变，使幼儿从被动接受转变为主动参与。

# 第四节　信息化助力家园共育

在素质教育的推动下，家校联动教育作为新兴的教育理念被广泛应用于多个教学领域，家园共育模式便是这种教育理念在幼儿教育领域的体现。在信息化时代，家校沟通更加便捷，因此，当下构建幼儿教育与家庭教育协同育人机制具有充分的创新发展基础。

## 一、信息化幼儿园家园共育模式创新发展的可行性

### （一）我国学前教育改革稳步进行

随着我国教育事业的不断发展，学前教育改革也在如火如荼地进行中，特别是2010年后，国家先后颁布了《国家中长期教育改革和发展规划纲要》《关于当前发展学前教育的若干意见》等重要文件，不断明确学前教育的任务，提升学前教育的地位。在此背景下，国家大量的优秀幼教专业人才投入到学前教育改革中，此外还有雄厚的资金支持，这

些都是构建幼儿园教育与家庭教育协同育人机制的有利条件。所以，互联网环境下幼儿园家园共育模式创新发展，具有一定的外部环境基础。

### （二）互联网技术为家园联动提供了便利

信息化技术带来了先进的沟通平台和多途径的信息分享渠道，让幼儿园与家庭之间获得了更好的联动性。其一，根据中国互联网络信息中心发布的《中国互联网络发展状况统计报告》显示，截至 2020 年 3 月，我国网民规模已达 9.04 亿，互联网普及率达到了64.5%，在线教育用户数量达到了 1.44 亿。由此可见，互联网教育的开展已经有了足够的基础，家庭和幼儿园之间进行信息化交流已有技术保障。其二，信息化技术将会为家园联动带来更高的便利性。比如说，家庭可以直接通过互联网将作业完成情况反馈给学校，由此达成协同育人的目的。

## 二、信息化幼儿园家园共育模式创新发展的原则

### （一）持续性原则

在互联网环境下创新发展家园共育模式，要以幼儿的持续发展为根本立足点，这是我国教育的根本要求，同样也是学前教育的核心方针。幼儿园和家庭进行共同教育时，要时刻以幼儿为中心，将幼儿的持续发展作为联动教育时要遵循的原则，让幼儿在家园共育模式的影响下获得持续性的发展。此外，互联网环境下，幼儿园家园共育模式本身也要具备持续性原则，即根据社会变革不断进行改进，以便持续性地发挥作用。

### （二）公平性原则

幼儿园家园共育模式的创新发展需要幼儿园和家庭的深入合作，大部分幼儿园的条件差别不是太大，而家庭却有着巨大的差别，这就涉及到了公平性问题。作为幼儿园来说，在与家庭进行协同教育时必须一视同仁，不能因为幼儿的家庭环境较差而对家园共育产生敷衍或者放弃心理。学校只有一视同仁，将所有家庭放在同一条线上，使不同家庭的学生享受相同的教学资源如教师队伍、教学场地、教学设备等，这样才能让幼儿园教育与家庭教育共同育人模式取得最大化的成效。

### （三）开放性原则

开放性原则指的是幼儿园和家庭之间应当做到教育信息的开放。其一，家庭要摆脱传统教育的思想束缚，不能提到幼儿的教育问题就想到幼儿园，要意识到家庭也是幼儿教育

活动开展的主要场所。家庭要利用互联网技术积极地与幼儿园进行沟通。其二，幼儿园也需要在一定程度上向家庭开放教育资源，促进幼儿园和家庭之间的教育资源共享。总之，互联网环境下，家庭和幼儿园都需要在一定范围内提升自己的开放度，这样才能让幼儿园家园共育模式获得创新发展。

### （四）差异性原则

从实际的学前教育工作情况看，不同的幼儿园的教育工作存在一定的差异。幼儿园必须立足于自己的校情和每位幼儿家庭的整体情况，规划和研究家园共育模式的具体内容，可以学习其他幼儿园的家园共育模式，但不能盲目复制。

## 三、信息化幼儿园家园共育模式的创新路径

### （一）正视网络环境，转变家园共育实施理念

互联网环境下幼儿园家园共育模式创新的第一步是要对家园共育模式的实施理念进行深化改革。在"互联网+"的时代大背景下，逐渐形成了"互联网+教育"的现代教育模式。学前教育将会迎来重大发展机遇，而幼儿园的教育也会在"互联网+"的潮流下获得进一步发展。在"互联网+"视域下，幼儿园家园共育模式中的幼儿园主体和家庭要打破传统教育理念的束缚，正视网络环境，重视网络教育活动。在具体实施过程中，幼儿园可以积极开展"互联网环境下幼儿园家园共育模式的创新发展"主题大会，让幼儿教师与家长共济一堂，引导家长与幼儿教师进行沟通与合作，并将互联网思想传达给幼儿教师与家长。

### （二）选择网络平台，搭建家园协同合作系统

对于资金实力较为雄厚的幼儿园来说，可以聘请专业的网络平台架构程序员，搭建一个属于本园的家园协同合作网络系统，该系统可以挂靠于家长的智能终端，系统的用户是教师和家长。这类家园协同合作系统需要具备两个基本功能，一个是网络教学功能：教师登录该系统后，可以通过直播、视频等形式对家庭教育进行线上指导；另一个是教学信息的交流功能：家长和教师可以在系统内传递教育信息，比如说教师可以将幼儿在幼儿园内的表现发送给家长，也可以将家庭教育方面的教学资源发给家长，为家庭教育提供一定的数据参考。如果幼儿园资金实力不足以搭建专属的家庭共育网络平台，那么幼儿园可以选择合适的社交网络平台进行协同育人，比如，幼儿园某班级教师可以开设一个微信公众号并负责公众号的运营，推送一些家园共育资源，指导家长通过公众号进行沟通与合作。

## （三）利用网络技术，规划家园共育创新方案

一方面，幼儿园要利用互联网技术整合有效的网络资源。互联网带来了海量的网络资源，并且大部分网络资源的获取难度较低，这些网络资源将会为家园共育模式的创新发展提供支持。另一方面，幼儿园要利用网络技术构筑高效的家园共育反馈平台。一个及时的评价反馈渠道可以让家园共育模式不断获得评价信息中的评判价值、导向价值和提升价值，从而助力于规划家园共育创新方案。总而言之，幼儿园需要充分利用网络技术，为本校的家园共育模式的发展寻求创新机遇，发挥出家园共育模式的效果。

# 第六章 职前幼儿教师信息素养的培育模式

随着信息化社会的到来，特别是随着信息技术与课程整合的不断深入，不仅需要教师改变传统的教育理论及观念、教学策略及模式和教学方法及手段，而且还需要教师学会怎样使用信息技术，实现信息技术与专业课程的有效整合。信息时代的幼儿教师不但是知识的传授者，而且是幼儿学习资源的提供者、学习活动的组织者和幼儿学习成长过程中最有力的帮助者。幼儿教师要学会利用信息技术创设幼儿活动的学习环境、生活环境；要学会利用形象、直观、生动、活泼的图形、视频等多媒体信息开展幼儿教育活动；要学会利用网络进行交流学习，利用已有的信息资源与其他教师讨论、提问质疑，开展互动式学习与教学；要学会利用网络与教学内容进行整合性学习，学会利用图像资料、文本资料进行课件、演示文稿的创作；学会运用信息技术完成家园互动教育，体现学前教育幼儿成长取向的教育理念。因此，信息素养已成为幼儿教师必须具备的素质要求之一。

## 第一节 基于核心构架教学策略的计算机教学

### 一、计算机教学现状及发展

在计算机教学中，目前许多教师采用的教学方法"按部就班"，只为了应付计算机等级考试，学生的实践局限于教材内容的重复验证，学生对知识的学习是被动的、消极的，学习效率较低，所学知识不能融会贯通。

计算机课具有一般课程所没有的特征：知识的开放性和多元性、学习的实践性和研究性以及内容的变更性和丰富性。因此，教学工作的当务之急是探索一条适合计算机课特点的教学模式。近几年的教学实践证明，建立在建构主义教学理论基础上的核心构架教学策略是计算机教学的较佳策略，符合计算机课特点，能在较短的时间内提高学生的信息素养，培养学生的信息技术创新能力和解决问题的能力。

### 二、核心构架教学策略

核心构架教学策略是指在一门课程教学时，首先帮助学生快速建立起一个核心知识构架，它由课程最常用或核心的知识组成；其次进行实际应用，在应用的过程中，由于核心构架中的知识在广度和深度上的不足，必然会遇到各种问题，带着解决这些问题的需要学习新的知识以及对知识的深化，在这个不断丰富和深化的过程中，高效地学习和掌握整个课程。

计算机基础是一门应用性和操作性很强的课程，而课程计划时数少，在有限的教学时间里，要使初学者熟练地掌握所有的内容是有一定难度的。利用核心构架教学策略，学生快速建立核心知识构架，很快就能领略到课程的精要；充分调动学生的积极性和主动性；培养学生独立思考的能力；在"学会"的过程中"会学"，为进一步学习创造了条件。这种高效地学习体现了计算机课的特点，解决了学习内容多而课时少的矛盾。

## 三、核心构架教学策略的实施

建构主义认为，学习是一种能动建构的过程，即"学习者在认知、解释、理解世界的过程中建构自己的知识"。它强调学生的认知主体作用，又不忽视教师的指导作用。运用核心构架教学策略，调动学生自主学习的构建性、主动性和协作性，使每个学生都能很好地掌握信息技术课程。

一般来说，在教学中运用核心构架教学策略可以分三个层次：

### （一）结合课程，建构核心知识构架

在教师的帮助下完成核心知识建构，培养学生自主学习的建构性。教师通过讲解、实例演示来帮助学生建立一个核心知识构架。学生可以通过阅读教材和对实例的制作实践来获得核心构架中的知识，完成真正意义上的知识建构。

### （二）实际应用，巩固核心知识构架

通过实际应用，培养学生自主学习的主动性。教师提出原则和方向，由学生设计具体应用内容。学生从自己实际情况出发设计的应用问题，必然是有兴趣的，这就激发了学生学习的积极性。

学生通过已有的核心知识构架，解决了教师提出的一些问题或问题的某个方面，这可以对原有知识巩固并加深理解。

### （三）解决问题，拓展核心知识构架

学生通过解决问题，扩大核心构架知识。在解决应用问题的过程中，必然会发现原有核心构架知识和方法等方面的不足，这时，需要学生通过自己搜集并分析有关的信息和资料、阅读有关书籍、与学习伙伴讨论或通过教师的引导和帮助等途径去解决。在这个协作

性学习过程中，学生增加了知识，加深了理解，改进了方法，从而拓展了知识构架。

下面以微软公司 Microsoft Word 文字处理软件（以下简称 word）的教学为例进行论述。

word 是最常用的文字处理系统，它不仅可以进行文字处理，还可以将文本、图像、图形、表格和图表混排于同一文件中，并可设置各种超链接功能，创建出内容丰富、布局美观和具有一定交互功能的文稿。初学者容易掌握 word 的文本编辑和简单的排版技术，而对图文混排等感到复杂麻烦，运用起来不方便。按教材对 word 的学习先后顺序是：word 的基本操作→排版技术→制表及表格处理→绘图及图文混排→功能设置等。按照教材顺序进行教学固然有其优点，但有一个明显问题是：学生只有在几乎学完了 word 的全部内容，才能与解决实际问题结合起来，才能真正与教师一起进行研究性学习。采用核心构架教学策略，则直接从制作作品举例开始。如制作"小报"，教学可以这样安排：

（1）欣赏优秀小报作品（激发学生学习兴趣），分析小报的制作意图及制作技术。

（2）学习简单小报实例，构建核心知识框架"内心圆"。学生掌握最基本的文本编辑、表格绘制和图片插入的方法。

（3）制作准备。学生分组确定创作小报的主题（协作学习），将主题和作品构思写成文字材料；收集制作小报所需的素材等。

（4）制作小报。在制作过程中会发现原有核心构架知识和方法不足，需要扩展核心构架知识，如需要学习排版技术，图文混排技巧、插入艺术字、背景图案和上网查找素材等。

（5）作品评价。教师不是主观地打个分数来评价学生的作品，而是通过交流展示和讨论，让同学们自己评比，看谁的作品最受欢迎。通过这种方式，既可以提高学生运用信息技术的水平和审美能力，又可以客观地评价学生完成的作品。

（6）完善作品。通过作品评价，学生进一步明确了改进作品的方向，从而开始作品的改进、完善和新的创意等。在这个进一步应用的过程中，学生深化了原有的知识，拓展了许多新的知识，提高了解决实际问题的能力，以螺旋上升的形式建构了"外围圆"。

## 四、核心构架教学策略的教学特征

在整个教学过程中，突出了以下几点：

### （一）以学生为中心

学生不再是外部刺激的被动接受者和知识的灌输对象，而是信息加工的主体，知识意义的主动建构者；教师不再是知识的传授者和灌输者，而是学生主动建构意义的帮助者，促进者。学生是主体，教师是为学生服务的：即帮助学生设计问题，在学生困惑时加以引导或作为学生的学习伙伴一起进行探讨。

## （二）培养自学能力

教学过程的重心是"学会学习"，教育学生的根本方法是"授人以渔"。运用核心构架教学策略，通过实际应用，使学生在应用或解决问题的过程中学习信息技术课程知识，完成教学任务，达到教学目标，并在此过程中创造出自学、自识、自理和自评等一整套引导和帮助学生进入自主学习状态的教学组织管理的新模式，培养、锻炼、提高学生自主学习能力。

## （三）注重已有经验

基于核心构架教学策略的计算机教学注重从学生已有的经验出发，新知识的学习是在应用和解决问题中对核心知识的不断深化。对学生认知理论的研究表明，学生的学习不是从空白开始的，已有的经验会影响新知识的学习，教学只有从学生的已有知识和生活实际出发，才能激发学生的学习积极性，学生的学习才可能是主动的，否则就很难达到预期的教学目标。

## （四）重视协作学习

核心构架教学策略，常常需要设计一个实践项目作为计算机课内容的学习目标。当然，实践项目并不要求全体统一，可根据需要分组，制定实施计划和分工，进行讨论、争论和意见综合等协作学习。通过协作学习，学生能够相互启发、相互促进，驱动学生更强烈的创作欲望，培养学生的协作精神。

## （五）提高学习效率

核心构架教学策略调动了学生的求知欲，所学新知识都是在实际应用中获得，真正体现了计算机课的多元性、动态性和实践性。学生在积极的探索中学习，充分发挥了学生的潜力，在较短时间内完成教学任务，因此提高了学习效率。

教学策略可以提高教师的教学效率，但教学策略没有唯一固定的范式。教学策略的选择和运用都是为教学目标服务的，是以教学中问题的解决为目标指向的。计算机教学中的"核心构架教学策略"是一种教学理念，一种教学思想，而计算机课内容广泛，各具特点，只有深刻领会这种教学策略，灵活运用，才能收到切实的效果。

# 第二节 基于工作过程导向的师范生教育技术能力培养模式

随着信息化社会的到来和教育信息化的逐步实现，熟悉现代教育理论、掌握现代教育技术技能，将成为未来教师必须具备的素质要求。特别是随着信息技术与课程整合的不断深入，不仅需要教师改变传统的教育理论及观念、教学策略及模式、教学方法及手段，而且还需要教师学会怎样使用信息技术，以及怎样在教学中应用好这些技术。面对信息技术的快速发展，作为培养新一代教师的师范院校，探索一条适应学前教育发展需要的教育技术能力培养的有效途径，是师范院校需要迫切解决的问题。

## 一、师范生教育技术能力培养的现状及问题分析

现代教育技术能力是每一个师范生应具备的基本素质，是教师从教的基本技能。目前，《现代教育技术》课程是师范生现代教育技术能力培养的主要途径。但现实的教育情况显然难以满足教育发展的需要，在教育技术能力的培养中存在着不尽人意之处，很多人反映师范生（或新教师）的教育技术能力较弱，很难适应教育信息化和现代教学改革的要求，与《中小学教师教育技术能力标准》比较还存在一定的差距。这不能不说《现代教育技术》公共课在课程体系、教学实施和考核评估等方面还存在一些问题：

（1）师范教育与学前教育脱节，不能适应学前教育对人才需求的不断变化和知识经济时代创新人才培养的要求。

（2）教学模式陈旧，难以保证现代教育技术课程目标的落实。

（3）教学环境单一，虽然教师采用了多媒体教学，但重教轻学，重理论轻实践，学生动手实训少，很难保证教育技术能力的提高。

（3）评价方式单一，还采用单一的期末闭卷笔试的方法，不能客观反映学生掌握应用教育技术的实际能力。

（4）未把教育部颁布的《中小学教师教育技术能力标准》作为师范生教师教育技术能力培养的依据，使学生不明确与在职教师教育技术能力标准的关系。反观当前课程教学的情况，应该说，调整《现代教育技术》课程的教学目标、教学内容和教学方法势在必行。如何有效地提高师范生教育技术能力，构建一个基于工作过程导向的现代教育技术课程体系是关键。

## 二、基于工作过程导向的现代教育技术课程体系的开发

"工作过程导向"这一概念源于德国职业教育。"工作过程导向"课程的教学是以工作过程这一行动为导向，即为了行动而学习和通过行动来学习，可以认为行动就是学习。采用的教学方法，是以学生为行动的主体，以基于学习情境中的行动过程为途径，以师生及学生之间互动的合作行动为方式，培养学生具有由专业能力、方法能力和社会能力构成的行动能力，即综合职业能力，从而能从容面对新的社会需求。

在"基于工作过程导向"的课程开发理念指导下，我们在调研了从事幼儿教师职业岗

位能力的需求、分析了师范生现有的能力、特点等基础上，重新确定了《现代教育技术》课程目标，并在课程教学内容的组织、教学方法与手段选择等方面都进行了深入细致地改革。

## （一）课程定位

我们从分析幼儿教师职业能力背景出发，结合师范生的培养目标与体系，明确了《现代教育技术》课程的定位，即通过对不同学习情境的不同工作任务的完成，熟悉各种现代教学媒体的基本结构和工作原理，掌握各种教学媒体的操作技能和运用技能，具备教学媒体开发与应用的基本能力，为完成教学基本能力训练打下良好的基础。

## （二）课程目标

我们从专业能力、方法能力和社会能力三个方面来确定《现代教育技术》课程目标。专业能力包括熟练使用各种现代教学媒体，能够设计与制作多媒体教学课件，能够在多媒体教室中开展教学活动等；方法能力包括能够使用网络获取与交流信息，具有一定的信息技术与课程整合能力，知道在教育、教学中可能用到的各种软件的使用方法等；社会能力包括与人沟通交流能力，与时俱进、适应环境的能力和创新能力等。

## （三）教学内容的选取与组织

基于工作过程的课程体系与我们传统的学科型课程体系——由专业学科构成的以结构逻辑为中心的学科体系全然不同，它是一种强调在实践情境中通过学生自我构建知识而形成的以过程逻辑为中心的行动体系。传统的学科型课程注重实际存在的显性理论知识，其重点是解决"是什么"和"为什么这样"的问题；而基于工作过程的课程则主要解决"怎样做"和"怎样做更好"的问题。在基于工作过程课程开发过程中首要解决的问题是授课内容的取舍和知识的序化问题。

### 1. 基于学生从事学前教育所需的能力要求，确立课程内容选择导向

教育教学活动的开展，要求教师必须具备职业岗位所需的能力，包括在不同的教学环境中都能组织教学、能适应新的教学环境、认识教学媒体和技术的潜能与局限以及运用媒体和技术开展最佳实践的能力。基于上述学生从事教育所需能力要求，确立以"教学媒体"为载体的课程内容选择导向。这正是我国电化教育（教育技术）的研究起点与核心，即任何一个阶段的教育技术，都是以媒体为核心，理论研究和实践应用都应该围绕媒体和媒体的设计应用展开。

### 2. 按照教学媒体作用于人的感官不同创设教学情境

现代教学媒体是指投影、电声、电视、计算机和各种网络等，按照媒体作用于人的感

官不同，习惯上可分为：视觉教学媒体、听觉教学媒体和视听觉教学媒体和综合教学媒体。因此，我们把教学内容设计成四个学习情境，即：视觉媒体的开发与应用、听觉媒体的开发与应用、视听媒体的开发与应用和综合媒体的开发与应用，综合媒体的开发与应用又分两个子情境：基于多媒体环境的课件制作与应用、基于网络环境的课件制作与应用。

### 3. 以教学活动中所用媒体为依据，选择与组织教学内容

在对学前教育工作任务与职业能力分析及对教学媒体的特点分析的基础上，

从单一到综合媒体进行情境设计，每个情境都是通过教学媒体的开发与应用来组织内容，制定相应的知识目标、能力目标和素质目标。

## （四）课程实施的途径与方法

课程的实施体现任务的完整性，学生学习的过程是一个完整的解决"任务"的过程。每个学习情境的学习过程，分任务分析、方案设计、课堂实践和作品演示与评价等几个环节，每个环节对应着一个子任务。每个情境的学习，都应首先设计好行动方向的"任务书"；然后分组讨论，设计学习方案；在课堂实践中，教师根据学生实际情况和存在的问题进行讲解、示范；学生通过校内校外演练掌握教学媒体的开发能力与应用能力；通过学生之间的评价和教师的评价，进一步完善提高，最后通过下基地实习，达到知识的迁移。

## （五）课程评价

对传统以笔试为主的考核方法进行改革，学生最终学习成绩由形成性评价

与终结性评价两部分按 7：3 的比例所组成，即形成性评价占 70%，终结性评价占 30%。形成性评价由 1~4 个学习情境按一定比例组成，分别是 10%、15%、25% 和 45%。每个学习情境的评价又有出勤、教学设计能力、媒体操作能力、软件制作能力、小组协调能力、学习能力和工作态度各项构成。终结性评价是对学生最终完成的作品在教学中应用情况等多方面进行一个综合的评价。在课程评价中，还应结合学生的自我表现性评价、小组成员的评价和实习指导老师对学生的评价等等。

## 三、建构基于工作过程导向的师范生教育技术能力培养模式的几个关键问题

师范生教育技术能力的培养是一项系统性的、连续的工程，绝不可能一蹴而就。要解决现状，除了把握《现代教育技术》课程开发的核心环节，还要把基于工作过程导向的师范生教育技术能力培养落到实处，还需要将教育技术能力培养有机融合到师范生的整体人才培养方案中。

## （一）熟悉学前教育，整合各方资源，培养学生适应职业岗位需求

（1）师范生教育技术能力的培养要贯穿于师范教育的始业教育、校内技能考核、教育实习以及毕业指导各个环节。在师范教育的几年时间，让学生从明确合格教师应具备怎么样的教育技术能力，到应如何掌握这些能力，做到早有规划，少走弯路。

（2）把师范教育中与教育技术能力培养相关的课程进行有效整合，如计算机文化基础、多媒体教育课件制作和现代教育技术等课程安排在不同学期，做到授课内容不重复；培养学生利用现代教育技术提高教学效率的意识，重视现代教育技术应用，强化教学设计，使学生未来进入教学岗位后，能很快适应学校的环境，应用现代教育技术于教育教学之中。

（3）以"实习基地"为主要合作单位，体现产学结合。现代教育技术是一门实践性很强的学科，特别是现代教育技术的综合应用能力，要有充足时间的课外实训，充分利用学院建立的多家紧密型基地、实习基地，为本课程教学创造了优越的校外学习环境。在实习期间，学生到各实习基地实习，在优秀指导教师的指导下，在进行各学科的综合教学中，培养综合运用现代教育技术的能力。通过课程—实习—课程—实习相互交替，让他们在真实的情景中应用技术，并对其结果进行评价、反思和改进。

（4）健全专业教师参加社会实践的制度，保证专业教师，每学期到校外实训基地进行实践训练或指导不少于一个月。只有亲密接触学前教育，师生走进教学第一线，才能培养适应幼儿园课程教学改革的未来教师。

## （二）注重教学过程设计，组织教学，实现课程目标

教学过程的设计以及如何组织教学是实现课程目标的关键。基于"工作过程导向的课程"的学习过程，应置于与相应职业情境类似的学习情境中，每个学习情境应当为一个完整的工作过程，按照实施一个完整的工作过程所需要的"咨询、决策、计划、实施、检查和评价"六个步骤来组织和设计教学，实现对传统知识的解构和重构。通过实施"资讯—计划—决策—实施—检查—评估"的循环工作过程，让学生感受情景教学的氛围，在任务教学中学习技能，获得能力，让学生的现代教育技术应用能力逐步得到提升。

## （三）注重学习资源建设，强化技能训练，提高学习效果

任何学习活动都是在特定的学习环境中进行的，环境是影响教学效果的重要因素之一。基于"工作过程导向的"教育技术学习环境包括校内实训环境与校外实训环境，是学生主要的教育技术技能训练场所。校内实训环境包括现代教育技术技能实训室、数字音频制作设备、微格教室、数字影像工作室、课件制作实训室和多媒体教室等；校外实训环境

包括学院建立的实习基地、紧密型基地等。此外，更要重视课程网络学习资源建设，为学生的自主学习创造良好的条件。把现代教育技术课程的标准、授课计划、考核方案、教学课件、教学视频和学生优秀作品等放在学习网站上，学生可随时随地进行学习。学生还可以通过在线答疑、作业管理等栏目，随时跟老师、同学进行学习沟通，及时解决一些疑难问题。还有，要通过参加各级各类教育技术学科竞赛活动，培养师范生教育技术能力。积极参与学科竞赛活动，不仅可以使师范生的专业素质得到提高，还能够培养师范生坚强的意志力与竞争协作精神，进而很好地激发师范生的学习热情，最终促进综合素质的全面提高。

## （四）建立多元评价体系，客观反映学生掌握的教育技术能力

评价是常用的一种分析与认识事物的方法。首先，构建各项要素的评价标准，如教学设计能力、教学设备操作能力和教学软件制作能力的评价标准，出勤、小组协调能力、学习能力和工作态度等的评分表；然后，在各个"任务"完成中，对照标准结合"自评、小组评、上课老师评和实习基地指导老师评"，帮助学生在每个学习情境的学习过程中认清自己掌握教育技术的情况及存在的问题，并及时改进；最后根据评价标准对教育技术能力的各要素进行评价考核，根据各项分数得到学生的教育技术能力水平等级。

## （五）模拟测试，对比分析，缩小与中小学教师教育技术能力标准各项指标的差距

教育部颁布了《中小学教师教育技术能力标准》，它在意识与态度、知识与技能、应用与创新和社会责任四个维度上规定了中小学教学人员、中小学管理人员和中小学技术人员应该具备的教育技术能力标准，也给教师教育技术能力的培养、提升与评价提出了明确的要求，将在一定程度上引领职前教师教育技术能力的培养方向。把教师教育技术能力纳入学生能力培养体系，借鉴"全国中小学教师教育技术能力建设计划项目"的考核、认证方法，进行校内技能测试或模拟水平测试，起到自然衔接职前教育和职后教育，受益师范生的作用。

从微观层面研究《现代教育技术》课程教学，尝试"基于工作过程"的教学方法，师范生运用多媒体开展教学的能力经过多次"任务"完成得到提高，从而使师范生从容应对信息化环境下的学前教育教学活动。显然，彻底打破学科体系的课程模式，实现知识体系按工作过程体系的重构，形成具有鲜明特色的基于工作过程的《现代教育技术》课程建设，是适应学前教育发展需要的教育技术能力培养的一条有效途径。

# 第七章　在职幼儿教师信息素养的培养模式

## 第一节　集中培训与园本培训相结合的互动培训模式

### 一、集中培训与园本培训相结合的信息素养培养模式设计理念

#### （一）集中培训

集中培训由教育部或各省教育厅统一组织并委托地区高校展开实施。集中培训的主要对象为幼儿园园长和信息技术骨干教师，目的是提高幼儿园园长和信息技术骨干教师的信息素养。

#### （二）园本培训

园本培训，就是幼儿园自主开展的培训，它是立足岗位，针对幼儿园教育教学实际而进行全园性教师继续教育的形式。

集中培训与园本培训相结合的互动培训模式，先通过各种形式的集中培训方式培养出信息技术骨干，再通过信息技术骨干以点带面的辐射，达到提高全园教师信息素养水平的目的。这一培训模式需要幼儿园和教师共同努力、互为支撑，以集中培训为龙头，以园本培训为基础，以提高幼儿教师信息素养为目标，注意对全体教师分层培训，"师徒结对"，教学相长，共同提高，保证教师队伍的稳定和可持续发展。

### 二、构建集中培训与园本培训相结合的信息素养培养模式体系

#### （一）培训目标

幼儿教师通过培训，学习和体验教育信息化的基本理念，了解信息化教学的理论和方法，能利用计算机和网络技术获取相关幼儿教育教学信息，能创造性地开发、丰富幼儿园教育资源，具有合理、灵活运用多种信息资源解决幼儿园教育教学实际问题的能力。

## （二）内容组织与策略

在培训内容的安排上，根据信息化素养的三个方面：信息化意识、信息化知识与技能、运用信息技术教学的能力，分别设计相应的学习模块。在培训策略的设计上根据每个学习模块的内容，再结合幼儿园的教学实际分别采取不同的培训形式与策略，如基于任务的培训策略、基于问题的培训模式等等。

### 1. 学习模块一：信息化意识的培养

（1）培训内容。教育信息化重要性的认识；学习信息技术的态度；应用信息技术的热情；信息道德与安全意识。

（2）培训策略。专题讲座；任务驱动；自修反思；小组研讨。

学习模块一的内容属于意识范畴，而且幼儿园的大部分教师在培训前已经具备较高的信息化意识。因此，在这部分内容的培训上可开设专题讲座，布置任务，通过任务驱动法使教师借助各种文献资料和网络资源自主学习，并对自己以前的观念和行为进行反思，然后通过学习小组的互相交流、研讨达到共同提高。

### 2. 学习模块二：信息化知识与技能的培养

（1）培训内容。计算机与网络基本原理；系统及常用办公软件操作；网络获取与信息交流；现代教学媒体使用；多媒体素材获取与处理。

（2）培训策略。理论讲授；案例教学；现场指导；自主合作探究；实践操练。

学习模块二的内容既包含理论知识，也包含大量的实践技能，涉及在幼儿教学中所用到的一些信息技能，内容涉及面广，难度也较高，是培训的主要部分。

由于幼儿教师信息化知识薄弱，信息化技能较低，因此，可以选择聘请有关的信息技术专家、教育技术专家作为培训的主讲教师，部分信息知识与技能较好的教师作为教学辅导教师参与实践指导。通过专家全面的知识讲解、典型的案例教学以及现场指导，参加培训的教师再通过自主合作探究学习和实践操练巩固所学内容，使所学的信息知识与技能能够很好地运用于教学和工作，避免技术与应用的脱节。

### 3. 学习模块三：运用信息技术教学能力的培养

（1）培训内容。多媒体课件设计与开发；Power Point 课件制作；幼儿教育课件设计实例；多媒体辅助幼儿教育活动研究。

（2）培训策略。专题讲座；问题探究；现场指导；实践操练；研训一体。

学习模块三的内容是在学习和理解理论知识、掌握基本技能的基础上的实践应用研究。调查显示，大部分幼儿教师的信息技术应用能力较弱。因此，可以聘请教育技术专家以专题讲座的形式讲授教育技术基本理论、教学系统设计理论以及多媒体教育课件的设计与开发，提出问题，探究问题，幼儿园有计划地进行研训一体，在课题的研究中，紧紧抓住其中的问题和困难，有针对性地进行培训。可以选择具有丰富教学经验的老教师与年轻教师互相搭配组成一个学习小组，调动幼儿园所有教师的培训积极性，从而使所有教师的信息技术运用能力得到提升。

## （三）实施的途径与方法

由于幼儿园教师日常工作任务比较重，工作外学习时间较少，因此，可以根据幼儿园具体情况安排培训时间，可安排在学期工作期间，也可安排在暑假期间。

## （四）评价与考核

评价是常用的一种分析与认识事物的方法，建立幼儿教师信息素养评价指标体系，有利于认清幼儿教师信息素养的现状和存在的问题，为下一步的培训工作积累实验数据和经验，提供决策的依据，所以在培训结束后要对每位教师的信息素养水平进行一次综合测评。对信息素养的评估是一种多角度的行为，要审视情感、知识、技能以及应用能力多方面的指标，评估采用"理论+操作+教学"的方式，即对学习模块一的内容进行卷面理论考核，对学习模块二的内容进行上机操作考核，对学习模块三的内容以多媒体优质课评比形式进行考核，三个学习模块在考核中所占比例分别是20%、50%和30%。

## 三、实施培养模式的几个关键问题

## （一）强化教育行政管理职责，增强培训效果

教师信息素养的培养与提高不是一朝一夕的事情，而是一项长期的系统工程。需要教育主管部门、幼儿园领导共同重视和扶持，需要教师自身的积极努力。其中，教育主管部门能否高度重视教师信息素养培训是提高幼儿教师信息素养的关键。

在集中培训中，要着力打造信息技术骨干教师的辐射能力和横向影响力，因为培训的是各个幼儿园信息技术能力较强的教师，参加培训后要承担或参与对全体幼儿教师的培训工作。要改变"满堂灌""一言堂"的传统教学方法，培训要更加贴近幼儿教师的教学实践，增强培训工作的实效性。

在园本培训中，要充分调动幼儿教师主动参与的积极性，老教师带领年轻教师研究教学设计，年轻教师带领老教师提高信息技能，互补的"师徒结对"传帮带能保证培训工作持续发展。在培训方法上，采用多种形式，注重理论与实践相结合；在培训形式上，可以是集中讲授、小组讨论、专题研讨、网络教学和教学观摩等等；在培训内容上，根据幼儿

教师的具体情况，可按层次分为普及型、提高型和研讨型等，分别制定与之相应的培训计划，以适应不同水平教师参与培训，全面提高本园教师教育教学中信息技术运用能力。

## （二）加强幼儿园信息化基础设施建设，营造信息技术应用氛围

学前教育信息化作为整个教育信息化的有机组成部分，已经引起政府、社会各界和教育工作者的高度重视。加大幼儿园信息化基础设施建设力度，最重要的是筹措资金。可以从以下几个方面努力：

（1）加大政府投入，特别要加大对学前教育信息化建设的投入，分批分量实现"园园网"；

（2）鼓励社会力量对幼儿园信息化设施的投入，实行以奖代补、民办或农村幼儿园升等奖励等方法；

（3）鼓励企事业单位、社会团体和个人投资幼儿园信息化设施建设。后勤服务社会化，集中财力搞好学前信息化软硬件建设，为落实素质教育，提高幼教质量提供良好的条件。

调查显示，幼儿教师信息素养很难提高的一个重要的原因，就是没有信息化基础设施，不能满足最基本的多媒体网络教学要求。只有多媒体和网络技术才能更方便、更高效地进行信息化教育，才能培养适应信息化社会发展的创新型人才。幼儿园领导和教育行政主管部门领导对信息技术应用于教学的支持不仅要体现在口头上，而且应落实在实际行动上，积极创建幼儿园学习和信息技术应用的良好氛围。

## （三）建立和健全奖励机制，激励教师积极参与园本培训

幼儿园要建立和健全各项激励机制，调动幼儿教师提高信息素养的积极性。对获得各种计算机等级考试合格证的教师给予奖励；对受训教师的考勤、培训期间的表现进行评价，并定期表彰学习出色的教师；将培训考核的成绩在评优、晋级和提工资等方面给予体现；鼓励教师制作课件，并将优秀课件统一存放在多媒体教学资料库中；有计划地组织各种多媒体优质课比赛、多媒体教育软件评比等活动，将参赛情况和教师的考评挂钩；提倡鼓励幼儿教师开展教学科研，对科研出成果的教师给予奖励等等，激励教师更加自觉地投入到运用信息技术中去，变"要我学"为"我要学"。对幼儿教师信息素养的培养是一个系统工程，需要各方面的相互配合，协同工作。在结合集中培训与园本培训的互动培训过程中，要引入竞争机制，激发教师的进取意识，以取得更好的培训效果；要努力创造条件，使教师能将信息技术应用于教育教学之中，并积极倡导和推行信息技术与幼儿课程的有效整合。教师要结合幼儿教育的多学科性及幼儿思维的具体形象性特点，让多媒体教学成为"健康、语言、自然科学、社会和艺术"五个领域教学的家常便饭，使健康教育更加

生动形象，使语言教育更加富有魅力，使科学教育更加新颖奇特，使社会教育更加贴近自然，使艺术教育更加张扬个性，使幼儿成长取向教育更加落在实处，更好地达成幼儿教育的总体目标。

# 第二节　基于问题的幼儿教师信息素养培训模式

## 一、基于问题的幼儿教师信息素养培训模式的设计理念

"基于问题的学习"（Problem Based Learning，PBL）是一种基于建构主义理念的教学模式。哈迈罗（Hmelo）认为基于问题的学习是"通过引导学生解决负责的、实际的（Real World）问题，旨在使学习者建构起宽厚而灵活的知识基础；发展有效的问题解决技能；发展自主学习和终身学习的技能；成为有效的合作者；并培养学习的内部动机。"PBL强调把学习设置于复杂的有意义的问题情境中，通过让学习者合作解决真实情境中的问题，来学习隐含于问题背后的科学知识，形成解决问题的技能批判性思维和自主学习的能力。目前，PBL受到众多教育和培训领域的重视。

PBL在于通过提出和解决问题来实现知识经验的建构，根据Barrows的模型，基于问题的学习的一般流程为：确定问题→分析问题→收集信息→解决问题→活动汇报→总结评价。这种流程和特点非常适合教师信息素养的培养，在整个过程中可以通过信息工具的使用来提高幼儿教师的信息素养。信息素养的本质就是个体在信息化环境中运用信息知识、信息技术来解决信息问题的能力，这种解决问题的能力就可以在PBL的过程中得到提高。

基于问题的幼儿教师信息素养培训模式放弃了传统的课程化培训模式，不再考虑学科知识的界限，不再预先设定参训幼儿教师必须学习的知识专题，转而关注参训幼儿教师身处的现实情景和面对的实际问题，使参训幼儿教师真正成为培训过程的主角和主动学习者，培训教师（干训教师）的价值不再体现在课堂讲授上，而是重在培训的前期研究和后期的反馈评价两个方面。

## 二、构建基于问题的幼儿教师信息素养培训模式体系

## （一）培训目标分析

在整个培训方案制订前，应先进行培训需求分析，它是确定培训目标、设计培训方案的前提。因此，培训目标确定前要对参加培训的幼儿教师进行深入地调查研究，根据幼儿园现有的软硬件条件和学员目前的信息素养水平，确定总目标和具体的、分层次的培训

目标。

　　培训的总目标是促进幼儿教师专业发展，提升幼儿教师信息化水平，提高学前教育教学和科研质量。具体的培训目标是信息化意识与责任、信息化知识与技能和运用信息技术教学能力等方面应该达到的水平或具有的能力。

## （二）问题设计

　　问题设计是本培训模式的核心和重要环节，就是根据培训的具体目标，设计真实的有针对性的问题。具体包括问题情境的设计、培训资源的设计、培训策略的设计。

## （三）确定问题

　　爱因斯坦说过："提出一个问题比解决一个问题更重要，因为后者仅仅是方法和实验的过程，而提出问题则要找到问题的关键、要害。"由此可见，确定问题是解决问题的基础。为此，培训教师（干训教师）要善于设计出有思考价值的、有意义的"复杂问题"，如：信息化教学设计与传统教学设计有什么不同？如何开发教学资源？如何有效应用教学资源？对信息素养的培养（提高信息素养水平）有什么想法？让受训幼儿教师通过对具有现实性、典型性、挑战性和开放性的问题的解决活动，来促进对知识的主动建构。

## （四）分析问题

　　受训教师接受问题之后，首先要组织小组，具体分工落实到每个受训教师。其次通过分析问题明确需要学习的要点，达到的目标等。最后，思考解决问题的方案提出假设。

## （五）解决问题

　　对所确定的学习要点和活动计划进行落实。对收集到的信息进行分析、筛选、归类和汇总，讨论、评价所涉及的不同来源的信息，再次检验问题，应用所学习到的知识，修改所列出的假设。

## （六）活动汇报

　　各小组通过各种不同形式来报告自己的结论以及得出结论的过程。可以通过制作幻灯片、网页、动画等形式来展示自己小组解决问题的方案，并且准备好相关的证明材料以证明自己的观点、方案等。PBL所强调的不只是让学生解决问题，而且要让他们理解问题背后的关系和机制。

## （七）总结评价

总结与评价是基于问题的幼儿教师信息素养培训模式的重要环节，它贯穿于培训过程的全过程。一方面，培训者可以根据培训的实施情况和效果及时对培训的目标、内容、方式等进行修正；另一方面，受训教师通过对自己学习活动的反思，将相关概念、具体技能和策略与当前的问题联系起来，形成知识技能的迁移。

## 三、实施基于问题的幼儿教师信息素养培训模式的几个关键问题

## （一）要体现问题为中心

基于问题学习（PBL）的基本思想是"先问题，后学习"。问题的生成，首先由培训机构根据培训项目和培训对象，对当前学前教育形势进行深入的调查分析，根据幼儿教师的活动领域，确定复杂的、典型性的问题；然后，由参训幼儿教师在所确定的问题领域内，根据自身的幼儿园工作实际提出个性化的具体"问题"；接下来，有培训教师对受训幼儿教师提出的个性化"问题"进行分类汇总，梳理出独特性的、真实性的和情境性的具体问题。

由于参加培训的人是具有经验的一线教师，他们可能来自不同的学科领域，从一般学科的逻辑线索中很难找到他们的学习起点，因此可以将问题作为教师培训的起点。培训教师要设计出有思考价值的、有意义的"复杂问题"，让受训教师通过对具有现实性、典型性、挑战性和开放性的问题的解决活动，提高受训教师使用信息工具的能力，从而使他们的信息素养得到提升。

## （二）要体现受训教师为中心

在 PBL 中学习者是问题的解决者和意义的建构者。由于参加培训的学员是教师，他们本身对教学活动比较熟悉。因此，培训者在组织培训时更应该一切从受训教师出发，要充分发挥受训教师的主动性。在培训教师的引导下，受训幼儿教师可以根据自己的水平、兴趣，自主选择学习内容及学习策略、自主调用各种学习资源、自主协作讨论、自主构建新知识和进行自主评价等。要充分利用参加培训的教师自身的知识、经验，将受训由单纯的"教育资源消费者"变成"教育资源的创造者"。

## （三）要体现小组合作解决问题

基于问题的学习注重让学生获得自主参与和积极探索的体验，重视提高发现问题与解

决问题的能力，强调在学习过程中学会分享与合作，重视学生科学态度和创新精神的培养，重视学生个性发展等方面。在培训中将来自不同专业、不同年龄的教师组建成学习小组，在网络环境下进行协作学习，相互研讨、共同提高。在信息社会中，教师的专业成长主要取决于能否不断利用新知识、新技术进行自我学习、自我教育，而并非他们固有的知识水平。因此，幼儿教师信息素养的真正提高也不可能仅仅依靠短期的技术培训，而要发挥自身的自主学习能力。

基于问题的培训模式强调以问题解决为中心、多种学习途径相整合，而不只是纯粹的探索和发现，同时它强调学习者之间的交流合作，强调外部支持与引导在探索学习中的作用等。

# 第八章　学前教育信息化的评价与管理

## 第一节　学前教育评价的理论基础

《幼儿园教育指导纲要（试行）》明确指出：教育评价是幼儿园教育工作的重要组成部分，是了解教育的适宜性、有效性，调整和改进工作，促进每一个幼儿发展，提高教育质量的必要手段。随着教育改革的发展和深入，广大幼教工作者和幼教理论研究者越来越意识到教育评价在教育活动中的重要性，因而关于学前教育评价的理论与实践研究备受幼教工作者的关注。

建构主义作为 20 世纪 80 年代末在西方兴起的一种全新的学习理论，它对教育的影响集中体现在它对传统知识观、传统教育观的反思以及对现代知识观、现代学习观和教学观的倡导上。建构主义相对于传统的知识观十分关注以原有的经验、心理结构和信念为基础来建构知识，它大胆而新颖的观点给我们提供了一个看待知识的新视角，从而也引起我们对知识的获得方式、掌握知识途径的科学性作出反思，对评价儿童的学习提供了丰富的内涵、赋予了全新的意义。

### 一、建构主义知识观

所谓知识观，是对于知识的认识、看法以及与此有关的一系列观念的总和。传统知识观认为，知识是客观世界的本质反映，是对客观事物的准确表征，知识是现存的、独立于认识者之外的。知识只有在正确地反映外部世界的情况下才被认为是正确的。客观知识就是真理。在这种认识论思想中，科学概念是与各种事物相对应的，科学命题、原理、定理等是唯一正确的、真实的解释。科学知识具有逻辑性、系统性和精确性，并且必须是能够用一套客观的方法加以验证的才算是真正科学的知识。对于一个人来讲，只要掌握了这种知识，便掌握了这个世界的运转法则，从而具有支配世界的力量。知识是学习的重要内容，也是学习的重要结果。建构主义理论与这种机械的反映论是相对立的。建构主义认为，知识不是客观存在的被人发现的东西，而是人在实践活动中面对新事物、新现象、新信息和新问题所作出的暂定性的解释和假设而已。

建构主义知识观的核心内容有以下几点：

（1）知识的本质是解释和假设。

（2）知识建构是个体积极主动的学习过程，并非被动地接受。

（3）知识建构是个体通过新旧知识经验之间的相互作用而完成的。

（4）知识建构具有一定的情境性。

## 二、建构主义知识观与学前教育评价

建构主义对传统的知识观提出的质疑和驳斥，对儿童知识的形成过程以及对于我国学前教育的评价产生了深远的影响。建构主义知识观表明，传统的目标驱动和"标准参照"的评价方法已不适用于评价建构主义环境中的学习。在建构主义看来，教育评价应在与探索真实学习任务相关的真实世界的背景中，评价能表现出多种观点和看法的知识建构。根据建构主义知识观所提供给我们的新视野，学前教育评价可从以下几个方面作一些借鉴参考。

### （一）评价标准的多元化

传统知识观认为知识是客观的，强调个体被动地接受知识、完全再现知识。在这种知识观的指导下，学前教育评价标准就是幼儿对教师传授知识的接受数量、掌握的精确程度等。同时，"为了能有效地预测和控制教育现象，往往把被评价对象置于一个共同的标准常模之下，用评价者认为的某一种价值观要求被评对象"。在这种评价功能的导向下，国家必然用统一的标准来要求各个不同的地区，教育行政部门用统一的标准来要求学生，这样，学生的个性必然被扼杀。建构主义强调知识的本质是解释和假设，不是问题的最终答案和唯一解释，每个人都有自己对外部世界不同的解释和观点。这就说明，价值是多元的，标准也是多元的，评价标准也应该是多元的。《幼儿园教育指导纲要（试行）》反对用统一死板的标准来衡量幼儿，鼓励采用多元化的评价标准，强调针对每个幼儿的特殊情况，确立不同的评价标准。评价标准的多元化，能够切实地关注个体的处境和需要，激发每个个体的主体精神，促使每个幼儿最大可能地实现其自身价值。以前由于重上课轻游戏、轻一日活动倾向的影响，对教师的评价内容过于重视课堂教学的质量，且采取的方法也是听课、评课形式；对幼儿发展评价的内容多是从教师教给幼儿学习的内容中抽取部分有代表性的，注重知识技能的内容较多，对情感、态度方面关注较少；采用的评价方法多是测评法。目前，各幼儿园都在积极探索研究多元化的评价内容与方法。随着大家对"一日活动即课程"思想的树立，对教师评价开始关注生活活动、教育活动、户外体育活动、游戏活动和环境创设等各个方面，制定了相应的评价标准，重视了半日活动跟踪等。

## （二）评价目标和内容的多维性

传统的学前教育评价的内容主要在幼儿知识技能方面，忽视了其他方面的发展，如情感、意志。在研究教学规律时，常常将认知从情、意中抽取出来，将真与善、美相割裂，使学前教育实践走上一条"唯理性主义教育"的褊狭之路。在传统学前教育评价中，并没有把情感教育作为实现理想教育目标的一个有机组成部分，因此，陶冶幼儿的情操、塑造幼儿的品格和培养良好的心理素质等并没有被列入学前教育评价的目标体系，这也使得幼儿情感的发展与培养没有得到教育者的足够重视，并在一定程度上受到忽视和损害。

我们认为，幼儿的发展不仅包括认知，还包括情感、态度、价值观和个性的发展。只有各方面全面协调地发展，幼儿才能健康地成长。建构主义强调在一定的社会情境下进行建构，重视建构者之间的相互协作，重视建构者的情感体验、态度和价值观等方面的发展。因此，学前教育评价的目标和内容应该是全面的、多维的，是认知与非认知的统一，不仅应充分关注幼儿发展的各个方面，还要评价幼儿园的发展状况、整个教育过程和各个教育环节。

## （三）评价过程的动态化

传统学前教育评价主要是总结性评价，过程性评价较少，重视学习活动的结果，而忽视活动的过程。缺少对活动或思维过程的评价，这会导致幼儿只重视探究的结果，而忽视探究的过程，易于形成一些似是而非的认识习惯，不利于幼儿探究习惯和良好思维品质的形成，限制了其解决问题的灵活性和创造性。建构主义教育评价强调动态评价，认为教育评价应该重视知识的建构过程，包括如何寻找知识、认知策略、自我监控、认知卷入知识建构中的探究与创新能力、对合作的体验、成功的愉悦以及教育活动中幼儿的兴趣与态度等；主张从多维度、多层次的角度评价学习结果。只有关注过程，评价才可能深入幼儿发展的进程，及时了解幼儿在发展中遇到的问题、所做的努力以及获得的进步，这样才可能给幼儿的持续发展提供有效的帮助，学前教育评价才能真正发挥作用。因此，只有将总结性评价和过程性评价或发展性评价相结合，才能使教育更好地适应幼儿的发展。

## （四）评价方法要以质性为主，定性与定量相结合

在学前教育评价发展的早期阶段，人们主要是用客观方法如实验设计和客观资料来进行评价。由于这样的评价结果不以评价者的主观意志为转移，而且能够用现代科技所提供的统计工具（如光学扫描仪）加以处理，所以量化范式下的标准化测验、常模测验一度成为世界范围内盛行的评价工具和手段。然而，学前教育活动是一种极为复杂的社会现象，每一种学前教育现象都是多种因素相互作用的结果。因此，量化的评价容易把复杂的社会

现象简单化，或者导致评价者忽视较难定量和缺乏客观资料的因素，这样它不仅无法从本质上保证对客观的承诺，而且往往丢失了教育中最有意义、最根本的内容。学前阶段幼儿的各种素质都具有一定的潜在性、待开发性、可能性和不完美性，如果幼儿生动活泼的个性被抽象成一组组僵硬的数字，那么教育的复杂性和幼儿的丰富性则会泯于其中，将会使幼儿的各种素质潜能失去向现实转化的可能性。所以，学前教育工作者应该重视质性评价方法的运用，如采用非实验的自然观察法和谈话法等，并努力将定量分析的方法与定性分析的方法结合起来，综合运用，以便在学前教育评价工作中收到较好的效果。

### （五）强调评价的真实性、情境性

建构主义者认为简单化、脱离情境的问题不适用于建构主义的学习，因此也就不适用于评价，评价应来源于真实而富有意义的复杂的情境。人们越来越倾向于认为，传统评价中那种孤立的问题或测验条目，缺乏与真实生活的相似性，幼儿在这种测验中所得的评定分数，对他们未来在真实生活中的表现很少有预见价值。而教育的真正价值，不仅在于幼儿在学校情境中的表现，更在于幼儿在非学校情境中的表现，在于幼儿解决真实生活中真实问题的能力。真实而有意义的活动一般可以激发被评价者的活动积极性，同伴的支持或者"提供的支架"不仅能使被评价者全力以赴地完成任务，而且能够使其潜能得到最大限度的发挥。

## 三、评价的现状与进展

教育评价作为教育实践和教育研究的一个重要领域，目前已成为与教育基础理论研究、教育发展研究并驾齐驱的"教育科学研究的三大领域之一"。学前教育评价是幼儿园教育工作的重要组成部分，是了解教育的适宜性、有效性，调整和改进工作，促进每一个幼儿发展，提高教育质量的必要手段。从 20 世纪 80 年代开始，我国幼儿园教育评价工作就已受到关注并迅速发展，现已成为政府、主办单位和幼儿园实行教育质量全面管理的重要手段。20 世纪 90 年代初，为促进《幼儿园工作规程》《幼儿园管理条例》的实施，各省、市教育行政部门和幼儿园，就增强评价的科学性、可行性和规范性进行了探索；注意了"定性"和"定量"评价相结合。90 年代后期以来，在新的教育思想（如终身教育、开放教育、发展适宜性教育、合作教育和生态教育等）的冲击下，学前教育评价的研究和实践逐步拓展了原有的范围、功能和意义。

### （一）学前教育评价存在的问题

#### 1. 缺乏科学合理的评价指标体系

教育评价的指标体系是将评价所依据的有关教育目标逐步分解成各级指标而形成的一

个系统化的具有联系的指标群。教育评价就是通过观察测量被评对象具体的外化的行为指标并进行价值判断的过程。因此，设计出一个比较有效、简明和科学的指标系统，将直接影响着评价结果的科学性和可信度。然而由于教育活动所涉及的多是精神产品，教育评价大多数时候要将不可直接观察的事物转化为可观察事物的一种替代物，然后才能进行评价。由于指标和我们真正要评价的属性并非必然一致，因此就必然存在评价的效度问题，往往是评价并没有得到真正想评价的东西，而我们得到的并非我们想要评价的。目前，教育评价既存在着由于指标体系不够科学而导致的评价的信度、效度不高这一现象，同时也存在有些评价内容由于人们到目前为止还没有找到一个直接测量这种信息量的科学方法，从而使人们回避对这些因素的测评，加之评价指标过于抽象、操作性差，造成评价结论的主观性等问题，影响了教育评价的科学性。科学的教育评价需要科学的评价指标体系，而建立科学的评价指标体系的难度是很大的。因为教育评价的对象主要是人的活动，评价对象的特殊性、复杂性决定了教育评价的困难性，这在某种程度上也是评价指标体系不够科学的一个重要原因。

有的幼儿园从各方面的资料得到了量化的评价体系，但其中有许多不适合本幼儿园的标准，而教师又不知如何根据不同地区、不同性质的幼儿园对其进行具体的修订，保证评价工作在幼儿园得以开展；有的幼儿园虽然建立了量化评价指标体系，但评价指标较粗，内容简单，如有的幼儿园对教师的评价简单分为职业道德、教育能力和教育质量三个方面，比较笼统；有的幼儿园制定的评价教师教育活动的标准不够科学，坚持传统观念，比较重视知识技能的掌握而不注重幼儿积极性、主动性和创造性的发挥以及幼儿探索精神的培养；有的幼儿园对教师教育工作评价完全采用量化考核法，质性评价不够等。

### 2. 对评价结果的整理不重视，评价结果的作用令人质疑

幼儿发展评价结果具有三方面的功能：

（1）便于教师更加细致、全面、深刻地分析、了解每一名幼儿。

（2）便于教师根据大量的定性分析来积累素材，关注幼儿成长背景以及幼儿发展过程中的心理需求，据此来分析课程的适宜性、调整教学目标和教学内容，改进教学措施和策略，提高保教质量，最终促进幼儿发展。

（3）幼儿发展评价结果可以作为鉴定、论证教育教学研究成果的有力依据。

评价作为幼儿园资料，应充分体现其价值，让其真正成为教育资源的一部分。很多幼儿园虽然进行了评价，但评价完后就将评价的资料放置一边，对其整理分析的意识还较弱，这就不能有效地发挥评价的教育作用。有的幼儿园虽然对评价数据进行了整理和分析，但不能很好地从中发现规律性的东西，价值不大，诊断、分析等评价能力有待进一步提高。幼教研究者白爱宝指出，"儿童发展评价能否取得促进儿童发展实效的另一关键因

素是对评价结果的利用。"有些教师花费了很多时间和精力，对全班每个孩子都进行了评价，获得了大量的评价数据，但由于不知如何运用这些结果，因此，评价的实际效用并不大。这是当前幼儿园儿童发展评价中存在的较普遍的现象。这一方面是因为有些幼儿园使用的评价体系或测量工具与其教育目标体系不吻合；另一方面，也是因为儿童发展评价研究仍处起步阶段，对于如何运用评价结果指导教育过程的探索还很不深入。

前面谈到很多幼儿园已开始吸收家长参与对幼儿园教育管理、教师和幼儿的评价，但参与还处在表层，深入程度不够。如幼儿园真正去研究、分析家长的意见与建议，并有针对性地改进教育工作的较少；有的幼儿园因为家长本身参与教育工作的机会较少，参与的形式较单一，这就使家长对幼儿园教育工作了解甚少，因此，就不能很好地为幼儿园的教育工作做出恰当的评价，也不能提出有价值的建议。只有保证家长全面参与教育，发挥家长参与幼儿园管理和教育工作的积极性，家长才能较全面、客观且准确地评价幼儿园的教育工作，发挥家长在教育评价中的作用。

## （二）学前教育评价的新发展

### 1. 建立政府主导的质量监督与评价体系

《国家中长期教育改革和发展规划纲要》不仅提出普及科学的、高质量的幼儿园教育的规划目标，还特别强调了政府对学前教育质量的监管与督导责任，要求政府把好幼儿园教育质量的入口关和质量监督关。《规划纲要》明确提出政府要制定学前教育办园标准，建立幼儿园准入制度，以确保新增幼儿园符合基本办园条件，是合格的幼儿园。特别是接收乡村留守和经济困难家庭幼儿、城镇低保家庭幼儿的普惠性公办幼儿园必须保证基本办园条件和保教质量，使幼儿园教育真正能够弥补幼儿家庭环境的不利影响，为幼儿的终身发展奠定良好的基础。《规划纲要》还明确提出政府应"加强学前教育管理，规范办园行为。"为此，应以教育部门为主，协同有关部门建立起常规性的、全覆盖的督导评估制度，将民办幼儿园纳入教育督导评估体系，以保证公办民办幼儿园质量的不断提高，杜绝违背幼儿身心特点和发展规律的教育内容与形式进入幼儿园，最终确保幼儿身心的健康发展。

### 2. 建立幼儿园绩效评价标准

20世纪80年代末，我国许多地方政府制定颁布了托幼机构教育质量评价量表，即分级分类验收标准，托幼机构教育质量评价活动在我国也就从无到有，逐渐发展，不仅积累了宝贵的经验，也对促进我国托幼机构教育质量的提高作出了有益的贡献。在我国，对托幼机构教育质量的评价通常采取的还是一种差距评价模式，即首先在一定的教育价值观的指导下，制定出一套评价标准，然后依据这套标准去考量幼儿园的工作，衡量或判断它们符合或偏离这套标准的程度。这套标准通常由从业人员的素质标准、职责标准、效率标准和效果标准构成。在托幼机构评价工作中，制定合理的评价标准是开展评价的核心，而当下我国地方教育行政部门颁布的幼儿园分级分类验收标准存在着许多问题，如重视静态的制度建设而非动态的师幼互动过程，评价指标过于笼统缺乏可操作性等，因而有研究者在评价标准的制定上做了一些尝试。刘焱和潘月娟的《幼儿园教育环境质量评价量表》的特点、结构和信效度检验》一文，主要介绍了《幼儿园教育环境质量评价量表》制定的过程、量表的内容以及对量表信度、效度的检验。虽说该量表是在分析和借鉴美国的《托幼机构教育环境评价量表》（ECERS）和英国的《托幼机构教育环境评价量表》（ECERS）的结构形式基础上制定的，但迈开了我们制定评价标准的第一步。

### 3. 教师逐渐认识到评价的重要性，将其作为幼儿园教育活动的组成部分

幼儿评价应面向真实生活，评价应与幼儿园日常工作相结合，应当在教育活动中进行。以幼儿教师为评价主体的幼儿发展评价工作，应以日常观察为搜集评价信息的主要手段。在日常生活中，教师通过与幼儿交谈、游戏，可搜集到大量真实的幼儿发展信息。评价本身应该也完全可能成为教育过程的组成部分，幼儿教师有得天独厚的条件。幼儿发展评价应提倡可以在小组合作活动过程中进行。让幼儿单独面对评价者，独立完成测查作业，避免从同伴处得到答案，这样的评价似乎能体现过程的公正性和有效性，但却和当今生活世界中的实际情况脱节。随着社会的发展，教师们已经认识到个人力量的单薄性和有限性，许多工作都需要多名小组人员共同协作才能完成。评价应当在教育活动过程中、游戏过程中进行，这正是评价回归自然生活的反映。评价应当是形成性、诊断性的，应当更好地促进教师的成长和幼儿园综合办园水平的提高。要坚持过程与结果并重，因为过程中蕴含着教育评价的内容，如学习的方法、策略的渗透、对合作的体验和成功的愉悦等。教育活动过程中体现出来的幼儿参与活动的兴趣、态度、专注等同样是评价的重要信息和依据。活动结果是评价信息来源的一个部分，但不能作为评价的唯一依据，它仅仅是幼儿学习成果的部分外化。注重过程的形成性评价有利于发现教育活动中存在的问题并及时给予改进和补偿。

### 4. 评价的主体扩大，家长参与幼儿教育评价的力度明显增强

现在幼儿园根据《纲要》精神，园长、教师、幼儿及家长均为幼儿园教育评价的参与者，努力使评价的过程成为各方共同参与、相互支持与合作的过程。例如教师评价中教师本人也成为评价主体，托幼机构的评价提倡家长及其他社会成员的介入，幼儿发展评价注重家长的积极参与等。评价主体的多元化已成为学前教育评价的一种重要趋势。幼儿园开始建立教师自评、教师互评和家长参与评价的制度。如各幼儿园采取了多种形式来吸收家长参与幼儿园教育评价工作，建立家园联系册、家长开放日、家长意见箱和教师公开课等，听取家长的意见与建议，并将家长对教师的评价作为对教师教育工作的重要考核依据

以更好地获取各方面的意见，挖掘教师潜能，调动教师的工作积极性，使幼教事业更有利于幼儿的全面和谐发展。

### 5. 评价的内容与方法开始走向多元化

以前由于重上课轻游戏、轻一日活动倾向的影响，对教师的评价内容过于重视课堂教学的质量，且采取的方法也是听课、评课形式；对幼儿发展评价的内容多是从教师教给幼儿学习的内容中抽取部分有代表性的，注重知识技能的内容较多，对情感、态度方面关注较少；采用的评价方法多是测评法。目前，各幼儿园都在积极探索研究多元化的评价内容与方法。随着大家对"一日活动即课程"的思想的树立，对教师评价开始关注生活活动、教育活动、户外体育活动、游戏活动和环境创设等各个方面，制定了相应的评价标准，重视了半日活动跟踪等。对幼儿发展评价的内容也尽量涉及社会、科学、健康、语言和艺术等各个领域，有的幼儿园采取了幼儿成长档案记录的方法、作品分析的方法对幼儿进行评价管理。

在实践中，我国的学前教育评价更多采用总结性评价、他人评价及量化评价方法。针对这个现状，《纲要》更多地强调了形成性评价、自我评价以及质化评价方法。如"评价应自然地伴随着整个教育过程进行"就强调了形成性评价；"幼儿园教育工作评价实行以幼儿园教师自评为主，园长以及有关管理人员、其他教师和家长等参与评价的制度"，即明确了自我评价的重要地位；提倡"综合采用观察、谈话、作品分析等多种方法"进行评价，以及幼儿发展状况评估应"在日常活动与教育教学活动中采用自然的方法进行"就是明显地在鼓励运用质化的评价方法。由于教育活动极其复杂，使得任何一种教育评价方法都不可能是万能的，

每一种评价方法都有自己的特点、长处和缺陷，都有特定的适用范围和界限。教师在努力尝试多种方法的结合使用，既可以充分发挥各种评价方法的优势和特长，又可以互相弥补各自的缺点和不足，进而使学前教育评价的结果更加客观、公正。

# 第二节　学前教育信息化的评价与管理

## 一、幼儿园校园网投入绩效评价指标体系的构建

校园网络建设投资已经成为教育投资新的生长点，其投资效益将会直接影响到学校教育效能的高低。如何通过绩效评价来促进幼儿园及中小学校园网的有效利用正在受到教育界的关注。

当前，我国学前教育以校园网建设为主要标志的信息化工程，得到了各级教育部门的

高度重视，部分省市已实现了中小学网络"校校通"，经济发达地区实现了幼儿园"园园通"。但是，在教育信息化建设过程中许多学校由于缺乏教育投资的绩效意识，不是从学校教育需要的实际出发来选择网络技术和硬件设备的标准，而是片面追求网络技术的先进性。特别是东部发达地区中小学校园网的硬件建设标准已达到了较高水平，投资几百万元建设校园网的学校并不鲜见，媒体报道江南某个中学建设一个多媒体教室竟然投资了两百多万元。然而与超前的硬件建设相比软件建设远远滞后，校园网的管理应用还处于初级阶段，校园网建设的效益评价严重滞后。这种只关注前期投入，缺少后期效益评价的结果造成了信息化设备的浪费和闲置，高投入并没有实现高的教育产出。

可以预见，校园网络建设投资是未来一段时期内教育投资新的增长点，其投资绩效将会直接影响到学校及幼儿园教育效能的高低。如果政府不利用绩效评估的杠杆对校园网的建设进行必要的宏观调控和引导，幼儿园自身不进行自我评估、提高效益，而是任由其非理性地盲目扩张，不仅会造成极大的浪费，也必然会给学前教育的可持续发展带来负面影响。在当前中央大力倡导建立节约型社会的过程中，如何有效地利用资源，控制成本，提高教育信息化的最大效益，如何对幼儿园及中小学校园网投入的教育绩效进行评价，并构建评价指标体系是教育信息化过程中亟待研究的问题。

## （一）校园网投入教育绩效评价的内涵

在资源投资领域，常常使用"绩效"的概念来衡量投入所产生的效果，绩效是效益、效率和效果的统称。教育绩效所反映的是幼儿园资源投入与使用效果的对比关系。

校园网投入的教育绩效可以从两方面来理解：

（1）从实物角度看，它反映了人力、设备和技术投入的"有效性"。这里是指信息化网络建设项目多大程度上达到了预定的目标。幼儿园的一些投入可能是很有意义的，但同时却不是有效的。譬如，两所幼儿园投入相同的资源建设校园网，一所学校重视信息资源的开发建设和师生信息技术能力的培养，网络学习资源丰富，师生能有效地使用网络开展教学和学习，校园网利用率很高，教育资源的"有效性"就比较高；而另一所幼儿园的校园网教学资源匮乏，网站只注重于学校形象宣传，对教学和学习促进作用不大，教师点击率也很低，教育资源的"有效性"就很低。所以，开展绩效评价必须考虑有效性问题。

（2）从价值形态分析看，它意味着产出与投入比应该最大化。即通过各种网络资源投入的优化组合，实现校园网既定产出的成本最小化。这其中也包含了主导网络教育资源投入的数量、结构等的价值取向。

可见，运用"绩效"概念衡量校园网投入行为，应是教育目标的实现程度、教育资源的配置状况和教育过程安排等情况的综合反映。因此，校园网教育绩效评价就是：应用绩效技术的理论与方法对校园网的投入、建设及其产生的教育效益进行综合评判，并运用评价结果对网络资源和建设过程进行优化，以达到教育效果的最大化。

## （二）构建校园网教育绩效评价指标体系的意义

相对于信息化环境建设的实践而言，教育信息化的绩效理论研究则相对滞后。教育技术学的研究者大多囿于技术领域，普遍关注教育信息化的发展策略、技术创新和信息技术应用推广等方面；教育经济学的研究者则更为关注宏观层面的教育经济问题；有关教育绩效评价的研究也大多针对学校效能或教学中的绩效，而校园网络建设投入的教育绩效如何，更成为一个边缘问题而没有受到应有的重视。任何投入都要讲效益，校园网也不例外。所以，构建符合教育信息化客观规律的学校网络环境建设投入教育绩效评估的指标体系，是教育信息化过程中具有战略意义和实用价值的重要课题。

（1）对微观办学单位——幼儿而言，其实践意义在于首先通过绩效评价，提供预计性、分析性的幼儿园信息化建设投入与产出的信息，有利于科学决策、减少浪费，进而有利于办学经济效益的提高；其次，通过建立校园网教育绩效评估指标体系，可以促进幼儿园提高信息化设施的利用率；再者，对于分析诊断幼儿园信息化管理中存在的问题，促进幼儿园效能的提高均具有重要作用。

（2）对宏观教育管理而言，有利于国家和地区制定教育信息化战略发展规划，统筹考虑信息化资源的利用与配置问题，使教育行政部门通过绩效评价科学确定当前教育信息化建设项目的财政投入量，并能够监督、引导幼儿园讲究效益、关注效果、强化绩效意识和合理配置教育资源。可见，开展校园网教育绩效评价对于促进我国教育信息化科学、理性、高效的发展均具有重大意义。

## （三）校园网绩效评价指标体系的设计

在我国，幼儿园校园网建设和校园网绩效评价目前尚属于全新的研究领域，评价指标体系的设计只能借鉴中小学。校园网建设应以营造学习环境，支持课堂教学，提高教师和幼儿的信息素养，推动学校教育全面、和谐与可持续发展为核心理念；以实际需求定规模；以师生感觉实用、好用、会用和想用为标准；以最低成本取得最好效果为价值追求。校园网教育绩效评价指标体系的设计应该是对上述理念的检查和验证。其评价指标可以从校园网投入和产出两方面考虑，主要内容包括了 4 个一级指标，14 个二级指标，45 个三级指标。

### 1. 幼儿园基本条件

主要反映学校的规模与网络的基本条件。

（1）幼儿园规模。包括幼儿人数、教师人数、校舍面积和教室面积等情况；

（2）教育经费。主要衡量比较信息化设备总值，生均教育投入，生均信息化投入等；

（3）网络条件。主要检验教育技术装备达标情况，校园网配置水平，每百人计算机机房数量，每百人多媒体教室数量，每百人计算机数量等。

### 2. 校园网设计

着重评价校园网设计是否科学、合理、便于使用，是否具有创意和吸引力。评价指标主要从三个方面考虑：

（1）技术性能。看系统设计是否先进，是否具有高性能、高带宽、实时性，能否保证信息的传输。同时网络设备应具有一定的扩展性便于升级。另外网络应该安全及稳定具有可靠的防护功能；

（2）艺术性能。主要从页面的创意性、板块风格的统一性、图文搭配的合理性、网站是否具有吸引力等方面评价；

（3）使用性能。从实用、好用的角度出发，重点看网络使用的便捷性，技术的支持性等。

### 3. 校园网投入

充足的投入是校园网运行的可靠保证。主要有经费投入、人员投入和管理投入等。

（1）经费投入。评价学校信息化建设经费投入的项目包括网络建设费、网络维持费、教育软件开发购置费和教师信息技术培训费等。在这里，关注的不仅仅是投入的数量，而应该是经费投入结构比例的合理性。除一次性建网投入经费以外，还必须保证日常运行费，有专用的软件开发购置费和教师培训费。必须改变重视硬件投入，忽视软件投入的问题。

（2）人员投入。是网络运行的基本保证，校园网不但要有分管领导，而且必须设专职的网管人员，各部门应有兼职的二级管理员。

（3）管理投入。管理也是不可忽视的投入问题。科学的技术规范，有效的技术支持，健全的管理制度，及时的网络跟踪服务体系是保证校园网有效运行的关键因素。一流的设备，三流的管理只能获得三流的效果；而三流的设备，一流的管理未必不能产生一流的效果。所以，校园网必须向管理要质量，向管理要绩效。

### 4. 校园网的产出效益

校园网建设不仅要关注投入，更要关注投入所产生的效益。在网络环境建设中人们往往注重于对硬件设施的达标评价，对建网后使用效果如何，常常认为难以量化而少有评价。如果忽视校园网投入的产出效益，这种评价是没有价值的。校园网的产出效益是幼儿园校园网投入教育绩效评价的主要目标，可以采用定性与定量相结合的评价方法进行。其指标体系的内容主要从以下四个方面考虑：

（1）网络功能效果。主要评价校园网在发挥思想教育功能、教学资源功能、教学管理功能、信息交流服务功能等方面的作用和效果。重点评价校园网能否引导师幼健康成长，成为他们精神寄托的家园；可否为师幼的教与学提供丰富有效的学习资源；能否实现智能化的教学管理；能否为师幼的信息索取、沟通交流提供及时的服务。

（2）资源使用率。建网的目的就是为了使用，而使用率的高低是反映校园网产出效益的重要依据。这里主要考察是否能有效的利用网络资源和设施实现网络的四个功能。评价指标包括：计算机机房每周使用学时，多媒体教室每周使用学时，多媒体教学课程比例，每天网站点击率等内容。

（3）资源建设与共享。意在通过对资源库建设、网络资源开发、区域网络资源共享、校内网络资源共享等的评鉴，检查幼儿园在网络资源的开发、共享方面所取得的效果。主要从资源的丰富性、资源的有用性、园本资源的开发率等方面来评价资源库建设情况。从能否有效利用区域和校内网络资源的情况来衡量资源共享的效果。

（4）师幼信息素养。提高师幼的信息技术素养是时代发展的需要，也是建网的核心目标。园长是校园网的领导者，教师是校园网的建设者，幼儿及家长是校园网的受益者，他们均是校园网的使用者。因而，信息化建设绩效评价一定要关注幼儿园在教师信息素质和信息技术能力培养方面的努力程度及取得的成绩，关注幼儿信息素养与信息能力提高的情况。测评项目包括了校长信息素养、教师信息素养和幼儿信息素养。师幼信息素养的高低是校园网教育绩效的终极体现，反映信息素养的指标很多，但主要应从信息意识与信息技术能力两方面来设立专门指标进行评价，重点测评师幼获取信息、处理信息和应用信息的能力。另外，幼儿园的信息化发展规划也应列入信息素养测评指标中，因为它是幼儿园未来信息化发展的目标和路线图，反映了学校整体信息素养水平，这里旨在考评幼儿园对未来信息化发展的目标是否清晰，实施路线是否正确。信息化建设是一项系统工程，不仅仅要重视投入的问题，更应该关注投入所产生的教育效益。对校园网络建设的投入与产出效益进行分析评价，在我国还是一项新的课题，特别是教育信息化网络建设与教育绩效之间的关系是一个复杂的问题，需要不断的探索。如何建构科学合理的评价指标体系，怎样促进教育信息化的和谐发展尚需要我们在理论上不断创新，在实践中认真总结。

## 二、幼儿园教育软件资源建设的评价与管理

当前，互联网和多媒体技术已经成为加强人类能力的创造性工具，并被广泛应用于加快教育的信息化进程。为了实现教学资源共享、提高教育管理水平和降低建设成本，各地都在实施或计划建设教育城域网，用高速宽带网络将相关的教学管理单位连接起来，建造一个高性能的网络平台。但是，各地在进行校园网建设时往往只注重硬件配备，忽略了软

件资源的建设，使校园网成了"无货之车"，实际上，"校校通""园园通"除了硬件配备外，还应包括建设共享的教育教学资源库、实现信息技术与课程的整合和实现教育管理等软件资源的建设。

## （一）学前教育信息化资源建设的指导原则

教育信息化是实现教育现代化的重要步骤，它有利于全体国民素质的提高，能促进创新人才的培养和教育理论的提高，促进教育信息产业的发展。但是教育信息化建设不只是简单的现代化的硬件设施建设，更应是软硬件的协同作用，缺少软件的支持，硬件只能是简单的摆设，是"无货之车"，不可能发挥出其对教学的强大支持作用。

加强教育软件资源建设是落实全国教育工作会议精神，"大力提高教育技术手段的现代化水平和教育信息化程度"，"实施现代远程教育工程"的一项基础性建设。加强资源建设应遵循"统筹规划、团结协作、联网开发、资源共享"的原则，结合各校的实际，制订实施方案，有计划、有组织、有步骤地分批实施。要用网络把分散的资源组织起来，形成规模效应，从而达到加强交流、互惠互利、优势互补和共同发展的目的。

## （二）教育信息化软件资源建设的内容

由于"校校通"的用户涉及教育管理部门、大中小学和幼儿园，内容包括网络信息、网络资源、管理软件和网络管理等方面。总体上可以分成如下几类：

### 1. 互联网网络服务类

包括 WWW、E-mail、FTP 等各种互联网所提供的网络服务。目前有很多单位在网络建设后往往首先考虑的是开通一些互联网服务，它起到了宣传形象、加深了解和沟通信息等的作用。

### 2. 电子图书资料类

包括数字化图书馆、期刊全文数据库和联机检索资料等。经过多年的发展，已经涌现出一大批优秀的电子图书资料系统，如数字图书馆系统、期刊数据库、报纸数据库、联机检索系统和基础教育知识仓库等等。并且在全国各地特别是在大中专院校里得到了广泛的应用。

### 3. 教学资源类

包括教学素材、课件、教案、题库和试卷库的制作、发布与点播等系统。尽管实现方法各不相同，但是在幼儿园中得到了广泛的应用，并且出现了一些产品和一些专门制作素材资源库的单位。在教学资源建设上，越来越多的单位趋向于利用社会力量，结合自己学校的实际情况，分门别类制作各种素材库，任课教师根据教学需要从素材库中提取基础素材，编辑形成教学的课件、教案的方法。对题库、试卷库也采用同样的办法进行建设。

### 4. 教学管理软件类

包括学籍管理、办公自动化、图书期刊管理、人事管理和网络管理等项目。这些管理软件在校园网中的应用能够大大减轻管理的工作量，提高数据的准确度和信息的时效性，所以长期以来在各幼儿园得到了广泛的应用，也涌现出一批经过市场考验的优秀产品。教育管理软件已经成为校园网建设重要考虑中的内容之一。

### 5. 多媒体信息服务类

包括音频和视频信息服务。由于多媒体的特殊性，使得音频点播在一些特殊的教育场合中发挥出不可替代的作用，如远程教学、音乐欣赏、爱国主义教育和外语教学等等。

### 6. 教学辅导类

包括教学网站、答疑、第二课堂和特色教育等，主要以网站的形式进行发布，教学辅导类信息有助于实现远程教学、加强师幼交流、减轻教师劳动强度和突出个性化教育等特点。目前有许多学校已经建立了优秀的网站系统，作为教育网组成部分，它们起着发挥不同幼儿园的特长，以共同提高教学水平的作用。

### 7. 资料收集交流类

在教学、管理和学习的实践中，许多教育管理者、教师、工作人员积累了丰富的教学、管理经验，教育网可以将这些成果以教学研究论文、学习经验和心得体会等形式收集起来供不同用户进行检索查询。经过一段时间的积累，它对提高整个教学质量、改善学习方法能够起到巨大的作用。

## （三）教育信息化软件资源建设现状

### 1. 评价与审核标准还比较缺乏

关于资源的评价与审核标准，教育部颁布了《现代远程教育工程教育资源开发标准》，但它只属于宏观层面上的技术规范，只规定了各类资源的最低技术要求和核心标准，具有一定的抽象性与通用性。在实施教育资源建设时，需要根据这一规范制定更加具体的资源评价标准。而目前这种标准的研究还有待深入，特别是关于网络课件、网络课程方面还未具备比较完善的评价指标，这需要有关人员参考国外一些比较先进的评价方案，根据本国国情，完成本土化的评价工作。

### 2. 教育资源价值的实现

教育信息资源作为资源的一种，必然要通过它所发挥的作用来实现价值的增值与滚动发展，只依靠教师的无私奉献是不可行的，必须采取有效的机制使参与建设的幼儿园和教师获取一定的效益。如资源的按比例互换，即根据所贡献资源的信息量，按一定互换比例免费提供给它成倍的其他资源。但这些方案目前只停留在设想阶段，要真正顺利的实施还需要更加完善与可行的系统规划。

### 3. 教育资源利用的有效性

二十多年来，全国各级电化教育机构，特别是一些示范幼儿园都自制了一批电教教材和教学软件。尽管教育软件资源十分丰富，但存在品种不齐全、开发不系统和制作不规范等问题。有的软件重复开发，有的软件针对性太强，只能用于开发者本身而不能推广，有的甚至就没有推广。这就是说，现存的教育软件并没有被有效地开发出来，也没有被有效地利用起来。

此外，在资源建设中还存在着追求大而全的误区，即片面追求建设大型和全面的资源库，以至于出现了大的做不了、小的不愿做的尴尬局面，或者是项目中途夭折。其实，对于最终用户来说，资源库好用、耐用才是最重要的，没有必要一定做成大型资源库。

## （四）加快学前教育信息化软件资源建设的策略

为了推进我国学前教育信息化的深入发展，必须着力建设一个品质优秀、内容丰富的教育资源库，这是一个长期性的战略任务。因此，学前教育软件资源建设要贯彻"统筹规划、分工合作、鼓励竞争、资源共享"的方针，调动一切社会力量共同合作，建设一个按学科、年级分类的，信息共享的，全面向社会开放的学前教育资源库。

### 1. 开发教育信息资源

资源建设要适应"幼儿阶级关注幼儿成长取向"的特点，开发相应的教育资源。教育信息资源开发是一项包括课程资源开发、传输、使用及教学管理等内容的系统工程。随着现代教育技术的发展，运用多媒体技术教学的要求越来越迫切。但是很多幼儿园注重网络硬件的投资，而忽略了对软件资源建设的投资。教师在教学中发现，真正能够用来作为多媒体教学的素材缺乏，而且缺少适合的开发平台，多媒体教学效果不能尽如人意。尤其在广大农村幼儿园还不具备自己开发以媒体素材和网络课程为主要内容的教育资源。因此，教育部门应在征集、评审和推荐优秀教育软件资源的同时，组织开发系列的、丰富的教育资源，主要包括：幼儿各科教学及游戏活动资源、丰富多彩的媒体素材和主要学科的网络课程，建设共享的学前教育资源库。并充分利用计算机网络、卫星宽带网、电视节目和光盘等多种形式将这些资源提供给幼儿园，以满足学前教育教学需要，为全面推进素质教育提供强大信息支持。

### 2. 充分发挥各方优势

学前教育资源库建设是一项长期的任务，必须充分利用市场机制，积极引导、推荐和扶持好的教育软件资源，通过建立多种形式的交流机制，构建自我完善的动态发展趋势，最终达到资源开放、共享和发展的目标。因此，各种优势应包括各行各业、各类专业人员、各种传播载体和不同地区的优势等。关于资源库。现有的资源库大多为专业公司近几年来开发的成果。其中不乏符合教育急需的、能对教育改革起到影响的好的资源库。许多专家呼吁：应尽早将基础较好的资源库按教育要求及评价标准进行修改，在教学实验的基础上，不断完善，扩充数据库，使之真正成为教育改革、提高教育质量的优质资源。应关注公司开发的质量较高的教学课件，这些软件的公布、推广，有助于缓解目前教育、教学软件紧缺的状况。

关于教育部门、教师送审的软件。可进行推荐的要尽快整理、加工、结集出版，为幼儿教师教学使用提供方便；不能推荐的可考虑将软件中的部分内容另行剥离，进行整理，由公司收购，并入资源库。这既可以使资源库中的资源不断得以扩充，也可以保护教师开发课件的积极性。

### 3. 继续做好软件资源的征集、评审、推荐工作

（1）对第一批通过评审、向社会推荐的教育软件资源进行归纳总结，向社会公布其主要特点，指导今后软件资源开发工作。

（2）为方便广大幼儿教师学习选用通过的软件资源，准备将已通过软件按部门分类，对由各地教育部门送审并通过教育部审核的教育软件资源，在保护知识产权的条件下，统一进行编辑、整理，汇编为学前优秀教育软件资源集锦，正式出版发行，推荐给各地幼儿园选用，并在此基础上逐步形成丰富的国家级学前教育教学资源库。

（3）做好教育软件的评审工作。对每一送审软件资源作出评价是评审工作的重要内容。

### 4. 推进教育软件资源标准化建设

随着信息技术教育的深入开展，教育软件（资源）的标准化越来越显示其重要性。鉴于教育软件（资源）的类型不同，教育软件资源应有统一的技术评价指标和测试表，即不论对何种类型的软件均用统一的标准；而对于教育软件资源内容评审，可根据软件资源的不同设计不同的评价指标体系和评审表。如资源库、课件和平台可以用不同的评价标准。

## （五）教育信息化软件资源建设的评价及保障措施

对幼儿园软件资源的建设和管理，应该从以下几方面去着手解决。

（1）领导机制。成立专门的机构统一领导、协调和管理，设立相应的职能部门，将具体建设工作职能分配到人，职能部门应该包括规划实施组、软件开发组、资源开发管理组、技术培训组和评估监督组。而且各组职责、权限应该明确。各幼儿园要成立专门的工

作小组。

（2）人才机制。计算机专业人才是信息化建设的关键因素，人事部门在人才的引进上要把好技术考核关，切实将热爱教育事业，精通信息技术、网络技术，开发钻研能力强的高素质专业人才引入建设队伍。在人才的使用上要引入竞争机制，对作出突出贡献的人才要多方面鼓励，想方设法留住人才，调动其工作积极性。

（3）软件开发人员管理采用企业运作机制。软件的可持续开发对保证教育信息化投资效益、设备利用至关重要。软件建设以引进、购买、合作开发和自主开发相结合。随着建设进程的不断推进，自主开发、合作开发的比例将越来越大。为保证信息化建设健康持久的发展，我们必须拥有自己的开发队伍，对软件开发人员的管理建议采用企业制，保证开发人员的收入和企业中同等水平人员的收入相当，并引入按劳分配原则，这样才能保证开发人员积极性，维持稳定的开发队伍。

（4）竞争机制。引入竞争机制有益于教育信息化建设的健康发展，对幼儿园的投资不能一刀切，更不能凭印象、凭关系。要鼓励园际的相互竞争，对幼儿园的投入要考察业绩、效益，要和评估制度相结合，这样才能公平、合理、良性发展。

（5）评估体系。建立和完善教育信息化评估体系是坚持效益第一原则的有力保障，评估内容包括：领导认识水平，计算机学科教学业绩，教师计算机培训工作业绩，教师计算机应用能力，校园网络建设合理性、规范性和节约性，计算机辅助教学活动开展水平，校园网络应用水平，设备使用率，网站建设水平，软件库、资源库建设水平，办公自动化水平以及设备维护状况等。

总之，学前教育信息化软件资源建设是一项长期的任务，在建设过程中应以"政府号召、企业组织、专家谋划、专业制作、组织推荐"的机制来推进标准化工作。以资源为例，建议帮助2~3家企业确定资源库的整体结构、分类方法、检索方式、关键字以及库内信息组织方式，经过一定时间的实验，把技术标准向社会公开。今后向社会征集的就应该是符合这些技术指标的素材、课件等资源。如评审后认为是优秀的，有关部门可予以推荐使用。评价指标体系也可用同样方法制定。最终实现信息资源建设开放、共享和发展的目标。

## 三、幼儿园常规教学信息化应用绩效的评价与管理

我们知道多媒体源于媒体，高于媒体，具有集多种媒体的功能于一身，综合运用多种媒体功能的能力，实现了信息载体的多元化，同时具有更好的交互性。只有根据它自身的特点制作出来的课件，并合理地应用到教学中去，才能谈得上是多媒体的应用。而在实际教学中，有的幼儿教师只是用多媒体来放一段音乐、放一段录像或放投影片，这样仅把多

媒体当作单一媒体使用，就难以充分发挥多媒体的巨大功能，与其他媒体在教学效果上相比也只是量的变化，而没有质的提高，同时也是对教学资源的浪费。

## （一）教师层面

如何根据教学内容和教学目标恰当地选择现代化教学媒体，充分发挥现代化教学媒体的优势，以达到单位时间内最佳的教学效果，实现教学现代化，给我们提出了挑战性的重大研究课题。

（1）教师备课时要经过周密的考虑，精心的设计，不能盲目使用，图表面热闹而不注重解决实际问题。对于使用何种媒体、何时使用、使用多长时间，心中要有数，以便能真正起到优化课堂教学结构的作用。一些公开课中制作的多媒体课件，有的只是简单的文字加图片，为多媒体而多媒体；有的从出示教学目标，进行活动一直到检查评价，几乎每一个环节都用上了电脑，表面上看是运用了现代教学手段，而实际上却是传统的"灌输式"教学方式，多媒体只是起了一个花架子的作用。

我们知道，计算机作为电教媒体只是一种教学辅助手段，是一种形式，只有教学内容才是教学的核心。内容决定形式，形式为内容服务。因此，从这个意义上来说，应该根据教学内容来决定要不要使用多媒体来辅助教学，用在什么地方，达到什么目的。信息化时代的教师必须有更高的素质。对幼儿的特点、教材的处理和教法的变革要能准确把握，同时，要积极学习有关的教育教学理论，努力提高自身的信息素养，即获取、选择和加工信息的能力。只有这样，多媒体辅助教学才能有的放矢，才能与教学内容、教学目的保持一致。

（2）教学现代化不仅仅是教学手段的现代化，更是指教学思想、教学内容、教学与管理模式、教学方法和教学评价的现代化。要实现教学现代化，一是要转变传统的教学观，必须与时俱进地转变教学观念、更新教学方法，才能够适应信息社会网络时代对教学的需要，教学应该由向学前幼儿传授知识转变为发展幼儿的学习能力和个性，让学生主动去发现知识。现代教育教学手段和技能必须要有与之相适应的现代教育观念，才能最大限度地发挥作用。二是要转变传统的教师观，教师地位应该从传统的"讲解"员、传授者转变为幼儿学习的指导者、学习主动建构知识体系的帮助者、促进者。三是要转变传统的幼儿观，幼儿与知识之间的定位应该由原来的被动接受转变为主动参与，成为知识的探究者，是知识的主人。

我们要用现代的教育思想指导多媒体教学，充分运用"情景假设""主动探究""协作学习"和"会话商谈"等多种新型教学方法综合运用的全新形式。教师既要树立正确的教育观，处理好教师与幼儿、教学内容和现代化教学手段等之间的关系，要善于选择、优化现代化教学手段，特别是要善于找到现代化教学手段在教学过程中应用的最佳时机和位置，即最佳切入点。在多媒体课件设计上，一方面，要考虑教学内容优化设计，另一方面，在表现形式上也要符合幼儿的认知规律。如果只为多媒体而多媒体，把主要精力放在教学的形式上，结果是课堂上热热闹闹，而实效则平平。多媒体课件需要借助一定的艺术形式，但不能单纯地为艺术而艺术，仅仅停留于做表面文章，过于追求美的画面。只有充实的内容与完善的外在形式的有机结合，才能真正达到传授知识、调动幼儿学习的积极性和提高教学现代化水平的目的。现代媒体只能是教师在教学活动中的辅助手段，在整个教学过程中教师的主导性和学生的主体性地位是不应丧失的，现代教育技术是达到教学目的的手段而不是目的。现代教育技术不仅仅是教学设备现代化，更重要的是教学观念的现代化和教师素质的现代化。必须充分认识到，在教育、教学活动中，即使运用了最先进的现代信息技术，也并不一定意味着教育就现代化了，从传统教育向现代教育的转变，最根本的是教育观念的转变。所以必须不断学习新概念、新知识，不断提高自身素质，积极推进现代教育技术的发展和应用。

（3）不能因现代化教学手段的应用而忽略传统教学手段的作用，现代化教学手段与传统教学手段的配合必须是有机的。要根据不同的教学的目标来确定教学方式，不能过分追求如计算机、录像等较高档的手段，而忽视板书、图片和布偶等传统教学手段。现代化教学手段与传统教学手段在教学活动中其功能是互相补充与完善的。现代化教学手段作为一种新的教学手段，固然有许多优点，但它也有自身的缺陷需要依靠传统教学手段去弥补。只有互相渗透，互相补充，才能发挥整体功能。

（4）在多媒体辅助教学中要尽可能多地发挥幼儿的主体作用。让幼儿动手、动脑，增加动手操作的机会，激发学前幼儿学习的主动性和积极性，使学前幼儿的主体作用得到进一步发挥。幼儿的学习不应该是对教师所授予的知识的被动接受，而是一个以其已有的知识和经验为基础的主动建构过程。多媒体课件的设计要让幼儿可以根据自己的意志来选择学习内容和顺序。如在设计制作"恐龙小档案"的课件时，我们在课件的开始用几个形象的图标将有关恐龙的知识分成了几个知识点，如恐龙的灭绝、恐龙时代、恐龙化石和千奇百怪的恐龙等，各个知识点之间有很强的交互性，幼儿可以根据自己的兴趣选择学习内容和学习顺序。在这一过程中，幼儿感受到了老师对自己的尊重，感觉自己就是学习的主人，而不是被动的接受教师和电脑提供的信息和指令。

随着教育体制改革的不断深化，民办幼儿园已成为学前教育事业发展的重要力量。民办幼儿园的产生与蓬勃发展不仅改变了我国长期以来单一的办园体制，以其低投入、低收费及灵活多样的服务措施，满足了城市低收入家庭的需要，解决了流动人口子女的入园问题。在小城镇和农村，民办幼儿园也成了普及幼儿教育的重要途径。

针对长江三角洲和珠江三角洲民办幼儿教育机构占有较大比例这一明显特征，在评价管理理念和管理政策上应有开创性突破。摆脱已有的思维定式，借鉴和学习国家对民办企业的扶持鼓励政策，在资金投入、信息化设施配套和师资培训等方面给予一定的鼓励，促进这一具有地域特色的学前教育工作的蓬勃发展。尤其是针对调查中发现的民办幼儿园普遍存在着办园条件较差、硬件设施不齐全、信息化教学设施短缺、管理体制不完善、教师队伍素质低等问题，教育管理部门应制定切实可行措施，拿出卓有成效的监管办法，从评价入手，以评促建，以评促管，帮助和督促民办幼儿园逐步克服诸多办园条件的不足，缩小与公办幼儿园的差距，尤其是缩小信息化教学的差距。一方面，关键是改革统得过死的集权型计划管理，使幼教按照客观规律进行有效运作；另一方面，要重视和运用政府的调控手段，使市场竞争机制与政府行为相结合。

## （二）管理层面

政府对幼儿教育进行宏观调控的方式有两种：

（1）通过把握幼教发展方向，为培养适应未来发展需要的人才打基础，同时解决父母的后顾之忧来支持社会经济发展；

（2）对幼儿教育进行宏观干预，只在总体上干预发展的方向、规律及速度，而不干预幼儿园的具体发展问题。

在幼儿园的教育改革中，园长是领路人。园长首先要转变观念，继而做好转变广大教师观念和思维的工作，应不失时机地向全园教师宣传新的教育思想、新的教育观念，组织教师外出参观，学习其他地方运用现代信息技术的情况。还可请一些有知名度的现代教育技术专家到幼儿园，为全园教师举办学术报告会。只有教育者的观念转变了，才能更好地、主动地学习和运用现代信息技术，加快幼儿教育现代化改革的步伐。如同地区间教育信息化存在差距一样，地区内城乡之间也存在着较大的差距，必须注意加大农村幼儿园信息化的投入，多方筹集资金，政策上予以倾斜，努力缩小城乡差距。针对部分地区幼儿园软硬件设施缺乏、课程改革难以进行的问题，必须通过政府部门的政策倾斜来进行资源分配上的调节，有关部门和人员也要及时提出有效措施和实施方案，宏观调节，微观促进，从而实现各类幼儿园的持续、和谐发展。同时，随着乡镇体制的上移，新建配套幼儿园要逐步实现公办机制运作。

乡镇幼儿园的管理从"地方负责，分级管理"的体制调整为"教育部门主管"，各乡镇幼儿园以中心园为龙头，下设教学点或分园，进行统一管理。明确规划目标，通过行政手段规范幼儿园管理，营造和谐的教育氛围，争取各方面力量的支持，尽力缩小地域差距、园际差距，推进幼儿教育事业发展，逐步体现教育的公平性。

现在，城乡一体化学前教育体系的构建就是为了解决城乡之间、义务教育阶段与学前阶段以及幼儿教育与婴儿教育之间的差距，实现教育资源在城乡之间、在不同年龄段的教育之间的均衡配置，使不同年龄、不同地域的儿童都能够接受适宜其发展的教育。城乡一体化学前教育体系的建构旨在通过人生起点上的教育公平实现社会公平和社会正义，而且它不再把婴幼儿阶段的教育视为可有可无的小事，而是关注儿童早期发展之于终生发展的独特价值，并由此关注儿童早期教育之于文化建设的价值。《国家中长期教育改革与发展规划纲要》首次把学前教育单列为一章，并首次强调政府在发展学前教育事业中的责任，可以说是首次真正触及了中国学前教育发展最为关键的问题。《规划纲要》提出重点发展农村学前教育，而且在关于教育投入机制部分明确了非义务教育实行以政府投入为主、受教育者合理分担培养成本的投入机制。这表明政府将学前教育作为公共服务的体系，并将作为行为主体推动学前教育的发展，这无疑为城乡一体化学前教育体系的构建，为学前教育信息化的快速发展和有效评价监管启动了核心动力机制。

# 第九章　学前教育信息化展望及趋势

## 第一节　学前教育信息化展望

### 一、加强学前教育信息化的内涵建设

近年来，诸多发达国家前瞻性地为学前教育信息化提供了积极的政策支持，期望充分利用信息技术资源和工具，以适宜的方式支持儿童的学习与发展。一方面，在教育活动过程中，适当应用信息技术对学前儿童适应社会环境、发展信息素养有重要意义；另一方面，学前教育机构和家庭能够借助信息技术资源加强互动，共同为儿童提供优质服务。因此，学前教育信息化强调的不仅仅是信息技术对儿童学习和发展的直接支持，还应当从支持儿童学习和发展的整个生态环境来看待其应用，强调幼儿园、家庭和社区借助信息技术的交流合作与相互学习，共同支持儿童的学习和发展。学前教育信息化的合理定位，反映了学前教育的特殊性，只有打破封闭，将学前教育支持系统的构建纳入学习型社会的蓝图之中，才能更有效地借助信息技术推动学前教育质量的提升。

### 二、以信息化促进学前教育均衡发展

促进教育公平是国家的基本教育政策，学前教育发展不均衡是制约学前教育质量整体提升的瓶颈。而突破时空界限和实现信息高速流动是信息化的优势所在，教育信息化的突出标志是共享优质教育资源和带动跨越式发展。因此，学前教育信息化建设应当成为促进学前教育均衡发展的抓手。借助学前教育信息化，大力推进区域内幼儿园之间的交流互动和资源共享；大力提高农村地区、经济欠发达地区、少数民族地区、边疆地区幼儿园优质教育资源的可利用度及应用水平，加强跨区域园际互动的效能。为此，信息化工程的设计与实施、技术选型和解决方案的确定，要有利于优质教育资源的有效集成和充分共享，有利于农村和边远贫困地区幼儿园教育教学的有效应用，有利于薄弱幼儿园的快速发展。

### 三、依托信息技术，促进教师专业发展

信息化时代，幼儿园教师的信息素养和教师专业发展相互依存，相互促进。教师应用信息技术的能力不仅体现在技术操作、教学演示和课件制作水平上，更应当强调教学法、教育活动内容和技术的结合，强调信息技术与课程的整合。因此，一方面，幼儿园教师职前职后的信息技术培训，应当从单纯的技术操作层面的训练转向如何运用信息技术支持课程的发展，实现教育效果最优化；另一方面，积极拓展为教师应用信息技术提供实时支持的渠道，如积极开展基于网络平台的教研活动等。

从幼儿园的角度来看，应当鼓励教师在教与学的过程中应用信息技术，为教师应用信息技术创造适当的条件，提倡教师对信息技术如何支持教与学的过程进行反思。多方法多途径提升教师信息素养，实现信息技术与教学艺术的有效结合。

### 四、集成优质教育资源，有效推进共享

资源建设是教育信息化的一个永恒话题。学前教育量大面广，推进学前教育信息化最大的优势在于资源的共建共享，因此，集成优质教育资源，有效推进共享是学前教育信息化的当务之急。在资源建设方面，政府的统筹和主导地位应当体现出来，既要有政府的集中投入，通过建设国家和地方的学前教育资源平台，体现学前教育的公益性和普惠性，也要有效扶持和充分利用市场机制，确保学前教育资源开发的活力和可持续发展。

从幼儿园的角度来看，应当把资源建设与教育效能紧密地联系起来。一方面要充分借助信息技术的有利条件，集中整合优质教育资源，积淀形成幼儿园的特色文化，同时为资源共享创设条件；另一方面，要鼓励资源建设与创新，营造共享共创的氛围，在园所内形成资源开发与共享的可持续发展机制。

### 五、加大研究力度，使学前教育信息化真正促进儿童的发展

信息技术在学前教育领域的应用是一把双刃剑，信息技术应用的利弊关键在于使用是否恰当。因此应当加大合理应用信息技术的研究力度，力求扬长避短。目前亟待研究的问题诸如：学前教育装备标准如何反映信息化的要求？虚拟性、象征性的学习经验对学前儿童心理发展可能的影响是什么？学前教育信息化过程中教师和家长的需求如何保障？如何确保学前教育信息化资源开发的高质量和可持续性？幼儿园和小学的信息化发展能否协同，如何相互促进？可以列出的问题还有许多，这些问题需要我们在学前教育信息化进程中敏于发现，深入研究，积极解决，通过研究来维护儿童的利益。

学前教育信息化是中国学前教育整体质量提升的时代需求，因此，学前教育的一体化

建设、均衡发展、课程改革、教师专业化发展等，皆是学前教育信息化发展的指引。同时，学前教育信息化未来发展的诸方面是相互制约、相互促进的，在推进学前教育信息化的进程中，必须统筹各方面，合力推进，协调发展。

# 第二节 学前教育信息化的趋势

## 一、优化学前教育信息化发展资源

首先，改善当前的信息化硬件设施。相对而言，城市地区幼儿园信息化硬件设施建设比较完善，拥有众多的多媒体设备，大多建有多媒体教室，配备电脑、电视、投影仪、数码相机等信息化设备。但在农村地区以及贫困地区信息化硬件设备的配给情况十分糟糕。除硬件设备的问题之外，对于信息化硬件设备的管理也应有相关的标准出台，以减少因设备质量带来的安全问题。

其次，要在幼儿园与家长之间建立合理有效的信息化交流平台。传统的交流方式，如电话、书信、家访等方式，信息交流速度缓慢，效率低下，作用不明显。近年来，有关学前教育的网络平台建设十分火爆。例如，高校专家朱家雄博客，幼儿园一线专家高美霞博客、应彩云博客、迟琳文博客等，为家长提供了大量有利于幼儿发展的有效方法和建议，为家长提供婴幼儿养育、保育、教育的信息资讯，及时解答家长在教育孩子时遇到的很多问题，成为家长与幼儿园之间沟通的有效平台。由此可见，信息化技术的应用为家长与幼儿园之间搭建了良好的沟通平台。各种相关的网站，手机应用的出现，为家庭教育与幼儿园教育的无缝连接搭建了良好的沟通桥梁。

再次，幼儿园之间信息交流渠道的建立。经济发展良好的东部城市，学前教育信息化资源众多，信息化教育与管理经验丰富。以上海为例，上海地区建成开放共享的信息化应用系统，为各类各级别的学前教育用户提供服务，搭建了多种交流平台，加强了幼儿园之间的交流，幼儿园与家长间的交流，幼儿园与上级教育部门、政府部门的交流。以信息技术的手段促进学前教育行业的发展。信息化技术在贫困地区与农村地区还未普及，可以依托现有的成熟的信息交流平台，实现贫困地区与农村地区利用城市地区发达的信息技术，提升教育质量，享受信息化交流平台发展的成果，促进教育资源的合理分配，实现农村地区与贫困地区学前教育的信息化发展。例如，随着国家西部大开发战略的开展，部分新疆地区的幼儿园得到来自西安、北京、太原等城市的人才援助与教育资源援助，依托这些城市的成熟的学前教育信息化体系，部分新建地区的幼儿园享受到信息化教学。

最后，开发优质的学前教育资源。据不完全统计，我国现有知名学前教育网站数百个，如中国学前教育网、上海学前教育网、山东学前教育网等，这些平台从全国乃至于全世界的范围内获取包含教学课件、教育素材、学前教育设计在内的大量相关数据，为学前教育工作者及时了解学前教育发展趋势，学习行业内最新的先进知识，掌握行业动态提供数据支持。

## 二、提升学前教育从业相关人员的信息化素质

学前教育信息化的过程实际上是学前教育从业相关人员主动迎合信息化时代到来的过程。为了更好地帮助相关人员适应信息时代，面对新时代的挑战，对相关人员进行相应的再教育就是必不可少的一个过程。第一点，改变对于学前教育的传统观念，以信息时代的观点重新看待教育问题，改变教学方法，提升教学技能，转换教学思维。其次，提升从业人员相关职业技能的水平，多媒体教育技巧，在教育教学中更多的利用多媒体教学，创造新的教学环境和教学方式。第二点，要改变传统的学前教育管理思想，以信息化的思维重新看待学前教育。幼儿园的管理者要适时改变思想，以适应信息化时代的新型教育方式，形成信息化的管理思维。这种思维并不是一种知识或者技巧，而是一种顺应时代变化的观察力与决策力，是互联网思维在教育领域内的实际应用。

## 三、提升对于学前教育信息化发展的重视程度

我国目前对于学前教育的信息化发展的重视程度明显不足，其中最明显的表现是相应的政策条文数量稀少，截至目前，国家只有宏观政策出台，与之相结合的细则存在空白。为了应对这一问题，我国各级教育部门都成立了信息化领导小组，加强了对于学前教育信息化管理的力度，为学前教育信息化的有序、规范、稳定发展保驾护航。除此以外，由教育部教育管理信息中心主办的第十一届中国教育信息化创新与发展论坛首次设立了学前教育分论坛，主题是"应用信息技术，提高学前教育管理能力"，这一分论坛的设立标志着我国学前教育管理决策层面的信息化意识再次加强。

## 四、改变传统的家庭教育思想，积极结合学前教育信息化的浪潮

我国的家庭教育现状是不完善的，大量的老年人口充当孩子的家庭教育实施者，这当然无法满足学前教育信息化建设的需要。因此，我们的家庭教育要依托于幼儿园，利用现有的教育资源和信息化平台，促使家长与幼儿园进行直接交流，既可以减轻家中老年人口的负担，又有利于孩子的教育。

# 参考文献

[1] 陶行知．陶行知全集（第一卷）［M］．成都：四川教育出版社，1991.

[2] 喻本伐．中国幼儿教育史［M］．郑州：大象出版社，2000.

[3] 王伦信，陈鹤琴．教育思想研究［M］．沈阳：辽宁教育出版社，1995.

[4] 蒋笃运，张豪锋，等．教育信息化若干重大问题研究［M］．北京：科学出版社，2008.

[5] 王运武，陈琳．中外教育信息化比较研究［M］．北京：电子工业出版社，2008.

[6] 袁贵仁．中国教师新百科（幼儿教育卷）［M］．北京：中国大百科全书出版社，2003.

[7] 祝智庭．信息教育愿望［M］．上海：华东师范大学出版社，2002.

[8] 张祖忻．绩效技术概论［M］．上海：上海外语教育出版社，2005.

[9] 陈帼眉．学前儿童发展与教育评价手册［M］．北京：北京师范大学出版社，1994.

[10] 白爱保．幼儿发展评价手册［M］．北京：教育科学出版社，1999.

[11] 霍力岩．学前教育评价［M］．北京：北京师范大学出版社，2000.

[12] 张雪门．幼儿教育文集（上卷）［M］．北京：北京少年儿童出版社，1994.

[13] 张宗麟．幼儿教育论集［M］．长沙：湖南教育出版社，1985.

[14] 何晓夏．简明中国学前教育史［M］．北京：北京师范大学出版社，1990.

[15] 中国学前教育史编写组．中国学前教育史资料选［M］．北京：人民教育出版社，1989.

[16] 唐淑，何晓夏．学前教育史［M］．沈阳：辽宁师范大学出版社，2001.

[17] 王伦信，陈鹤琴．教育思想研究［M］．沈阳：辽宁教育出版社．1995.

[18] 王吉庆．信息素养论［M］．上海：上海教育出版社，1999.

[19] 陈帼眉．学前儿童发展与教育评价手册［M］．北京：北京师范大学出版社，1994.

[20] 刘晓东．儿童教育新论［M］．南京：江苏教育出版社，1998.

[21] 何晓夏．简明中国学前教育史［M］．北京：北京师范大学出版社，1990.

[22] 柯平．信息素养与信息概论［M］．天津：南开大学出版社，2005.